W0369363

Harper
Collins

LS Hawker

Aus nächster Nähe

Thriller

Aus dem Amerikanischen von
Joannis Stefanidis

HarperCollins

HarperCollins®
Band 100091

1. Auflage: Februar 2018

Deutsche Erstveröffentlichung

Titel der amerikanischen Originalausgabe:
Body And Bone

erschienen bei: Witness Impulse,
an Imprint of HarperCollins Publishers, US

Published by arrangement with
HarperCollins Publishers L.L.C., New York

Umschlaggestaltung: Büro für Gestaltung, Cornelia Niere, München
Umschlagabbildung: plainpicture / R. Wolf
Redaktion: textmenschen.de
Satz: GGP Media GmbH, Pößneck
Printed in Germany
Dieses Buch wurde auf FSC®-zertifiziertem Papier gedruckt.
ISBN 978-3-95967-129-3

www.harpercollins.de

Für Chloe

1. KAPITEL

Dienstag, 31. Mai

Nessa Donati würde ihr brandneues Auto wieder verkaufen müssen, und das nur deshalb, weil der Rückspiegel so angebracht war, dass sie aus dem Augenwinkel ständig ungewollt ihr eigenes Spiegelbild sah, wenn sie etwas vom Rücksitz holte. Normalerweise bereitete sie sich darauf vor, wenn sie in eine spiegelnde Oberfläche schaute. Geschah es aber unvermittelt, sah sie unweigerlich das enttäuschte Hexengesicht ihrer Mutter.

Nicht, dass ihre Mutter hässlich gewesen wäre. Genau genommen war ihre Mutter schöner, als Nessa jemals zu sein hoffen durfte. Nein, ihre Mutter hatte sie immer als Spiegel benutzt, ohne Nessa selbst je richtig wahrzunehmen.

Deshalb musste der brandneue schwarze Chrysler Pacifica wieder weg.

Kurz vor Sonnenuntergang parkte sie den Wagen am Crestview Drive unweit der Randolph Bridge, die nicht nur über den Big Blue River führte, sondern auch über die Nordspitze des Tuttle Creek Lake. Es war der letzte Stopp am Ende des viertägigen Campingausflugs, den Nessa mit ihrem dreijährigen Sohn Daltrey und ihrem Wheaten Terrier Declan MacManus unternommen hatte.

Sie warf einen prüfenden Blick auf Daltrey, der im Kindersitz schlief, mit offenem Mund nach Steuerbord geneigt. Sie konnte ihn ruhig ein paar Minuten allein lassen. Sie war froh, ihm nicht erklären zu müssen, was sie vorhatte. Sie kam sich auch so schon töricht genug vor.

Nessa und Declan MacManus stiegen aus dem Pacifica. Der Hund preschte sofort los, während Nessa noch die Tür verriegelte.

Sie ging die vielleicht hundertfünfzig Meter zum Flussufer unter der Brücke. Ab und an sauste oben ein Auto vorbei. Dann hörte sie das Geräusch, wenn die Reifen über die Nähte im Asphalt rollten. Nessa stand da und beobachtete den scheinbar gemächlich dahinfließenden Fluss, bis plötzlich in halsbrecherischem Tempo ein Ast vorüberrauschte. Declan MacManus schnüffelte aufgeregt herum und hielt jedes Mal inne, wenn er ein neues Objekt entdeckte und es markierte, indem er kurz das Bein hob.

Nessa sah sich um, um sich zu vergewissern, dass sie allein war, dann griff sie in die Tasche und holte den zwanzig Zentimeter langen Zopf ihres Ehemanns John heraus. Er hatte ihn sich vor ihrer Hochzeit abgeschnitten. Fünf Jahre war das nun her. Die ganze Zeit über hatte sie den Zopf in einer Schatulle aufbewahrt und sich nie träumen lassen, dass dieser Tag je kommen würde. Sie schaute zum Himmel auf, dann wieder aufs Wasser und entsann sich der vielen schönen Stunden, die sie und John am Fluss verbracht hatten. Es war der passende Ort, um sich von seinem Haar zu trennen.

Das Wasser umspülte ihre Tennisschuhe, während sie ausholte und den Zopf fortschleuderte. Sie beobachtete, wie er in hohem Bogen durch die Luft flog, mit einem kleinen Platschen ins rauschende Wasser fiel und verschwand. Sie sah noch einen Moment lang hin und weinte ein bisschen. Sie brauchte dieses Abschlussritual, um ihr Leben fortführen zu können. Es war, als hätte sie seine Asche verstreut. Nur dass John nicht tot war. Noch nicht.

Nessa trottete zum Auto zurück, hinter ihr tollte Declan MacManus herum. Sie entriegelte und öffnete die Tür, und der Hund sprang hinein und ließ sich auf dem Beifahrersitz nieder. Sie sah, dass sich Daltrey während ihrer Abwesenheit nicht gerührt hatte.

Nessa startete den Motor, legte den Gang ein und fuhr heimwärts.

Vierzig Minuten später parkte sie den Wagen in der zur Garage umgebauten Scheune hinter dem Haus und beschloss, die Campingausrüstung erst am nächsten Morgen auszuladen.

Declan MacManus sprang aus dem Auto und raste los, hielt hechelnd auf die Nebengebäude zu, auf die Hopfenstöcke und den angrenzenden Wald, während Nessa nach hinten kletterte und mit den Gurten an Daltreys Kindersitz rang. Sie hob den Jungen heraus und trug ihn ins Haus, geradewegs nach oben in sein Kinderbett. Sie zog ihm die Sandalen aus und küsste seine Füßchen, ehe sie ihn behutsam zudeckte. Gut. Daltrey würde heute nicht mehr aufwachen, er war geschafft. Sie ließ die Zimmertür angelehnt, ging nach unten und verließ durch die Hintertür das Haus, um ihren Koffer aus dem Pacifica zu holen.

Es war dunkel geworden, und der Wald war erfüllt vom Summen der Spätfrühlingsinsekten. Als sie die unterste Stufe der Verandatreppe erreichte, sah sie Declan MacManus zusammengerollt vor dem Nebengebäude liegen, das sie das Bootshaus nannten. Als er sie bemerkte, sprang er auf und bellte in ihre Richtung. Nessa verlangsamte ihre Schritte – warum bellte der Hund? –, aber sie ging weiter zur Garage und holte das Gepäck. Als sie wieder herauskam und die Garagentür schloss, bellte der Hund erneut.

Nessa blieb stehen und schaute ihn an, und er schaute erwartungsvoll zurück.

Dann bemerkte sie es. Das Schloss in der Holztür des Bootshauses war verschwunden. Stattdessen prangte dort ein splitteriges Loch, als hätte ein Riese seine Riesenfaust ins Holz geschlagen.

Nessa erstarrte. Ihr stockte der Atem.

Sie stellte den Koffer ab, und nach einem unschlüssigen Moment zog sie das Handy aus der Tasche und wählte eine Nummer.

Marlon Webb sagte nicht Hallo, sondern nur »Habe gerade einen Studenten da«. Auf diese Weise pflegte er kundzutun, dass man ihn nur wegen eines sehr spezifischen Notfalls stören dürfe.

»Ruf mich zurück«, flüsterte sie. »Vielleicht sollte ich dieses Kontaktverbot doch beantragen.«

2. KAPITEL

Das Herz schlug Nessa bis zum Hals, das Blut rauschte ihr in den Ohren. Sie schaute über die Schulter zum Haus zurück, dann wieder zur beschädigten Tür. Ihre Nerven waren zum Zerreißen gespannt. War John im Bootshaus, beobachtete er sie in diesem Augenblick durch das Loch in der Tür? Wollte er warten, bis im Haus die Lichter verloschen, um dann bei ihr einzubrechen?

Wie high war er?

Fragen über Fragen, keine Antworten.

Die Polizei anrufen? *Würg.* Wieder endloser Papierkram. Wieder zwei vergeudete Stunden wegen unbedeutender Details. Aber wenn ihr Mann tatsächlich auf Crack war und einen Tobsuchtsanfall bekam, würde er sie womöglich mit dem Gegenstand angreifen, mit dem er das Türschloss herausgeschlagen hatte.

Verdammt.

Sie kehrte ins Haus zurück und verriegelte die Tür. Wählte 911, ihre derzeit meistbenutzte Telefonnummer. Ihr schien, als hätten die Wahltasten 9 und 1 schon leichte Vertiefungen.

»Was für einen Notfall melden Sie?« Der mechanische, beinahe gelangweilte Tonfall der Telefonistin ärgerte Nessa.

»Bei uns gab es wieder einen Einbruch«, sagte sie in den Hörer. Das entnervte Seufzen in ihrer Stimme erfüllte sie mit Selbstverachtung.

»Wir schicken einen Streifenwagen. Soll ich am Apparat bleiben, bis er eintrifft?«

Oh, das wäre wirklich lieb von Ihnen, dachte Nessa. Ihre warme, tröstende Stimme wird mir zweifellos helfen, die nächste grauenvolle Konfrontation mit meinem Ex durchzustehen. Aber das war natürlich unfair – die Frau tat nur ihren Job. Nur wäre es zu viel verlangt, ein bisschen Anteilnahme zu zeigen, etwas mitfühlender zu sein?

Nessa ging in die Küche und stützte sich am Rand der Spüle ab, den Blick auf das Bootshaus gerichtet.

Aus ihrem Telefon tönte »I'm Stuck in a Condo (with Marlon Brando)« von den Dickies, der Klingelton für Marlon.

»Hallo?«

»Es ist schlimm, immer recht zu behalten«, sagte er.

Nessa lachte. Sie hatte jetzt seine volle Aufmerksamkeit, was ihr für gewöhnlich etwas zu intensiv war, etwas zu tiefschürfend. Marlon, Ende dreißig, Maschinenbau-Professor, war während seiner Promotion alkoholabhängig geworden. Wodka war die Droge seiner Wahl gewesen, und nach einem beinahe tödlichen Autounfall unter Alkoholeinfluss hatte er sich mit sechsundzwanzig in eine Entzugsklinik begeben müssen. Er war jetzt seit zehn Jahren trocken und seit dreien Nessas Sponsor bei den Anonymen Alkoholikern. Sie hatten sich auf Anhieb gut verstanden, obwohl man es bei der Organisation nicht gern sah, wenn Betreuer und Betreuter unterschiedlichen Geschlechts waren.

»Er ist ins Bootshaus eingebrochen«, sagte Nessa und hoffte, die Polizeisirene, die jeden Moment ertönen musste, würde Daltrey nicht aufwecken; sie wollte ihn unbedingt vor dem Chaos abschirmen, das ihn umgab.

»Ist John auf dem Grundstück? Soll ich rüberkommen?«

»Nein, danke«, sagte Nessa. »Die Polizei ist unterwegs.«

»Du hast meine erste Frage nicht beantwortet.«

»Die Antwort lautet, ich fürchte ja.«

Sie füllte Wasser in den Teekessel und stellte ihn auf den Herd.

»Ich will ja nicht sagen, ich hätte dich gewarnt«, sagte Marlon. »Aber mir war von Anfang an klar, dass es so kommen würde. Du hättest dir die Unterlassungsverfügung besorgen sollen, sobald du ihm den Laufpass gegeben hast.«

»Ich weiß. Ich hatte keine Lust auf eidesstattliche Erklärungen, Gespräche mit der Polizei und Anwälten und den ganzen Mist. Ich wollte einfach, dass er von meinem Grundstück und aus unserem Leben verschwindet – aus *meinem* Leben.«

Traurig schaute sie aus dem Fenster über der Spüle auf die zwanzig Hektar Hopfenstöcke hinaus. Die Reben waren Teil der Geschäftsidee gewesen, die John verfolgt hatte, ehe er vor drei Wochen zum dritten – und für sie letzten – Mal rückfällig geworden war. Bis dahin hatten die Reben das Versprechen eines Neuanfangs versinnbildlicht, eines neuen Ziels. John hatte die Idee gehabt, Hopfen für die lokalen Bierbrauer anzubauen. Nessa hatte klargestellt, dass dieses Projekt sein Baby war. Sie selbst war voll ausgelastet mit ihrem Blog und ihrer Radiosendung. Nun aber musste sie jemanden anheuern, der sich um den Hopfen kümmerte, oder die Pflanzen würden verfaulen. Allein darüber nachzudenken machte sie müde.

»Du nimmst das besser gleich morgen in Angriff«, sagte Marlon. »Ich bezweifle, dass es Johns letzter Überraschungsbesuch war.«

»Mach ich«, sagte sie. Sie zögerte. »He, Marlon. Bitte, deine ehrliche Meinung. Ich habe doch das Richtige getan, oder?«

»Natürlich«, sagte Marlon. »Wenn jemand Crack bei dir raucht – egal ob es ein Landstreicher ist, dein Mann oder der Papst – und nebenan sitzt dein kleines Kind, dann schmeißt du ihn raus.«

»Ich habe ihm drei Chancen gegeben«, sagte sie.

»Ja. Was mehr als großzügig war.«

»Warum fühle ich mich dann so schuldig?«

»Weil du ein Herz hast.«

»Ihm zufolge nicht.«

»Unsinn«, sagte er. »Das ist eine Ausflucht. Man kann die Botschaft überbringen, verinnerlichen muss der Süchtige sie selbst.«

Nach sechs Jahren bei den Anonymen Alkoholikern kannte sie diesen Aphorismus aus dem Zwölf-Schritte-Programm längst auswendig – und all die anderen auch –, so wie andere Leute den Text der *Rocky Horror Picture Show*, aber es tat ihr gut, diese Worte von jemandem zu hören, der seit über einer Dekade trocken war.

»Anders gesagt, es ist nicht deine Schuld«, meinte er. »Du hast John nicht zu den Drogen gebracht. Nicht du bist dafür verantwortlich, dass er clean wird, sondern er allein. Du musst dich vorrangig um dich selbst kümmern – und um deinen Sohn.«

»Ich weiß«, erwiderte sie.

Sie schaltete den Herd ein, nahm einen Becher aus dem Schrank und legte einen Teebeutel hinein.

»Halte mich auf dem Laufenden, in Ordnung?«, sagte

Marlon. »Und bewahre die Ruhe. Vergiss nicht, was wichtig ist. Nichts ist so schlimm, dass ein Drink es nicht noch schlimmer machen würde, stimmt's? Geh zu den Treffen.«

»Mach ich – und du mach weiter, was immer du tust, wenn du mich nicht gerade aufmunterst.«

»Ich muntere dich nicht auf. Das erledigt Gott. Vergiss das nicht.«

Marlon verabschiedete sich und legte auf. Sie wandte sich vom Fenster ab und erschrak.

Vor ihr stand Daltrey und schaute aus seinen großen, braungrauen Augen ernst und wachsam zu ihr auf. Er war fast vier und hatte noch immer nicht angefangen zu sprechen.

Was hatte er gehört? An seiner Miene konnte sie es nicht ablesen, denn selbst wenn sie ihm eine Clownsnummer vorgespielt hätte, hätte er sie genau so angesehen. Sein Gemüt war das eines ernsthaften, gebildeten, mittelalten Mannes, dessen Gedanken vornehmlich um den Plastikmüll in den Ozeanen und das Loch in der Ozonschicht kreisten. Nur deshalb war sie froh, dass er noch nicht sprechen konnte, denn sie hatte keine Antworten auf die Fragen, die er ihr dann unweigerlich stellen würde und die bereits jetzt in seinem Blick lagen.

Mit dem Daumen tippte er sich zweimal an die Stirn, Gebärdensprache für »Daddy«.

Sie hob ihn hoch; sein strammer, kompakter kleiner Körper war viel schwerer, als er aussah. Sie drückte ihn an sich und küsste sein Haar. »Nein, das war nicht Daddy. Warum bist du aufgestanden?«

Er nahm ihr Gesicht in die Händchen und drückte seine Stirn an ihre.

»Es ist längst Schlafenszeit«, sagte sie.

Er nickte und rieb sich die Augen. Nessa trug ihn nach oben, legte ihn wieder ins Bett, gab ihm einen Kuss und schloss die Tür.

Er konnte schon selbstständig auf die Toilette gehen und hasste es, wenn er sich schmutzig machte. Er sprach nicht, aber ebenso wenig weinte oder brüllte er. Keine Wut- oder Trotzanfälle, keine epischen Sauereien. Manchmal lachte er sogar – für Nessa war es der schönste Klang der Welt, den selbst der größte Goldschatz nicht aufwiegen konnte.

Als sie die Stufen hinabstieg, hörte sie die Polizeisirene und sah die roten und blauen Lichter eines Streifenwagens.

Nessa atmete tief durch und ging durch die Hintertür nach draußen.

Declan MacManus jaulte, bis die Sirene verstummte. Dann bellte er, und als zwei uniformierte Polizisten ausstiegen und auf sie zugingen, sträubte sich sein Nackenfell. Nessa packte sein Halsband, während Declan knurrend versuchte, die Besucher zu beschnüffeln.

»Guten Abend, Mrs. Donati«, sagte einer der Polizisten.

»Hi«, sagte Nessa und versuchte, die Namensschilder der beiden zu entziffern.

Officer R. Michaels. Officer B. Watt. Genau.

Sie waren schon einmal hier gewesen, in der Woche, nachdem sie John vor die Tür gesetzt hatte, an dem Abend, als er im Vorgarten gestanden und herumgebrüllt hatte wie Stanley Kowalski in *Endstation Sehnsucht*.

Michaels und Watt traten näher und hielten Declan die Hände entgegen, damit er an ihnen schnüffeln konnte. Er wedelte mit dem Schwanz, erkannte ihren Geruch, und Watt kraulte ihn kurz hinterm Ohr. Nun wollte Declan alle zum Bootshaus führen und sprang aufgeregt vor den Polizisten und Nessa herum.

»Also, was ist passiert?«, fragte Watt.

»Das Schloss am Bootshaus wurde zerstört«, sagte Nessa.

»Ist er da drin?«, fragte Michaels und deutete auf das kleine Gebäude.

»Ich weiß nicht. Ich habe nicht nachgeschaut, sondern bei Ihnen angerufen.«

Michaels nickte, zückte seine Taschenlampe und schaltete sie ein.

»Wollen Sie nicht lieber im Haus warten?«, fragte Watt und zog seine Waffe.

Sie ging auf die Hintertür zu und pfiff nach Declan, aber er ignorierte sie. Nessa musste zurückkehren und ihn am Halsband ins Haus zerren. Sie verschloss die Tür und schaute aus dem Fenster, während der Hund neben ihr traurig jaulte, weil er die ganze Action verpasste.

»Polizei«, rief Michaels und ging auf das Bootshaus zu, das Taschenlampenlicht auf die Tür gerichtet. Watt zielte mit der Waffe darauf.

Nessa verkrampfte sich. Man konnte unmöglich vorhersehen, was John tun würde, wenn er auf Crack war und wütend bis in die Haarspitzen. Vielleicht hielt er noch den Gegenstand in der Hand, mit dem er die Tür aufgebrochen hatte, und würde versuchen, damit den Polizisten den Schädel einzuschlagen.

»Ist da jemand?«, rief Watt. Er hielt die Waffe mit beiden

Händen und nickte Michaels zu, der die Bootshaustür aufstieß und mit der Taschenlampe hineinleuchtete.

Zähneknirschend beobachtete Nessa, wie die Männer hineingingen.

Nach einer scheinbaren Ewigkeit ging im Bootshaus das Licht an. Officer Michaels kam heraus, von hinten in Helligkeit getaucht.

Nessa öffnete die Tür.

»Niemand drin«, rief der Polizist. »Möchten Sie rauskommen und nachschauen, ob etwas fehlt?«

Auf zittrigen Beinen ging sie zum Bootshaus, erleichtert und gleichzeitig enttäuscht. Drinnen schnüffelte Declan an all den Stellen herum, wo zweifellos bis vor Kurzem John gestanden hatte.

Sie schaute sich um, aber alles sah aus wie immer. Johns Old-Town-Otca-16-Kanu hing fest verzurrt an der Decke. Sie hatte geglaubt, er würde es mitnehmen und verkaufen, denn es war einer ihrer wertvollsten Gegenstände. Die Werkzeugbank war unberührt.

Aber irgendetwas war anders, als hätte jemand die Luft ausgetauscht. Es roch falsch. Statt der gewohnten muffigen Geruchsmischung aus altem Holz und modernem Bodenbelag nahm sie einen anderen Geruch wahr. Einen Mix aus bitter und sauer. Außer der aufgebrochenen Tür war der Geruch der einzige Hinweis darauf, dass jemand hier gewesen war, der nicht hergehörte.

Beinahe hätte sie es erwähnt, aber sie hielt den Mund. Die beiden Polizisten mussten nicht noch mehr Unsinn von ihr hören. Schon jetzt mussten sie sich vorkommen, als würden sie hier draußen ständig auf Geisterjagd geschickt.

»Scheint alles in Ordnung zu sein«, sagte Nessa.

Watt nickte teilnahmsvoll. »Ich hole schnell mein Klemmbrett, dann füllen wir das Formular aus.«

»Nehmen Sie die Hintertür«, sagte sie. »Ich prüfe kurz ein paar Sachen im Haus, dann treffen wir uns in der Küche.«

Drinnen stieg Nessa die Treppe nach oben, ging ins Badezimmer und öffnete den Arzneischrank. Percocet und Vicodin waren noch da. Das Geldscheinbündel, das sie in der Kommode zwischen ihrer Unterwäsche aufbewahrte, war ebenfalls noch an Ort und Stelle. Wenigstens war er nicht ins Haus eingedrungen, sonst würden diese Dinge zweifellos fehlen.

Nachdem die Polizisten ihre Aussage aufgenommen hatten und verschwunden waren, zog Nessa ihren Schlafanzug an, wusch sich das Gesicht und putzte sich die Zähne. Aber sie wusste, dass sie nicht würde einschlafen können, deshalb ging sie wieder nach unten und holte ihre E-Zigarette. Es war das einzige Laster, das sie sich dieser Tage noch gestattete; normalen Zigaretten hatten sie beide abgeschworen, als sie mit Daltrey schwanger geworden war.

Kurz nach Johns Abgang hatte sie ein Geschäft entdeckt, das früher vermutlich ein Headshop gewesen war, nun aber E-Zigaretten und das nötige Zubehör verkaufte. Ein Verkäufer mit tätowiertem Hals und Tunnels in den Ohrläppchen hatte ihr erklärt, wie so ein Gerät flüssiges Nikotin verdampfte, dann hatte er begonnen, ihr die verschiedenen Geschmacksrichtungen aufzuzählen. »Es gibt Piña Colada, Himbeere, Lemon-Lime …«

»Ich möchte einen Tabakgeschmack«, hatte sie gesagt.

»Aber wir haben …«

»Ich möchte keine Limetten und kein Vanilleeis rauchen. Ich möchte Tabak rauchen, und flüssiges Nikotin mit Tabakgeschmack scheint mir nach richtigen Zigaretten das Nächstbeste zu sein.«

»Alte Schule, was?«, hatte er mit leiser Verachtung gesagt, ihr aber dennoch das Gewünschte verkauft.

Nun saß sie im Dunkeln, nuckelte an ihrer E-Zigarette und schaute hinaus auf ihr wunderschönes Anwesen, das nach dem schweren Frühlingsregen dunkelgrün im Mondschein schimmerte. Sie und John hatten das Haus, die Nebengebäude und die fünfundzwanzig Hektar Land gekauft, nachdem zwei Dinge geschehen waren: Nessas Musik-Blog, *Unknown Legends*, hatte den ersten finanzstarken Sponsor gewonnen, und Altair Satellite Radio hatte bei ihr angefragt, ob sie nicht eine Sendung mit dem gleichnamigen Titel machen wollte, in der sie nachts zweimal wöchentlich obskure Songs präsentieren konnte. Natürlich hatte sie das Angebot angenommen. John hatte zu der Zeit eine Arbeitsstelle als Wartungstechniker am Manhattan Regional Airport gehabt – der Job, den er am längsten gehalten hatte –, deshalb hatten sie ihre erste Hypothek aufnehmen können.

Sie hatten große Pläne gehabt, als sie neun Monate zuvor das Land und das Haus gekauft hatten. Sie und John waren übereingekommen, dass er zu Hause bleiben und sich um Daltrey und den Hopfen kümmern würde. Er würde die Nebengebäude renovieren und am Haus einen Anbau hochziehen. Sie würden ein zweites Kind bekommen. Aber dann wurde John depressiv und reizbar. Begann mit Nessa zu streiten. Verschwand des Öfteren unter dem Vorwand, Farmgeräte kaufen zu wollen, kehrte aber jedes Mal mit leeren Händen zurück.

Dann erwischte sie ihn mit seiner Glaspfeife und einem Crack-Brocken im Bad. Er hatte das Gift in ihr Zuhause gebracht, wo ihr gemeinsamer Sohn schlief, das Gift, das er nach seinem letzten Rückfall vor vier Jahren niemals wieder hatte anrühren wollen; er hatte es ihr geschworen. Deshalb warf sie ihn ein letztes Mal raus.

»Ich würde Daltrey lieber tot sehen als bei dir!«, hatte er gebrüllt, während er neben seinem Truck stand und zusah, wie Nessa Müllsäcke mit seinen Klamotten auf die Ladefläche warf. Es waren die Drogen, die aus John sprachen und ihn in eine Bauchrednerpuppe verwandelten, denn er vergötterte seinen Sohn, liebte ihn über alles, würde nötigenfalls für ihn sterben.

»Du bist eine Scheißmutter«, hatte John weitergezetert. »Es ist deine Schuld, dass er noch nicht spricht. Du hast ihn impfen lassen.«

Nicht das schon wieder. Wegen der Drogen fiel er auf jede Verschwörungstheorie herein, die im Internet kursierte, vor allem auf die Impfgegner.

»Es ist deine Schuld«, hatte er gesagt. »Du bist innerlich verkommen und hast ihn mit deinem Dreck angesteckt.«

Sie hatte für sich behalten, was sie ihm eigentlich hatte entgegnen wollen – dass ihre Verkommenheit hinter ihr lag, während sie bei John just in diesem Moment ihr hässliches

Haupt hob und seine Zellen und sein Hirn mit bösartigem Gift erfüllte.

»Du bist meine Frau«, hatte John gebrüllt. »Du kannst mich nicht von meinem Haus und meinem Sohn fernhalten.« Er machte eine ausholende Geste. »Das alles ist meins. Alles, was du siehst, gehört mir.«

Während sie seinem Gezeter lauschte, hatte Nessa an ihre Mutter denken müssen. Die hatte auch immer von *ihren* Sachen gesprochen, war extrem penibel gewesen, wenn es um den Schutz ihres Besitzes ging. »Du hast mein Glas kaputt gemacht. Du hast meine Bluse ruiniert. Du darfst mein Auto nicht benutzen.« Meins. Meins. Meins.

In diesem Moment war ihr ein Licht aufgegangen. Statt wie die meisten Frauen einen Mann zu heiraten, der ihrem Vater ähnelte, hatte sie einen Mann geheiratet, der wie ihre Mutter war.

»Das wird dir noch leidtun«, hatte John gebrüllt. »Dafür wirst du bezahlen.«

Nessa hatte sich nicht verkneifen können zu entgegnen: »Natürlich werde ich dafür bezahlen. So wie ich für alles bezahle.«

Sie war ins Haus gegangen und hatte ihn ausgesperrt.

Nun setzte sie sich an den Schreibtisch und fuhr den alten Computer hoch, den sie für ihr persönliches AA-Selbstoffenbarungsblog benutzte und auf dem noch Windows XP lief. Das Gerät war nicht mit dem Internet verbunden, deshalb konnte niemand außer ihr die passwortgeschützten Aufzeichnungen lesen.

Sie nahm das Blaue Buch der Anonymen Alkoholiker, schlug Seite vierundsechzig auf – Anfänge der Bestandsaufnahme des persönlichen Fehlverhaltens – und las wie immer den ersten Satz, obwohl sie ihn auswendig kannte: »Wir setzen uns mit unserem Fehlverhalten auseinander, indem wir es aufschreiben.« Sie seufzte und machte sich an die Arbeit.

3. KAPITEL

31. 5.
Hi, ich bin Nessa, und ich bin Alkoholikerin. Ich bin seit sechs Jahren, vier Monaten und zwölf Tagen trocken.

Hier sind einige der Dinge, die ich meiner höheren Macht anvertrauen muss: Ganz oben auf meiner Liste steht der Punkt, dass ich mir meine höhere Macht als meine Mutter, Joyce Gereben, vorstelle, wie sie hinter mir steht und mir über die Schulter schaut und alles, was ich tue, missbilligend beobachtet. Lächerlich, wenn man es sich genau überlegt. Mein Betreuer Marlon W. sagt, bei Leuten wie uns sei es weit verbreitet, Gott auf einen ausschlaggebenden und/oder abwesenden Elternteil zu projizieren, wenngleich dabei meistens der Vater gewählt wird. Ich kann mir Gott nicht als meinen Vater vorstellen, denn ich erinnere mich kaum an ihn. Er verließ uns, als ich ungefähr fünf war.

Tut mir leid, höhere Macht. Ich weiß, dass du nicht wirklich Joyce Gereben bist.

Als Erstes ein Geständnis. Als Officer Michaels die Tür zum Bootshaus aufstieß, hatte ich gehofft, John würde mit einer Waffe drinstehen, und der Polizist müsste ihn in Notwehr erschießen. Dadurch wären meine Probleme schlagartig gelöst gewesen. Was ist man nur für ein abgefuckter Mensch, wenn man sich so etwas wünscht?

Gleichzeitig überkam mich eine irrationale, lächerliche Fantasie: dass der richtige John, nicht der crack-

süchtige Kerl, sich im Bootshaus versteckt, mit Luftballons und einem Sorry-ich-bin-für-alle-Zeiten-fertig-mit-den-Drogen-Banner, und dass ich in seine Arme renne … Ich darf mich nicht nach etwas verzehren, was nicht existiert, was meiner Psyche, meiner Seele und meiner geistigen Gesundheit schweren Schaden zufügt. Ich muss einen Tag nach dem anderen bewältigen, muss nüchtern bleiben und Daltrey großziehen.

Doch ich weiß nicht, wie mir das ohne John gelingen soll. Kindererziehung war etwas ganz Natürliches für ihn, für mich dagegen ist sie ein fortwährender Kampf. Natürlich liebe ich den Jungen über alles, doch nur wegen John habe ich überhaupt eine Vorstellung davon, wie ich mit Daltrey umgehen muss.

Das hätte ich nie von John gedacht, als wir uns nach meinem Umzug nach Denver kennenlernten und ich einen Job bei Wax Trax fand, dem Plattenladen. John besaß keine der Eigenschaften, die man sich bei einem künftigen Daddy wünscht. Er hing ständig im Laden herum, hatte diese Wahnsinnsausstrahlung. Große schöne braune Augen – Daltreys Augen –, langes Haar. Er stammte aus Russell, Kansas, und war früher cracksüchtig gewesen. Aber nun war er genauso süchtig nach den Narcotics Anonymous wie davor nach Crack, und das hätte mir eine Warnung sein sollen. Trotzdem habe ich mich Hals über Kopf in ihn verknallt. Ich habe nie auf meinen Instinkt gehört, wenn ich verliebt war. So geht es wahrscheinlich den meisten Leuten.

Wir waren noch nicht mal zwei Wochen verheiratet,

als er das erste Mal rückfällig wurde. Wir hatten uns gestritten, und er war nach der Arbeit nicht nach Hause gekommen. Gegen zwei in der Nacht hielt ich es nicht mehr aus und setzte mich ins Auto, suchte ganz Denver nach ihm ab. Fünf Tage habe ich nach ihm gesucht, bis ich einen Anruf vom Denver Health erhielt. Man teilte mir mit, John sei nackt im Park aufgegriffen worden, voll auf Crack. Er wurde verhaftet und in die psychiatrische Abteilung gesteckt. Der Arzt erklärte, John sei bipolar, und diese Tatsache hatte John mir gegenüber nie erwähnt. Der Arzt sagte, der Hochzeitsstress könnte eine manische Phase ausgelöst und ihn wahnhaft gemacht haben. Und dann war er losgezogen, um sich Crack zu besorgen und den Wahn auf eine höhere Ebene zu hieven.

Nach seinem Krankenhausaufenthalt bekam John Medikamente und war total reumütig. Fürs Erste beruhigten sich die Dinge. John schwor, er wäre für den Rest seines Lebens fertig mit den – illegalen – Drogen. Aber dann wurde ich schwanger, und wir zogen nach Manhattan, Kansas, damit John den Job am Flughafen annehmen konnte.

Wenige Tage vor dem Entbindungstermin verschwand John dann erneut. Er kehrte erst nach neun Tagen zurück, als er wegen Trunkenheit am Steuer aus dem Gefängnis kam; da war Daltrey zwei Tage alt. John hatte seine Medikamente abgesetzt, weil sie ihn, wie er sagte, völlig plattmachten und er in diesem Dämmerzustand nicht hatte weiterleben wollen.

Nach dem Vorfall hatten sich meine Gefühle für John

verändert, aber ich hatte nicht vor, ihn zu verlassen, denn ich wusste, wie es war, ohne Vater aufzuwachsen, und für einen Jungen muss es wahrscheinlich noch schwieriger sein. Ich war fest entschlossen, es mit John durchzustehen, ganz gleich, was geschehen war.

»Du kannst nicht mehr nur an dich selbst denken«, sagte ich zu John. »Du hast jetzt Frau und Kind. Es tut mir leid, dass die Medikamente dich so müde machen. Aber es kann nicht sein, dass du einfach verschwindest.«

Drei Jahre schluckte er brav seine Pillen, und ich gebe zu, ich ließ mich von einem trügerischen Sicherheitsgefühl einlullen. Heute weiß ich es besser und kann kaum glauben, dass ich so selbstgefällig wurde. Vermutlich nahm ich an, dass man in einer Kleinstadt wie unserer schwerer an Drogen kommt. Aber das war dumm – es ist eine Universitätsstadt –, und wo es Studenten gibt, gibt es auch Drogen.

Ich dachte wohl, Daltrey und ich seien für John Grund genug, künftig die Finger von den Drogen zu lassen. Aber ich bin sicher, dass Marlon recht hat – John kam nicht mit meinem Erfolg zurecht. Doch sein Rückfall hat nichts mit meinem beruflichen Erfolg zu tun. Auch ohne die Radiosendung und das Blog hätte er irgendeinen Vorwand gefunden, um wieder nach den Drogen zu greifen.

Würde ich alles noch mal genauso machen? Ja, denn ich habe Daltrey bekommen. Ich wünschte nur, John würde beherzigen, was im Blauen Buch steht: »Zeit, die man für Vergeltung vergeudet, kann man nicht verwenden, um im Leben voranzukommen.«

4. KAPITEL

Mittwoch, 1. Juni

Als Nessa erwachte, vernahm sie aus dem Garten Tschaikowskys Sinfonie Nr. 6. Sie zog sich an, dann ging sie nach unten, goss sich einen Kaffee ein und schaute aus dem Fenster über der Spüle. Daltrey stand auf einer Palette hinterm Haus und dirigierte mit einem hölzernen Kochlöffel als Taktstock ein unsichtbares Orchester. Er war angezogen und sah aus wie aus dem Ei gepellt. Nessa ging durch die Hintertür nach draußen und sah Isabeau Revie, ihre neue Nanny, die im Morgenlicht auf dem Rasen saß und auf einer imaginären Geige spielte. Dass sie mit ihrer abgeschnittenen Jeans im feuchten Tau saß, schien ihr nichts auszumachen. Sie trug ein Firefly-Tanktop, das lange blonde Haar war zum Pferdeschwanz gebunden.

Daltrey rannte zu Nessa und schlang kurz die Arme um ihre Knie, dann eilte er zu seinem Dirigentenposten zurück und fuhr fort, mit ernster, konzentrierter Miene den Kochlöffel durch die Luft zu schwingen.

»Du musst ihm einen Cardigan, eine Pfeife und ein *Economist*-Abo besorgen«, überschrie Isabeau die Musik, die aus tragbaren, mit ihrem Smartphone verbundenen Lautsprechern kam.

Nessa lachte laut auf, das erste richtige Lachen seit Johns Abgang. Isabeau grinste, sah zufrieden und überrascht aus, und Nessa begriff, dass ihre Nanny sie wahrscheinlich für einen mürrischen, humorlosen alten Drachen hielt.

»Vielleicht kleben wir ihm noch einen Bart an, bis ihm selbst einer wächst«, fügte Isabeau an. »Lange kann es nicht mehr dauern.«

Nessa lachte erneut, Daltrey lächelte. Sie wusste, dass er sie in letzter Zeit kaum hatte lachen sehen. Um seinetwillen musste sie dringend versuchen, ein bisschen lockerer zu werden.

»Wir haben schon gefrühstückt«, sagte Isabeau, die aus New Mexico stammte, ein Dauerlächeln im Gesicht trug und immer gut gelaunt war. Sie studierte Maschinenbau und war vier Jahre jünger als die fünfundzwanzigjährige Nessa und fünfzehn Zentimeter größer.

Sie war nicht genau das, wonach Nessa gesucht hatte, als sich die Notwendigkeit ergeben hatte, ein Kindermädchen einzustellen. Marlon hatte ihr eine seiner Forschungsassistentinnen an der Kansas State empfohlen, die einen Ferienjob brauchte – Isabeau. Nessa hatte eine effiziente, unpersönliche Arbeitskraft gewollt, die im Haus war, wenn Daltrey schlief und sie arbeitete.

Aber Daltrey hatte diesen Plan zunichtegemacht. Er hatte sich auf den ersten Blick in Isabeau verliebt – mit ihren weit auseinanderstehenden braunen Augen, dem Dauerlächeln, ihrer energetischen Verspieltheit und der weichen musikalischen Stimme. Er wollte keine andere Nanny außer ihr, deshalb sah Nessa sich genötigt, eine warmherzige, engagierte junge Frau einzustellen, die ungerührt in ihren privaten Bereich eindrang und anscheinend glaubte, dass sie alle beste Freunde werden würden. Zum Glück war ihr noch nicht aufgefallen, dass Nessa nichts Persönliches von sich preisgab. Isabeau dagegen erzählte ihr freimütig alle möglichen privaten Dinge. Schlimmer noch, Isabeau hatte ein überragendes Organisationstalent, das Nessas Leben in ungeahnter Weise leichter machte.

Isabeaus Laptop stand aufgeklappt auf der Computertasche im Gras, ihre Beine waren zu den Seiten ausgestreckt. Declan MacManus hatte neben ihr gelegen, bis Nessa erschien. Nun trottete er zu ihr, um sich ein paar Streicheleinheiten abzuholen.

»Gehen wir doch kurz die Termine für den Rest der Woche durch«, sagte Isabeau. Sie tippte auf die Tastatur. »Okay, hier steht, dass Daltrey heute Vormittag um elf einen Arzttermin hat. Geht es um eine Impfung oder –«

»Ich habe doch gesagt, darum musst du dich nicht kümmern«, sagte Nessa, stellte ihren Kaffeebecher ab und beugte sich vor, um etwas Unkraut aus dem Blumenbeet zu zupfen. Sie wollte nicht darüber reden, warum sie mit Daltrey schon wieder zum Arzt ging. Es war ihr unangenehm, dass sie sich wegen Daltreys Stummheit so große Sorgen machte.

Sie nahm an, es hing mit dem Chaos in ihrem Leben zusammen, mit der Gewalttätigkeit, die Daltrey mit angesehen hatte, als John mal wieder in einer manischen Phase seiner bipolaren Störung gesteckt hatte. Ebenso vermutete sie, dass ihre früheren Süchte und ihr unstetes Verhalten damit zu tun hatten, doch der Kinderärztin hatte sie diese Dinge bislang verschwiegen. Ihr war klar, dass sie es erzählen sollte, doch zu ihrer Schande hoffte sie, dass es für Daltreys Stummheit eine simplere Erklärung gab.

»Aber für mich ist es leichter, wenn ich genau weiß, was wann passiert«, sagte Isabeau.

Während Nessa in der Trauerphase wegen des Endes ihrer Ehe steckte, hatte Isabeau sich von der Nanny zur persönlichen Assistentin gewandelt. Es war sinnlos, sich dagegen zu wehren. Isabeau war eine Naturgewalt.

Sie las weiter vom Bildschirm ab. »Ich habe die Fakten in deinem neuen Beitrag über Wanda Jackson gecheckt. Die Frau war fantastisch! Ich hatte bislang noch nie von ihr gehört – wie überraschend. Wenn ich fertig bin, schicke ich dir den Text, dann kannst du noch mal rübergehen, ehe er morgen um neun automatisch online geht. Danach arbeite ich weiter daran, deine Musikbibliothek zu katalogisieren.«

Nessa fuhr fort, Gras und Unkraut aus dem Blumenbeet zu zupfen.

»Ich habe jetzt etwas mehr als die Hälfte von A«, sagte Isabeau und streckte die Arme über den Kopf. »Bin bei Arcade Fire, glaube ich. Echt jetzt. Ich kenne niemanden, der eine so riesige Sammlung besitzt wie du. Ich dachte immer, die meiner Schwester sei groß, aber verglichen mit deiner ist ihre mickrig. Wie hast du mit deiner Sammlung angefangen?«

»Mein älterer Bruder hat mich zu Highschool-Zeiten darauf gebracht.« Mist. Sie hatte es dahergeplappert, ohne zu überlegen. Sie sollte nie mehrere Sachen gleichzeitig tun. Warum plauderte sie so beiläufig private Dinge aus? Dies war die Wirkung, die Isabeaus fortwährende Gegenwart auf sie hatte. Nessa musste besser aufpassen, was sie sagte. Über das Ausmaß von Johns Problemen hatte sie kein einziges Wort verloren, und dies sollte auch für alle anderen Bereiche ihres Privatlebens gelten.

»Ich bin echt geplättet«, sagte Isabeau. »Was hast du …«

»Ich möchte, dass du heute früher Schluss machst«, sagte Nessa. Sie musste dem einen Riegel vorschieben. Sie hatte genug von sich preisgegeben. »Du arbeitest zu viel.«

»Okay«, sagte Isabeau fröhlich. »Falls du Hunger hast, wir haben Blaubeermuffins gemacht. Stimmt doch, Daltrey, oder?« Sie stellte die Musik lauter und gab sich mit neuem Elan dem Spiel auf ihrer imaginären Geige hin.

Sei dankbar, rief Nessa sich einen Leitspruch aus dem Blauen Buch ins Gedächtnis und beobachtete, wie dieses Paradebeispiel für Effizienz, das scheinbar aus dem Nichts in ihr Leben getreten war, ihren Sohn anspornte. Nessa ging zur Tür, dann wandte sie sich noch einmal um.

»Isabeau«, sagte sie. »Könntest du den Schlüsseldienst anrufen? Ich muss schon wieder die Schlösser austauschen.«

Isabeau schaute vom Computer auf. »Warum?«

Mit einem kurzen Blick versicherte sich Nessa, dass Daltrey nicht zuhörte. Sie senkte die Stimme.

»Als wir weg waren, ist John ins Bootshaus eingebrochen.«

Isabeaus Brauen schossen in die Höhe. »Tja, das erklärt es.«

Nessa spürte ein angstvolles Kribbeln. »Was erklärt es?«

Isabeau stand auf und ging zu Nessa. »Die ganzen Holzsplitter am Boden. Ich habe sie bemerkt, als ich heute Morgen hier ankam. Weil ich nicht wollte, dass Daltrey mit den Splittern herumspielt und sich verletzt, habe ich sie aufgehoben. Dabei fand ich das hier.« Sie griff in die Tasche ihrer Shorts und zog ein flaches schwarzes Dreieck heraus.

Nessa nahm es ihr aus der Hand. Es war ein Gitarrenplektrum von Fender in Medium-Stärke. Was hatte es hier draußen verloren? Sie drehte es um und sah den silbernen Aufdruck in Großbuchstaben: BIG.

Big and Rich? Big Bad Voodoo Daddy? War das Plektrum eins von Johns Erinnerungsstücken? Das musste es sein. Wahrscheinlich hatte er vorgehabt, es zu verscherbeln. Lachhaft. Achselzuckend steckte sie es ein.

In der Küche wusch Nessa sich die Hände, schenkte sich Kaffee nach und sah auf die Uhr. Ihr blieben dreißig Minuten, bis sie sich für den Arzttermin fertig machen musste, deshalb brachte sie ihr Laptop zum Küchentisch und loggte sich in ihr Blog ein.

Mit dem Musik-Blog hatte sie aus Spaß an der Freude begonnen, als eine Art Ventil für sich, als sie nach Daltreys Geburt nach Manhattan gezogen waren, in ein winziges dunkles Ein-Zimmer-Apartment in der Anderson Avenue, das sie »die Höhle« genannt hatten. Es hatte mit zaghaften Kritiken von Konzerten angefangen, zu denen sie und John gegangen waren, meist von unbekannten Bands aus der Gegend; Erinnerungen an Konzerte, die sie als Teenager besucht hatte, und Erläuterungen über obskure Schallplatten, die sie auf Flohmärkten abgestaubt hatte, rare Schellackplatten von Blues-Musikern und Marschkapellen, Acetat-Platten und Wachszylinder aus dem frühen 20. Jahrhundert. Bald schon aber hatte sie damit begonnen, ihre wahren Gedanken zu äußern. Und damit waren zwei Dinge gekommen – Internetruhm und ätzende Bemerkungen in der Kommentar-Sektion. Gott sei Dank hatte sie das ganze

Soziale-Medien-Ding gemieden, sonst hätte es noch viel mehr von alldem gegeben.

Sie antwortete eigentlich nur auf positive Kommentare, für die Trolle formulierte sie lediglich in Gedanken schlagfertige Konter. Es hatte eine Weile gedauert, bis sie begriffen hatte, dass es immer ein Fehler war, auf die Provokateure einzugehen. Am Anfang hatte sie noch gedacht, dass sich, wenn sie sich klar, ruhig und vernünftig erklärte, die Trolle bei ihr entschuldigen würden und alles wieder gut wäre. Aber so lief das nicht. Trolle waren wie Schulhofschläger – sie hielten immer nach Schwächen Ausschau, hatten nur Zerstörung im Sinn. Zum Glück für Nessa – und zum Leidwesen der Trolle – bedurfte es mehr als Worte, um sie zu zerstören.

Nessa sah sich den neuesten Kommentar eines Users an.

Ein Juwelier hat an meinen Cockring eine Änderung vorgenommen. Er hat ihn größer gemacht.
Gepostet von Anonymous / 1. Juni 8:17 Uhr.

Die Zeilen ließen sie lauter auflachen, als angebracht gewesen wäre. Manchmal schien es, als lebte ein zwölfjähriger Junge in ihrem Hirn, der von Zeit zu Zeit das Kommando übernahm. Wie viele verkappte Comedians gab es dort draußen, die die Kommentar-Sektionen benutzten, um ihren Unsinn unters Volk zu bringen – und wie viele Kerle, die der Welt unbedingt ihr Ding zeigen oder wenigstens kundtun mussten, wie groß es war?

Die schmale Bandbreite der Kommentare erstaunte sie immer wieder aufs Neue. Interessanterweise erhielt sie die persönlichen Kommentare erst, seit sie im Radio auftrat und alle wussten, dass sie eine Frau war. Bis dahin hatten ihre Blog-Leser sie für einen Mann gehalten und die negativen Vokabeln hatten sich auf alle möglichen Variationen von »Idiot« beschränkt. Seither hatte sie angefangen zu glauben, das Wort *Schlampe* all die Jahre falsch buchstabiert zu haben, denn die meisten Trolle schrieben *Schlammpe*. Und warum Musik als etwas galt, worüber vor allem Männer Bescheid zu wissen glaubten, war ihr schleierhaft.

Ihr Bruder hatte nie so empfunden, und er wäre wahnsinnig stolz gewesen, wenn er gewusst hätte, dass sie mit dem Wissen, das sie sich durch seine Hilfe angeeignet hatte, gutes Geld verdiente. Sie öffnete ihr AA-Blog, ohne ihren Sohn und die Nanny je ganz aus den Augen zu lassen.

1. 6.
Ich bin Nessa, und ich bin Alkoholikerin. Ich bin seit sechs Jahren, vier Monaten und dreizehn Tagen trocken.

Es geht nicht so sehr darum, dass ich Isabeau nicht erzählen möchte, dass ich einen älteren Bruder habe, sondern dass es wehtut, an ihn zu denken. Ich vermisse meinen Bruder. Wir haben alle möglichen lustigen und traurigen Dinge miteinander erlebt. Er ist dafür verantwortlich, dass ich so besessen bin von praktisch allem, was mit Musik zu tun hat. Wir waren auf unzähligen Konzerten. Als wir nach L. A. gingen, setzte er mich auf eine fortwährende Diät aus ausgezeichneter, seltsamer, wunderbarer Musik.

Er wäre so neidisch, wenn er wüsste, dass ich eine

Radiosendung habe. Eigentlich müsste er sie moderieren. Alles, was ich weiß, weiß ich von ihm. Es wäre nur fair.

Ich halte mich über das Internet über ihn und meine Mutter auf dem Laufenden, kann die beiden auf diese Weise aus der Ferne beobachten. Brandon ist auf Facebook, hat alles auf öffentlich gestellt, und so kann ich heimlich seine Einträge lesen. Er sieht anders aus als früher, aber das gilt auch für mich. Er ist ganz schön aufgedunsen, sieht kränklich aus. Ich frage mich, ob der Krebs zurückgekommen ist.

Oft träume ich davon, mich mit ihm wieder zusammenzutun, wenn Mom das Zeitliche gesegnet hat, und mich mit ihm über allen möglichen Mist schlappzulachen. Er war nie nachtragend, wie könnte er sonst mit achtundzwanzig noch mit Mom zusammenleben? Ich denke, der Grund dafür ist sein Typ-1-Diabetes und der ganze Scheiß, den die Familie deshalb erlebt hat, andererseits gibt es viele Diabetiker, die im Leben Erfolg haben und nicht am Rockzipfel ihrer Mütter hängen.

Aber Joyce hat ihm von klein auf zwei Dinge eingetrichtert: dass er ohne sie nicht leben könne und dass er es ihr verdanke, überhaupt am Leben zu sein. In gewisser Weise ist es ja auch so. Was Recht ist, muss Recht bleiben. Vielleicht wäre es anders gewesen, wenn mein Dad uns nicht gegen neuere Modelle eingetauscht hätte, gegen eine jüngere, bessere Familie, mit der er das Weite suchte. Mom sagte immer, Brandon sei zur Hälfte sie, zur Hälfte unser Dad. Das braune Haar von Mom, die Größe von Dad. Ein blaues Auge von Mom, ein brau-

nes Auge von Dad. Das Gute von Mom. Das Schlechte von Dad.

Sie sagte, ich sei ganz mein Dad. Überraschung!

Brandon war ihr Sonnenschein, weil sein größtes Lebensziel darin bestand, Joyce zu gefallen. Sicherzustellen, dass sie nicht wütend wurde. Ihr immer zu erzählen, wie schön sie sei, wie begabt und so weiter.

Nach seinen Facebook-Einträgen zu urteilen, ist er noch heute so. Ständig postet er Memes wie Wenn ihr die tollste Mutter der Welt habt, klickt Gefällt mir. Teilt es, wenn eure Mutter euer Ein und Alles ist. Solchen Dreck eben. Da stellen sich mir die Fußnägel auf.

Brandon hat nie aufgehört, nach Moms Anerkennung zu gieren. Als Teenager habe ich ihn verachtet. Wenn wir stritten, nannte ich ihn Weichei, Muttersöhnchen und so; ich sagte ihm, er würde Brüste kriegen, wenn er sich nicht von ihr lossage.

Wenn Mom gerade keinen Liebhaber hatte, behandelte sie Brandon wie ihren Ersatz-Ehemann. Ich weiß noch, dass er ihr einmal die Fußnägel lackieren sollte, so wie Kevin Costner bei Susan Sarandon in Annies Männer. Damals habe ich es natürlich nicht kapiert, ich war zu jung. Ich wusste nur, dass bei uns irgendetwas nicht stimmte.

Deshalb tue ich alles, um jedes krankhafte Verhalten von Daltrey fernzuhalten, aber John machte mir einen Strich durch die Rechnung. Ich verachte mich, weil ich ihn immer noch liebe, obwohl ich ihn für das, was er uns angetan hat, hasse. Er hat unsere kleine Familie zer-

stört, und er hat mein persönliches Problem, nämlich dass mein Dad mich verlassen hat, aufgerührt, so als hätte man einen Schaumschläger in eine gefüllte Milchschüssel gehalten.

Nessa schaute auf die Uhr: Ihr blieben nur zwanzig Minuten, bis sie mit Daltrey zum Arzt aufbrechen musste. Mist. Sie leerte ihren Kaffeebecher, stellte ihn in den Geschirrspüler und ging nach oben, um zu duschen.

Fünfundvierzig Minuten später saß Daltrey am Boden des Behandlungszimmers und spielte mit einer Apparatur aus Drähten, Schnüren und Perlen, während Nessa abwesend in einer Zeitschrift blätterte.

Nach einem kurzen Anklopfen eilte Dr. Blatter herein und wusch sich die Hände.

»Hallo, Mrs. Donati«, sagte sie, während sie sich mit Papierhandtüchern die Hände abtrocknete. »Wie geht es dir, Daltrey?«

Er tippte sich mit dem Daumen an die Brust, die Finger ausgestreckt. Gebärdensprache für »gut«.

Dr. Blatter schaute in die Patientenakte, die die Arzthelferin ihr hingelegt hatte, und fragte: »Was führt Sie heute zu mir?«

»Na ja, ich dachte, wir könnten vielleicht einen Bleivergiftungstest durchführen«, sagte Nessa verlegen, aber entschlossen. Es war ihr neuester armseliger Versuch, die Schuld für Daltreys Stummheit von sich selbst abzulenken.

»Wie lange wohnen Sie jetzt in dem Haus?«, fragte Dr. Blatter.

»Neun Monate.«

»Wir können den Test machen, aber ich glaube nicht, dass die Ursache für …«

»Außerdem einen weiteren Hörtest, wenn Sie nichts dagegen haben«, sagte Nessa.

»Ich bezweifle, dass sein Gehör sich seit dem letzten Test verändert hat – wann war der noch gleich? Vor drei Monaten?«

»Ich weiß, aber …«

»Mit seinem Gehör ist alles in Ordnung, und ich bezweifle wirklich, dass er eine Bleivergiftung hat. Sagten Sie nicht, der Bauinspektor habe im Haus nach Blei gesucht und nichts gefunden?«

»Ja, aber …«

Dr. Blatter setzte sich auf ihren Rollhocker. »Mrs. Donati, Einstein fing erst mit fünf an zu sprechen. Er war zu sehr mit Nachdenken beschäftigt, um zu reden.«

»Das ist ein Mythos«, sagte Nessa. Das beruhigende Gerede dieser ach so herzlichen Landärztin nervte sie furchtbar.

»Sind Sie sicher? Ich habe es oft gelesen.«

Die Bemerkung ärgerte und alarmierte Nessa. Hatte Dr. Blatter auch ihren Doktortitel von einer obskuren Website wie About.com gekauft?

»Ich finde es toll, dass Sie weiterhin Gebärdensprache benutzen, damit er kommunizieren kann, bis er etwas zu sagen hat.«

Beinahe hätte Nessa aufgelacht – was tat Daltrey denn anderes, als mit Gebärdensprache etwas zu »sagen«? Sie hatte an der Uni einen Kurs in Gebärdensprache besucht, und wenn ihr mal ein Wort fehlte, sah sie auf YouTube nach; es gab dort Tausende kurzer Videos, die Wörter und ganze Sätze in Gebärdensprache zeigten.

»Ja«, sagte Nessa. »Aber ich mache mir Sorgen, dass es seine Sprachentwicklung weiter verzögern könnte.«

»Ach was«, sagte Dr. Blatter fröhlich. Keine Erklärung, nichts, um ihre Worte zu untermauern.

Es mochte ja sein, dass Albert Einstein erst mit fünf Jahren zu sprechen begonnen hatte, aber das galt auch für zahllose andere Kinder, die sich spät entwickelten und als Erwachsene dann geistig minderbemittelt waren … Andererseits, konnten diese Kinder sich mit drei Jahren derart nuanciert und eloquent mit Mimik und Gebärdensprache ausdrücken wie Daltrey?

»Bitte, machen Sie den Bleitest, ja?«, sagte Nessa und hasste sich für ihren flehenden Ton.

Dr. Blatter seufzte. »Ich schicke die Arzthelferin herein. In Ordnung? Wir sehen uns dann in vier Monaten für seine U4. Ich wette, dann redet er wie ein Wasserfall.«

Als die Ärztin sich erhob, um das Behandlungszimmer zu verlassen, legte Nessa ihr eine Hand auf den Arm. »Können wir uns draußen kurz unterhalten?«

»Gern«, sagte Dr. Blatter.

»Mama und Dr. B reden kurz draußen, Daltrey«, sagte Nessa. »Ich bin gleich wieder da.«

Er nickte, ohne den Blick von seinem Spielzeug zu lösen.

Nessa folgte Dr. Blatter nach draußen und schloss die Tür hinter sich.

»Ich dachte, Sie sollten wissen, dass Daltreys Vater und

ich uns scheiden lassen«, sagte Nessa mit gesenkter Stimme, für den Fall, dass Daltrey hinter der Tür stand und lauschte.

Dr. Blatter öffnete noch einmal Daltreys Akte und machte eine kurze Notiz. »Danke für die Information.«

»Daltreys Vater leidet an einer bipolaren Störung, und er – nun, er nimmt Drogen.«

Die Ärztin nickte, den Blick weiter auf die Akte gerichtet.

»Ich habe keine Hoffnung mehr, dass sein Vater sich wieder fängt … ich glaube, seine Anwesenheit war nicht gut für Daltrey. Wissen Sie, was ich meine?«

Dr. Blatter nickte erneut, und ihr Schweigen veranlasste Nessa weiterzureden.

»Meinen Sie, Daltrey spürt vielleicht, dass etwas aus den Fugen geraten ist? Dass das … ein weiterer Faktor dafür sein könnte, warum er noch nicht spricht?«

Endlich richtete Dr. Blatter ihren unergründlichen Blick auf Nessa, die einfach weitersprach.

»John erhielt seine Diagnose vor knapp fünf Jahren. Ich dachte, wenn er erst einmal die Psychopharmaka nimmt, würde sein Bedürfnis nach … dem andern Zeug verschwinden. Aber das Gegenteil war der Fall. Er sagte, die Psychopillen würden ihn plattmachen. Er vermisste seinen Wahn. Wissen Sie, was ich meine?«

Natürlich wusste die Ärztin das. Nessa missfiel der Umstand, dass sie sich situationsbedingt in einen Menschen verwandelte, der nach jedem Satz eine Bestätigung benötigte.

»Das tut mir alles schrecklich leid«, sagte die Ärztin, deren oberflächliche, abweisende Art endlich Risse bekam. »Hat Daltrey irgendwelche Rückschritte gemacht, seit sein Vater weg ist? Macht er neuerdings ins Bett? Hat sein Schlafverhalten sich geändert? Hat er das Interesse an Dingen verloren, die er eigentlich schön findet, an Büchern und dergleichen?«

Nessa schüttelte den Kopf.

»Falls seine Entwicklung sich verlangsamt oder er gar Rückschritte macht oder eine der anderen Sachen passiert, dann kommen Sie wieder her. Wir überweisen Sie dann zum Kinderpsychologen. Aber Kinder sind sehr widerstandsfähig. Er ist ein starker kleiner Junge.«

Am liebsten hätte Nessa sie umarmt, sie tat es aber nicht.

»Eine bipolare Störung ist vererbbar, oder?«, fragte Nessa.

Dr. Blatter klemmte sich die Patientenakte unter den Arm und nahm Nessas Hände. »Hören Sie. Ja. Es besteht eine zehn- bis fünfzehnprozentige Wahrscheinlichkeit, dass Daltrey daran erkrankt. Aber wissen Sie was? Wir wissen, worauf wir achten müssen. Dass John schon über dreißig war, als man die Erkrankung bei ihm feststellte, bedeutet, dass sein Hirn sich bereits verändert hatte. Wir achten auf Daltrey. Falls wir diesbezügliche Symptome bemerken, kriegen wir es in den Griff. In Ordnung?«

Nessa wischte sich über die Augen. »Ich danke Ihnen.«

»Alles Gute, Mrs. Donati.«

»Ihnen auch.«

Die Ärztin ging, und Nessa kehrte ins Behandlungszimmer zurück und nahm ihren Sohn auf den Schoß, in Erwartung des nächsten unnötigen Nadelstichs, der ihre Schuldgefühle gleichzeitig lindern und verstärken würde.

5. KAPITEL

Bei ihrer Rückkehr stand vor dem Haus ein Kastenwagen, an dessen Seitenwand der Schriftzug *Lock It Up!*, ein goldener Schlüssel und eine Telefonnummer zu sehen waren.

Wie war Nessa je ohne Isabeau zurechtgekommen?

Hand in Hand mit Daltrey ging sie auf das Haus zu und sah einen langhaarigen jungen Burschen in Arbeitskluft, der vor der Haustür kniete und den Drehknauf abmontierte.

»Hi«, sagte Nessa.

»Hi«, sagte der junge Mann. Auf seinem Namensschild stand »Brady«. »Bin gleich fertig«, sagte er. »Die Hintertür ist schon erledigt.«

»Ich hole Ihnen einen Scheck«, sagte Nessa und führte Daltrey ins Haus. Er stürmte in die Küche, bestimmt, um nach Isabeau zu suchen.

»Tolles Haus haben Sie«, sagte Brady, der Schlosser.

»Danke«, sagte Nessa.

Der junge Mann erhob sich. »He, Ihr Babysitter oder so sagte, Sie seien Nessa von *Unknown Legends*.«

»Stimmt«, sagte sie. Sie wollte sich nicht groß mit ihm unterhalten, aber unhöflich sein wollte sie auch nicht.

»Sie sehen ganz anders aus, als ich Sie mir vorgestellt habe«, sagte er und ließ den Blick über ihren Körper wandern.

»Das geht vielen Leuten so«, sagte sie. Mit ihrer Körpersprache versuchte sie, ihm zu vermitteln, dass sie viele wichtige Dinge erledigen musste, doch er ignorierte die Botschaft.

»Wenn man Sie im Radio hört, würde man nie darauf kommen, dass Sie wie eine ganz normale Mutter aussehen.«

Du dagegen siehst tatsächlich so aus wie die Aushilfe eines Schlossers.

»Ich hätte Sie mir eher als wilde Braut vorgestellt, so mit Tattoos und Piercings und so.«

Beinahe hätte sie entgegnet: Oh, ich habe Piercings. Nur stecke ich sie nicht mehr rein. Ich trage nur noch geschmackvolle Ohrringe.

Und Tätowierungen? Klar hatte sie welche gehabt. Ihr gesamter linker Arm war mit Tattoos bedeckt gewesen, und es hatte sie zwei lange Jahre, Tausende Dollar und jede Menge Schmerzen gekostet, um sie entfernen zu lassen. Das Gelb und Grün wegzubekommen war allerdings nahezu unmöglich wegen der spiegelnden Eigenschaften der Farbtinte, deshalb sah man noch einige Teile, und dies war der Grund, warum Nessa immer lange Ärmel trug, selbst im brütend heißen Sommer, für den Kansas berüchtigt war.

Das Einzige, das zu entfernen sie nicht übers Herz gebracht hatte, war das *Glimmer-Twins*-Tattoo an der weichen Unterseite des Arms; ihre beste Highschool-Freundin hatte an der gleichen Stelle die gleiche Tätowierung gehabt.

Candy, ihre letzte richtige Freundin. Ihre Seelenverwandte.

Oh nein. Nessa war kurz davor, vor diesem Kerl loszuflennen. Sie wandte sich schnell ab.

»Und dieses Musik-Blog haben Sie doch auch, oder?«, sagte Brady. »Ist ziemlich gut.«

»Ich muss das Mittagessen für mein Kind zubereiten«,

sagte sie und spürte, dass ihre Augen feucht wurden. »Ich hole Ihren Scheck.«

»Danke«, sagte er. »War nett, sich mit Ihnen zu unterhalten.«

Nessa ging in die Küche und beugte sich über die Spüle, fürchtete, sich übergeben zu müssen.

Jeden Tag. Jeden Tag war es ein Kampf, nicht an Candy zu denken.

Scheiße. Nun musste sie heute Abend in ihrem AA-Blog über Candy schreiben.

Unter »Bedauern«.

Unter »Verletzung und Schmerz«.

1. 6., Teil 2

Geständnis: Ich habe den jungen Schlosser in Gedanken herabgewürdigt. Für wen zum Teufel halte ich mich eigentlich? Oh, klar, ich bin ein Star, Baby. Das, was meine Mom immer von mir wollte, aber die Ironie bei dem Ganzen ist, dass niemand aus meinem alten Leben weiß, dass ich ein Star bin.

Aber das ist nicht das Thema meines heutigen Eintrags.

Zum ersten Mal seit einer ganzen Weile denke ich wieder an Candy. Es ist schwierig, zu weinen und dabei zu schreiben, deshalb weine ich erst mal.

Okay. Als ich Candy in der neunten Klasse zum ersten Mal begegnete, war es, als würde ich in einen Spiegel blicken. Candy hatte dieselbe Frisur wie ich – kurz und dunkel mit blonden Strähnen (nicht vergessen, es war der Beginn des neuen Jahrtausends), braune Augen wie ich, die gleiche Gesichtsform, die gleiche Figur. Wir konnten uns auf den ersten Blick nicht leiden.

Wir gingen auf eine der schlimmsten Highschools in ganz Amerika; den Namen der Schule nenne ich nicht, denn wen kümmert's? Metalldetektoren am Eingang, überall Sicherheitsleute, jede Menge Gangs. Zu dem Zeitpunkt hatte man mich schon mal beim Ladendiebstahl erwischt, mein Notenschnitt lag bei Vier, ich kiffte und trank, seit ich zwölf war, hatte mit dreizehn meine Jungfräulichkeit verloren. (Ich weiß, klingt alles ziemlich klischeehaft. Lächerlich.) Mom war selten zu Hause – sie versuchte, Geld ranzuschaffen. Dafür verdient sie schon irgendwie Respekt. Sie war immer auf der Suche nach einer »Gelegenheit«, nach einem Weg, aus den wenigen Möglichkeiten, die das Leben uns bot, etwas Besonderes zu machen. »Aus Zitronen Limonade machen« nannte sie es. Ich kenne niemanden, der so viele Pläne ausgeheckt hat wie sie – ständig entwickelte sie irgendwelche Ideen, wie man schnell zu Geld kommen könnte, und manchmal klappte es sogar. Sich einen normalen Job zu besorgen war etwas für gewöhnliche Leute. Warum sie sich für etwas Besseres hielt, ist mir ein Rätsel.

Sie ging auch öfter mal zum Vorsprechen und ergatterte hier und da eine kleine Filmrolle. Wenn nachts im Kabelfernsehen Das Buch des Todes läuft, sehe ich mir den Streifen bis zu der Szene an, wo Mom hinterm Schalter der Zulassungsstelle steht und eine Schere ins Ohr gerammt bekommt.

Hin und wieder nahm sie doch einen normalen Job

an, als Empfangsdame, Kellnerin oder Kartenverkäuferin im Kino – bis sie unweigerlich rausflog.

Wie auch immer, als ich herausfand, dass Candy eine Streberin war, ein braves Zuckerpüppchen, machte ich es mir zur Aufgabe, sie zu verarschen. Vor allem weil ich nicht wollte, dass sie mir meinen coolen Ruf bei den Latinas versaute, wegen ihrer guten Noten und … okay, jetzt muss ich noch mal heulen.

Also, wie wurden wir Freundinnen? Als Brandon mal eine Weile keine Gesundheitsprobleme hatte, nahm er mich zu einem Konzert von Queens of the Stone Age im Troubadour in West Hollywood mit; keine meiner Freundinnen wollte mich begleiten, denn sie standen nicht auf »Weiße-Jungs-Rock«. Nach der Vorgruppe ging Brandon aufs Klo, und als er zurückkam, erzählte er mir, er hätte mich draußen auf dem Gang stehen sehen. Es war natürlich Candy. Was hatte dieses spastische Häschen auf einem QOTSA-Konzert verloren?

Ich rannte raus und suchte nach ihr, und da war sie, ganz allein und super drauf, total in die Musik versunken. Ich war baff – ich brauchte einen Liter Bier und ein paar Joints, um gut drauf zu sein. Candy aber – die ich für eine Spießerin hielt – brauchte offenbar nur die Musik.

»Hey«, begrüßte sie mich erfreut, obwohl wir eingeschworene Feinde waren. Vielleicht lag es daran, dass niemand aus unserer jeweiligen Clique dabei war – Candy hing immer mit den braven schwarzen Mädchen ab. Ich fand heraus, dass sie auch gern Party machte, aber sie sagte etwas, das ich nie vergessen werde: »Man

kann auch Spaß haben, ohne sich das Leben zu ruinieren. Man kann feiern, ohne dass es zum einzigen Lebensinhalt wird. Man kann gleichzeitig auch eine gute Schülerin sein. Man kann beides tun.«

»Du vielleicht«, sagte ich.

»Man muss sich entscheiden, wer man ist. Ist man eine Kiffer-Schlampe? Oder ist man ein Queens-of-the-Stone-Age-Fan und eine Dichterin und …«

»Eine Dichterin?«, fragte ich ungläubig.

»Du hast im Literaturkurs einige Sachen von dir vorgelesen, schon vergessen?« Sie lächelte mich an. »Du bist jedes Mal da. Du hast Talent. Ich wette, du liest auch viel. Man kann nicht gut schreiben, ohne dass man liest.«

Zumindest was das Lesen anging, hatte sie recht. Ich weiß aber, dass ich kein großes Talent als Schriftsteller habe. Es reicht aus, mehr nicht.

Danach waren wir unzertrennlich, wie es so schön heißt. Wir nannten uns die Glimmer Twins.

Mehr kann ich heute Abend nicht schreiben, nur noch, was ich hinsichtlich Candy am zweitmeisten bedaure.

Ihr überhaupt begegnet zu sein.

6. KAPITEL

Donnerstag, 2. Juni

Nessa hatte wieder einen Albtraum von John. Sie saßen im Kanu auf dem Big Blue River und angelten.

»Du weißt doch, dass ich nicht gerne angle«, sagte Nessa im Traum, aber noch während sie sprach, blickte sie sich im frühmorgendlichen Licht um, schaute auf das frühlingsgrüne Ufer und war glücklich.

»Aber diesmal fangen wir etwas ganz Besonderes«, sagte John und kurbelte an der Angelrolle. Er zog etwas aus dem Wasser, das sie erst für einen tiefgefrorenen Supermarkt-Truthahn hielt, aber dann erkannte Nessa, dass es ein Baby war.

Ein totes Baby.

John wandte sich ihr zu, ein grausames Lächeln auf den Lippen.

Sie schreckte aus dem Schlaf, das Herz hämmerte ihr in der Brust, als sei sie gerade eine Treppe in den fünften Stock hochgerannt. Sie war schweißgebadet.

Scher dich zum Teufel, John.

Nessas Träume waren oft so offenkundig, dass man sie für ein Psychologie-Lehrbuch hätte verwenden können. Ihre Beziehung mit John war wie ein hilfloses Baby. Wenn man ein Baby oder eine Beziehung nicht nährte, sondern ihnen Drogen verabreichte, dann starben sie.

Wir halten ein totes Baby in unseren Händen.

Es dauerte einige Augenblicke, bis ihr klar wurde, dass ein Klingeln an der Tür sie geweckt hatte. Nessa drehte sich auf die Seite und sah, dass es erst halb neun war. Sie hörte, wie der Bolzenriegel zurückschnappte und die Tür geöffnet wurde, dann sprach eine Männerstimme. Sie lauschte.

»Nein«, sagte Isabeau. »Er ist nicht hier.«

Mit gedämpfter Stimme sagte der Mann etwas, das sie nicht verstand.

»Sie schläft«, sagte Isabeau.

Weitere Worte.

»Wenn es sein muss. Würde es Ihnen etwas ausmachen, draußen zu warten?«

Nessa seufzte. Sie nahm an, es war ein Staubsaugervertreter, ein Zeuge Jehovas oder irgendein anderer Quasselkopf, der ihr etwa aufschwatzen wollte. Über der Türklingel stand ein großes Vertreterbesuch-unerwünscht-Schild, aber Leute, die imstande waren, das acht Meilen südlich von Manhattan gelegene, von dichtem Wald umgebene Grundstück zu finden, vergaßen in der Regel, dass sie lesen konnten, wenn sie endlich vor der Haustür standen.

Sie hörte, wie Isabeau zwei Stufen auf einmal nehmend die Treppe hochstieg und an Nessas Schlafzimmertür klopfte.

»Nessa?«

»Ja«, rief sie. Sie schwang die Beine aus dem Bett, zog eine kurze Hose und ein langärmeliges Shirt an.

»Da möchte jemand mit dir sprechen.«

Nessa öffnete die Tür und flüsterte: »Ein Verkäufer?«

»Ein Polizist.«

Nessas Herz schlug schneller.

Sie stieg in ihre Sandalen und folgte Isabeau die Treppe hinunter. Mit jedem Schritt offenbarte sich mehr von dem

Besucher. Cowboystiefel und Jeans. Kariertes Hemd. Sakko. Keine Krawatte. Dunkles, kurz geschnittenes Haar, buschige Brauen, breite Stirn.

»Mrs. Donati?«, fragte der Mann durch die Insektenschutzgittertür.

»Ja«, sagte sie.

Der Mann zog eine goldglänzende Polizeimarke aus der Tasche und hielt sie Iron-Man-mäßig hoch, als wäre er bereit, ihr ein Loch in die Brust zu sprengen.

»Ich bin Detective Rob Treloar vom Riley County Police Department.«

Scheiße. John saß im Gefängnis.

In Augenblicken wie diesem war Nessa dankbar, dass sie ihre Mitmenschen heutzutage an eine mormonische Missionarin erinnerte. Polizisten pflegten sich zu entspannen, wenn sie sie sahen, einen höflichen Ton anzuschlagen und nach Kleinigkeiten zu suchen, für die sie sich bei ihr entschuldigen konnten. Ihre hohe kindliche Stimme verstärkte diese Wirkung noch und ließ die Leute kurz innehalten, um sich ein Urteil zu bilden, ehe sie etwas entgegneten. Aber im Moment war Nessa sprachlos.

Sie schloss den Mund und starrte auf die Marke, die seinen Namen und Rang bestätigte; außerdem las sie darauf eine weitere Information ab: Er war bei der Abteilung für allgemeine Untersuchungen. Also kein Strafermittler. Was sie verwirrte. Sie wandte sich Isabeau zu, die hinter ihr stand und besorgt aussah. »Bringst du Daltrey bitte nach oben?«

Isabeau nickte und ging.

Nessa entriegelte die Fliegengittertür, schob sie auf und

reichte dem Detective die Hand. »Nessa Donati«, sagte sie lächelnd und versuchte, ihre Kiefermuskeln zu entspannen.

»Tut mir leid, Sie so früh zu Hause zu belästigen«, sagte der Polizist. »Darf ich hereinkommen?«

Wieder ihre Missionarswirkung: freundlich, dankbar, mitfühlend. So war Nessa Donati. »Natürlich.« Sie machte eine große Geste, als hieße sie den Detective auf einem Kreuzfahrtschiff willkommen.

Der Detective trat ein und ließ den Blick zum Kranzprofil und den kaltgehämmerten Zinndeckenplatten hinaufwandern. »Wow. Tolles Haus. Seit wann wohnen Sie hier?«

»Vielen Dank, Mr. – äh, Detective –, warum sind Sie noch gleich hier?«

Endlich lächelte er. »Ach ja, tut mir leid. Es ist halt sehr hübsch bei Ihnen – ich hätte auch gern so ein altes Farmhaus. Wirklich tolle Arbeit haben Sie daran geleistet.«

»Danke«, sagte sie vorsichtig.

»Wann wurde es erbaut?«

»1895«, sagte sie und versuchte, nicht ungeduldig zu klingen.

»Keine Probleme mit den Rohren oder so?«

»Noch nicht«, sagte Nessa.

Ihre *Paranoïa du Police* war vermutlich stärker ausgeprägt als bei den meisten Leuten, aber daran durfte sie jetzt nicht denken; sie durfte es sich nicht vom Gesicht ablesen lassen. Der Detective würde es sofort erkennen.

Zur Tarnung setzte sie ihre reizendste Prinzessinnen-Miene auf und behandelte ihn wie einen geschätzten Gast, wies ihn zur Couch im Wohnzimmer. Isabeau klaubte Daltrey auf, der am Boden mit seinen Lego-Steinen gespielt hatte. Er vergrub sein Gesicht an ihrem Hals, verschüchtert wegen des Fremden.

Isabeau sah Nessa mit hochgezogenen Brauen an, ehe sie mit Daltrey auf dem Arm die Treppe hinaufstieg.

»Kann ich Ihnen etwas anbieten? Kaffee, Limonade, Wasser?«, fragte Nessa Detective Treloar.

»Nein, danke«, sagte er und knöpfte sein Sakko auf, ehe er sich auf der Couch niederließ.

Nessa setzte sich ans andere Couchende.

»Ist Mr. Donati zu Hause?«

»Nein«, sagte sie.

Detective Treloar sah sie freundlich an, aber sie erkannte, dass man ihm keinen Unfug erzählen konnte.

»Erwarten Sie ihn bald zurück?«

»Nein«, sagte sie. »Er wohnt nicht mehr hier. Wir lassen uns scheiden.«

Er räusperte sich in die zur lockeren Faust geballte Hand. »Aha.« Er zog einen winzigen Notizblock aus der Sakkotasche, schaute auf eine Seite und fragte: »Fährt Mr. Donati einen 1997er Chevy-Pick-up mit dem Kennzeichen IFL 157?«

»Ja«, sagte sie vorsichtig. *Trunkenheit am Steuer? Fahrerflucht?* Bei einem Cracksüchtigen wie John glich das Leben einer Lotterie der Straftaten. »Aber der Wagen ist unter unseren beiden Namen angemeldet.« Schnell fügte sie an: »Glaube ich«, als könnte jede Fehlinformation, absichtlich oder unabsichtlich, *sie* ins Gefängnis bringen.

»Der Wagen wurde der Parkplatzkontrolle gemeldet«, sagte er. »Er hat ihn einfach stehen gelassen.«

»Wann?«, fragte Nessa genervt. Was führte John im

Schilde? Wohnte er in seinem Truck? Aber es ergab keinen Sinn, wenn er ihn in irgendeiner Straße abgestellt hatte und verschwunden war. Vielleicht hatte er im Drogenrausch vergessen, wo er geparkt hatte.

»Gestern«, sagte Detective Treloar mit Blick auf den Notizblock, ehe er sie ansah. »Haben Sie eine Telefonnummer, unter der man Mr. Donati erreichen kann? Vielleicht eine neue Adresse oder ein Postfach?«

Sie könnten es in allen Crackhäusern in Manhattan und Junction City versuchen. Die Chancen stehen gut, ihn in einem davon zu finden – oder auch in allen. Dort hält er mit dreihundert Dollar am Tag die Wirtschaft in Gang.

Unter normalen Umständen hätte Nessa geglaubt, Detective Treloar wolle den Besitzer des Trucks über dessen Beschlagnahme informieren. Aber weil es um John ging, nahm sie an, dass es einen Haftbefehl gab. »Steckt John in Schwierigkeiten, Detective?«

»Wann haben Sie ihn das letzte Mal gesehen?«

Dass er ihre Frage nicht beantwortete, sondern eine Gegenfrage stellte, ärgerte Nessa. Aber eigentlich ging es sie ja nichts mehr an, ob John in Schwierigkeiten steckte, sagte sie sich. Er war nicht mehr ihr Problem.

»Vor ein paar Wochen.«

»Seitdem haben Sie nichts mehr von ihm gehört? Kein Anruf? Keine SMS?«

»Nein«, sagte sie. »Wir sind nicht gerade freundschaftlich auseinandergegangen.«

»Aha«, sagte der Detective wieder; sein Kugelschreiber schwebte über dem Papier, bereit, die unschönen Einzelheiten zu notieren.

Sie überlegte kurz. Warum sollte sie es ihm verschweigen? »John ist cracksüchtig. Ich habe ihn rausgeschmissen, als ich ihn zu Hause dabei erwischte, wie er das Zeug rauchte.«

Treloar schüttelte den Kopf. »Ah«, sagte er.

Nessa konnte nicht verhindern, dass ein Gefühl der Demütigung wie eine Hitzewallung ihren Körper durchströmte; es war, als hielte ihr Körper die Anteilnahme des Detectives für einen versteckten Vorwurf, dass es ihr nicht gelungen wäre, John von den Drogen fernzuhalten. Als wäre sie nicht Frau genug gewesen, aus John einen häuslichen Menschen zu machen und ihn vom Crack abzubringen. Nessa schauderte wegen ihrer lächerlichen Reaktion.

Aus der Innenseite seines Sakkos zog der Detective eine Visitenkarte, erhob sich und gab sie ihr. »Sobald Sie von ihm hören, rufen Sie mich bitte an«, sagte er.

»Einen Moment«, sagte sie, während sie die Karte nahm. Sie wollte ihn nicht gehen lassen, ohne ihrerseits ein paar Antworten zu erhalten. »Wo genau hat man seinen Truck gefunden?«

Der Detective straffte den Rücken. »Eine halbe Meile nördlich vom Tuttle Creek Lake, im Parkbereich, der vom Yeti Drive abgeht und zum Fluss hinunterführt.«

Sie runzelte die Stirn. Am Fluss? Vor ihrem geistigen Auge erschien ein Bild aus ihrem Angeltraum, und dann folgte ein zweites Bild: John, wie er im Drogenwahn seinen Truck parkte, zum vom Regen angeschwollenen Fluss hinabstieg und ins Wasser watete, ohne wieder herauskommen zu wollen.

Nessa keuchte auf, ihr Herz krampfte sich zusammen und begann wild zu klopfen. »Sie meinten, der Truck wäre gestern gemeldet worden?«, sagte sie atemlos. »Wie lange stand er denn dort?«

»Der Anrufer sagte, seit über einer Woche.«

»Über eine Woche?«, echote Nessa dümmlich. »Aber letztes Wochenende war John irgendwann hier.«

Nun setzte sich Treloar wieder und musterte sie mit gespieltem Erstaunen. »Aber Sie sagten doch, Sie hätten ihn seit zwei Wochen nicht gesehen.«

Ungeduldig sagte Nessa: »Vor zwei Tagen rief ich die Polizei, weil John ins Bootshaus eingebrochen war, während mein Sohn und ich einen Campingausflug machten. Er hätte seinen Truck gebraucht, um hier herauszufahren.« Sie fasste sich ans Kinn. Wie war John ohne seinen Wagen hergelangt? Vielleicht hatte sich der Anrufer, der den Truck gemeldet hatte, bezüglich der Zeitspanne vertan.

Oder jemand anderes war in das Bootshaus eingebrochen.

Treloars Blick war auf ihr Gesicht geheftet. Sie konnte nicht erkennen, was er dachte, aber bestimmt glaubte er, dass sie log.

»Sie können es überprüfen«, sagte sie mit bebender Stimme. »Die Polizisten, die herkamen, hießen …« Wie waren noch gleich ihre Namen gewesen? »Watt und … Der Name des anderen fällt mir gerade nicht ein. Aber Sie können es leicht herausfinden.«

Er nickte langsam. »In Ordnung«, sagte er. Er stand wieder auf und wies auf die Visitenkarte, die Nessa auf den Wohnzimmertisch gelegt hatte. »Rufen Sie an, falls er sich meldet.«

Nessa erhob sich, um ihn hinauszuführen. »Das werde ich.«

An der Haustür blieb Detective Treloar stehen. »Als ich die Stelle am Fluss erwähnte«, sagte er, »sah es so aus, als wüssten Sie, wovon ich rede. Angeln Sie?«

»Ich nicht«, sagte Nessa. »Aber John. Früher jedenfalls. An der Stelle hat er immer sein Kanu zu Wasser gelassen.«

»Dann ist er also Angler«, sagte Treloar und nickte. »Ist er auch Jäger?«

»Nein«, sagte sie.

Er nickte erneut und öffnete die Tür. »Sie hören von mir«, sagte er.

2. 6.

Ich muss das hier schreiben, ehe ich heute Abend zum Sender fahre, sonst werde ich mich bei der Arbeit nicht konzentrieren können. Es ist wichtiger denn je, ein regelmäßiges Einkommen zu haben.

Hi, mein Name ist Nessa, und ich bin Alkoholikerin. Ich bin seit sechs Jahren, vier Monaten und vierzehn Tagen trocken.

Heute werde ich mich mit meinen Ängsten beschäftigen (»Fehlannahmen«, dem Blauen Buch zufolge), die sich manifestieren als »innere Unruhe, Gemütserregung, Unbehagen, Besorgnis etc.«. Hier sind meine wahr gewordenen Ängste: Furcht, verlassen zu werden; Furcht vor dem Alleinsein; vor Veränderungen; vor Niederlagen … die Liste ist ewig. Ich fühle mich wie Charlie Brown im Weihnachtsspecial, als Lucy ihn fragt, ob er an Pantophobie leide, der Angst vor allem. Genau das ist es!

Meine Angst, niemals geliebt zu werden (Daltrey

zählt nicht, weil er nicht genug weiß, um mich nicht zu lieben), ist wahr geworden, denn John hat mich nicht genug geliebt, um mit den Drogen aufzuhören. Niemand könnte mich genug lieben. Nur Gott kann mich so lieben, wie ich geliebt werden möchte, bedingungslos, egal, was ich tue.

Ich hasse es, das Folgende zu schreiben, denn es beschämt mich. Denn meine Mutter war diejenige, die mir beibrachte, dass Liebe immer an Bedingungen geknüpft ist. Sie weiß etwas, das nicht jeder weiß – die wirkungsvollste Strafe, die wirkungsvollste Methode, Kinder zu erziehen, besteht darin, sie spüren zu lassen, dass man aufhört, sie zu lieben, wenn sie sich falsch verhalten. Joyce wusste das besser als jeder andere Mensch, den ich kenne. Immer, wenn ich etwas tat, was ihr nicht gefiel, ließ sie mich spüren, dass sie mich ein kleines bisschen weniger liebte. Nur ein kleines bisschen. Aber die Botschaft war eindeutig: Eines Tages wäre das letzte Korn durch die Sanduhr gefallen, und nichts wäre mehr übrig.

Ich habe Joyces Lektion nur allzu gut verinnerlicht. Immer wenn John rückfällig wurde, verflog ein klein wenig meiner Liebe zu ihm. Bitte, verzeih mir, dass ich in dieser Sache eine so gute Schülerin bin. Aber eine perfekte Schülerin bin ich nicht, denn meine Liebe zu John wird nie vollständig verlöschen. Nie. Selbst wenn er tot ist.

Gleichzeitig weiß ich, dass es auf der ganzen Welt nicht genug Liebe gibt, um einen Menschen von seiner Sucht abzubringen.

Vor John war Brandon der Einzige, der mich immer geliebt hat. Klar, manchmal war er wütend auf mich, dann stritten wir, aber danach war alles wieder gut. Was das betrifft, war er sehr entspannt. Er wusste, dass nichts zwischen uns so schlimm sein konnte, um deshalb unsere Beziehung zu lösen. Das Einzige, was zwischen uns treten konnte, war – Überraschung – unsere Mutter. Wenn er vor der Wahl stand, sich für mich stark zu machen und dadurch Moms Liebe zu verlieren, sprang Brandon augenblicklich von Bord. Ich nehme es ihm nicht übel. Ich war ja genauso. Wenn es um Mom ging, war jeder sich selbst der Nächste.

Wegen seines Diabetes ließ Mom ihn keinen Sport treiben, deshalb wurde er Rollenspieler, spielte vor allem Dungeons & Dragons. Ich zog ihn ständig auf damit, aber er liebte es. Mit der Zeit machte ich mir ernsthafte Sorgen um ihn, denn er tauchte vollständig in diese Fantasiewelten ein und redete darüber, als wären sie realer als die wirkliche Welt.

Einmal versuchte er, mir die vertrackten Geschichten und komplexen Strategien zu erklären, die er sich ausgedacht hatte, doch ich gab es schnell auf, ihm zu folgen, denn ganz ehrlich, ich fand das Ganze sterbenslangweilig. Wenigstens hatte er einen ausgezeichneten Musikgeschmack.

Ich hoffe, er vergeudet seine Zeit nicht immer noch mit diesen Spielen. Ich hoffe es sehr.

Gott, ich fürchte mich. Denn all meine Ängste verschmelzen zu der einen großen – meiner größten: der Angst, nicht trocken zu bleiben. Denn wenn es mir nicht gelingt, kann ich mich gleich im Tuttle Creek Lake ertränken.

Gott schenke mir den Gleichmut, Dinge zu akzeptieren, an denen ich nichts ändern kann, den Mut, die Dinge zu ändern, die ich ändern kann, und die Weisheit, den Unterschied zu erkennen. Amen.

7. KAPITEL

Nessa erschien jeden Montag- und Donnerstagabend um dreiundzwanzig Uhr im Sender, ausgestattet mit digitalisierter Musik, die sie aus ihrer und Johns riesiger, aus mehr als hundertfünfzigtausend Songs bestehenden Sammlung ausgewählt hatte. Das älteste Lied, das sie besaß, war aus dem Jahr 1895 (dasselbe Jahr, in dem ihr Haus erbaut worden war) und stammte von einer Gruppe namens Unique Quartette.

Sie legte Wert darauf, nie ein Lied zweimal zu spielen, anders als die anderen Formate im landesweiten oder im Satellitenradio, die obskure alte Musik brachten. Sie nahm an, die Wiederholungen bei den anderen Radiostationen dienten dazu, den Verkauf der Musik anzukurbeln, aber glücklicherweise ging es in ihrer Sendung nicht darum. Zumindest noch nicht.

KCMA sendete aus einem einsamen Gebäude am Rande eines Felds, davor verkündete ein hohes Schild: WELCOME TO 98.6 KCMA COUNTRY! Das Programm lief beinahe vollständig computerisiert, es gab nur zwei Live-Moderatoren, einen für die morgendliche Rushhour (die Stadt hatte fünfundsechzigtausend Einwohner), einen für die am Nachmittag (dito). Der Rest stammte von anderen Radiostationen, deren Feeds über Satellit eingespeist wurden.

Als sie auf den unbefestigten Parkplatz einschwenkte, sah sie neben dem Wagen ihres Produzenten, Kevin, einen Vespa-Motorroller stehen.

Sie hoffte, dass sie heute vernünftige Arbeit leisten würde. Sie hatte aggressive, schlagzeuglastige Musik zusammengestellt – nichts, was sie an John erinnerte. Sie würde es hinbekommen. Schließlich war es nur ein weiterer, ganz normaler Donnerstag.

Die Vorderseite des Gebäudes war verglast, drinnen gab es einen Vorraum, der je nach Jahreszeit die Hitze oder Kälte abhalten sollte. Sie ging hinein und sah Kevin am Empfangstisch lehnen und rhythmisch ein Gummiband auseinanderziehen.

»Oh, hallo«, sagte er. »Ich habe dich nicht so früh erwartet.«

Am Tisch, die Füße auf der Tischplatte, saß ein junger Typ, der eine hautenge Jeans und einen schmalkrempigen Fedora trug; auf dem Schoß hatte er einen kleinen Rucksack. Ah. Der Vespa-Fahrer.

»Du bist Nessa?«, sagte er und machte keine Anstalten, aufzustehen oder sich auch nur aufzusetzen.

»Ja«, sagte sie.

»Ich bin dein neuer Produzent.«

Verwirrt schaute Nessa zu Kevin hinüber. »Ich wusste gar nicht, dass ich einen neuen Produzenten bekomme.«

Kevin hielt seinen Blick auf das Gummiband gerichtet und sagte: »Ich bekomme die Nachtschichten einfach nicht mehr gebacken. Meine Kinder sind … und meine Frau … wie auch immer. Das ist Otto Goss. Ab sofort stellt er sicher, dass das Satellitenprogramm nicht abbricht, wenn sonst niemand hier ist.«

»Mit anderen Worten«, sagte Otto Goss, »an fünf Nächten die Woche spiele ich den Babysitter des Computers, und wenn ich schon mal hier bin, könnte ich auch gleich eine eigene Sendung produzieren.«

»Oh«, sagte sie.

»Ich gehe dann mal«, sagte Kevin.

»War schön, mit dir zusammenzuarbeiten, Kevin«, sagte Nessa und fühlte sich ziemlich überrollt. Sie wünschte, er hätte ihr früher Bescheid gegeben, doch welchen Unterschied es gemacht hätte, war ihr nicht ganz klar. Diese Woche war einfach zu viel verrücktes Zeug im Gange.

»Ganz meinerseits«, sagte er. »Wir sehen uns.« Und damit ging er zum Ausgang und verschwand.

Nessa wandte sich Otto zu, der eine SMS schrieb. Sie wartete, aber er schrieb immer weiter.

»Äh, Otto«, sagte sie.

Ohne aufzublicken, hob er kurz einen Finger und widmete sich weiter seinem Telefon.

Sie kam sich überflüssig und blöd vor, wie sie dort herumstand und ihn beobachtete, daher ging sie zum Pausenraum. Als sie ihn beinahe erreicht hatte, sagte Otto: »Also, Nessa.«

Sie blieb stehen und drehte sich um.

Er schaute nicht vom Telefon auf, als er sagte: »Wir müssen ein paar grundlegende Fragen klären, bevor wir auf Sendung gehen.«

»Wovon sprichst …«

»Moment noch«, sagte er, schaute noch immer nicht auf.

Sie musste sich schwer zusammenreißen, um nicht einfach wegzugehen. Stattdessen wartete sie höflich.

»Ende«, sagte er. »Ich habe soeben meinen Roman fertiggestellt.«

Nessa reagierte nicht auf seinen erwartungsvollen Blick. Die Stille dehnte sich, bis sich Ottos Miene verfinsterte und er die Stirn kräuselte.

»Grundregel Nummer eins: Ich bin nicht dein Lakai. Anders als Kevin bringe ich dir kein Wasser und keine Snacks. Nummer zwei: Ich werde nicht deine Fan-Mails beantworten. Ich bin nicht dein Sekretär. Drittens: Bei den Playlists habe ich ein Wörtchen mitzureden.«

Wow. Er redete, als wäre er der absolute Überflieger. Versuchte er, lustig zu sein? »Ich glaube nicht, dass du …«

»Gehen wir ins Studio«, sagte er und ging voraus. Drinnen warf Otto seinen Helm mit den ledernen Ohrenklappen samt Brille und Rucksack in die Ecke, dann schaltete er das Licht und das Mischpult ein, drückte auf ein paar Knöpfe und schob einige Regler hoch. Den Kopfhörer setzte er verkehrt herum auf – es sah aus wie ein Bart –, um nicht seinen lächerlichen Hut zu zerdrücken.

Nessa fühlte sich durch seine herablassende Art gehetzt und durcheinander. Seine Missachtung ihrer Person war unerträglich.

»Du siehst nicht aus wie eine Querulantin«, sagte er. »Du siehst aus wie eine Vorstadt-Hausfrau. Was, wie ich annehme, auf eigene Weise durchaus milde subversiv ist.«

Ihre Nackenhaare stellten sich auf. »Was soll das hei…«

»Ich sage das, weil mir nicht klar war, wer du bist«, unterbrach er sie.

»Wie meinst du das?«

»Du bist die Anti-Beatles-Frau.«

Diese Kurzbeschreibung ärgerte sie beinahe genauso sehr wie sein Äußeres. Er hatte einen Van-Dyke-Bart und trug einen Cardigan und einen Schal, obwohl es um die dreißig Grad war. Bei seinem Anblick verfluchte Nessa ihre späte Geburt. Sie sehnte sich nach der guten alten Zeit, als die

Menschen noch meinten, was sie sagten, und nicht ironisch waren, nicht bei jedem Satz die Augenbrauen hoben und alles mit den Fingern in Anführungszeichen setzten. Aber sie war dankbar, denn seine Idiotie kam ihr gerade recht.

Sie deutete auf seinen Aufzug. »Ist dir warm genug?«

Das brachte ihn aus dem Konzept, aber nur für einen Moment.

»Wie alt bist du?«, überging er ihre Frage.

»Wie bitte?« Ihr missfiel der altmodische Tonfall ihrer Stimme.

»Du bist über dreißig, richtig?«

»Ich bin fünfundzwanzig, und du? Gehst du nächstes Jahr auf den Abschlussball deiner Highschool?«

Er legte den Kopf schräg. »Willst du meine ehrliche Meinung über deine Sendung hören?«

»Mir egal«, sagte sie gelangweilt und schaute nun ihrerseits auf ihr Handy, scrollte durch die Mails, die sie längst gelesen hatte.

»Es kommt mir alles ein bisschen bemüht vor.«

Sie steckte das Handy ein und verschränkte lächelnd die Arme vor der Brust. »Tatsächlich?«, sagte sie.

»Deine verzweifelten Versuche, relevant zu wirken, sind peinlich.«

Sie zuckte die Achseln. »Weißt du, was lustig ist, Jungchen? Ich habe nicht *versucht*, diese Show zu bekommen. Sie wurde mir *angeboten*. Tatsache ist also, ich bemühe mich um *gar* nichts … nicht im Geringsten.«

Zu Nessas Freude wurde Otto puterrot.

»Du hast diese Sendung nicht verdient«, zischte er.

»Ach ja? Wer denn sonst? Du etwa, Prinzessin?«

Otto rückte seine Brille zurecht und setzte sich auf. »Nach vier Jahren harter Arbeit habe ich im Mai an der K-State meinen Abschluss in Journalismus gemacht. Ich verbrachte Hunderte Stunden im Radiosender der Uni. Jeden Sommer habe ich ein unbezahltes Praktikum bei kleinen Scheißsendern wie diesem hier gemacht. Ich habe mir den Hintern aufgerissen.« Bei jedem Punkt, den er aufzählte, stieß er den Finger in die Luft. »Alles, was ich jetzt kriegen kann, sind schlecht bezahlte Minijobs bei unabhängigen Produktionen – und dann finde ich heraus, dass du, bevor du bei WBEZ auftauchst, noch *nie* im Radio gewesen bist. Du hast nicht mal einen entsprechenden Uniabschluss. Du lässt dich in deinem mickrigen Blog darüber aus, wie sehr du die Beatles hasst, und jetzt darfst du bei *Sound Opinions* mitmischen? Für wen hältst du dich eigentlich? Du hast es nicht verdient.«

Nessas Temperatur erreichte den Siedepunkt, sie kochte. Otto hatte nicht die geringste Ahnung, was sie hatte durchmachen müssen, um an diesen Punkt zu gelangen, wie sie ihr Studium an der Metropolitan State University of Denver mit Kellnerjobs und einer Anstellung im Plattenladen finanziert hatte, wie sie von Instantsuppen und Scheibletten gelebt hatte. Sie hatte ihren Bachelor in Kommunikationswissenschaften gemacht. Sie hatte das gleiche Recht hier zu sein wie dieser bleichgesichtige Schnösel. Mehr noch wahrscheinlich. Sie hatte sich mit nichts ihren Weg aus L. A. herausgekämpft. Mit weniger als nichts. Sie hatte Dinge getan, von denen er höchstens gelesen hatte.

»Du weißt gar nichts über mich«, sagte Nessa. Ihre Verletztheit schärfte ihre Sinne. »Was ich tue, hat nichts mit dir zu tun. Wenn du rumjammern willst wie ein verzogener kleiner Hosenscheißer, dann raus aus meinem Studio.«

»Es ist nicht dein Studio«, sagte er.

»Montags und donnerstags von Mitternacht bis vier schon.«

»Es sollte meine Sendung sein.«

Sie bedachte ihn mit einem grausamen Lächeln und zuckte träge die Achseln. »Das Leben ist ungerecht«, sagte sie. »Nicht wahr?«

Der Countdown-Anzeige zufolge blieben ihr noch nicht einmal dreißig Sekunden, bis sie auf Sendung war, und sie hatte sich weder eine Wasserflasche noch die Schachtel mit den Papiertüchern hingestellt, und nun war keine Zeit mehr dafür.

»Dein Blog ist nicht besonders interessant«, sagte Otto. »Es ist amateurhaft und gekünstelt.«

»Dann lies es nicht«, sagte sie.

»Du bist eine *Poseurin*«, sagte er.

Ungläubig entgegnete sie: »*Ich* bin eine Poserin?«

Er nickte.

»Schauen wir doch mal.« Sie zählte die Punkte an den Fingern auf. »Prätentiöse Gesichtsbehaarung. Check. Doc Martens. Check. Hornbrille. Check. Hipster-Motorradhelm. Gottverdammter Doppel-Check.«

»Auf Sendung in fünf ... vier ... drei ...«

Er deutete auf sie. Sie fühlte sich wach und konzentriert wie lange nicht mehr.

In ihrem Kopfhörer erklang die Titelmusik ihrer Sendung, dazu die Ankündigung, gesprochen von einem Typen an der Westküste, dessen Eier die Größe von Felsblöcken hatten; seine Stimme war tief, voll und sonor.

»Es ist Donnerstag, Schlag Mitternacht, was bedeutet, es ist Zeit für Unknown Legends *mit Nessa. Die Radioshow mit den kultigsten Geheimtipps, die ihr nur hier zu hören bekommt.«*

Nessa schaltete ihr Mikro ein. »Hallo, hallo allerseits in dieser schönen Donnerstagnacht und willkommen bei *Unknown Legends*. Hier ist Nessa, und das offizielle Video des ersten Songs ist nicht gerade mein Ding – es zeigt den Sänger Josh Homme, wie er nach einem langen Arbeitstag mit einer Horde asiatischer Geschäftsmänner Party macht. Ich schätze, es ist ein Fingerzeig dafür, welche Schwierigkeiten die Band bei den Aufnahmen für das neue Album hatte. Ich empfehle euch, den Song bei voller Lautstärke zu hören, damit ihr selbst entscheiden könnt, was das alles zu bedeuten hat. Hier ist ›Smooth Sailing‹ von den Queens of the Stone Age vom neuen Album ... *Like Clockwork*.«

Die anfänglichen Synthesizer-Klänge gingen in die krachende Gitarre Troy Van Leeuwens über, und Nessa schaltete das Mikro ab, stieß den Stuhl zurück und tanzte, als wäre sie auf einem Rave im Jahre 2004. Sie sang laut mit, während sie Otto voll ins Gesicht starrte. Sie spürte die Hasswellen, die von ihm aufwallten wie die Nebelschwaden in San Francisco. Es gab ihr Kraft.

Den Rest der Sendung sprachen sie kein einziges Wort miteinander, aber sie lieferte ihre beste Sendung überhaupt ab. Seit dem Beatles-Post hatte sie nicht so viele Anrufe erhalten, und Otto wurde immer saurer. Als das Outro ihrer Sendung lief, stand sie auf und streckte sich. Otto hing wie ein Schluck Wasser in seinem Stuhl.

»Bis Montag«, sagte sie und ging.

Freitag, 3. Juni

Ein Geräusch auf der Veranda weckte Nessa, und sie ging im Dunkeln hinunter. Sie öffnete die Haustür, und vor ihr stand John, bis auf die Knochen durchnässt.

»Ich habe einfach kein Telefon gefunden. Es hat Wochen gedauert herzulaufen, aber hier bin ich.«

Nessa wäre vor Erleichterung beinahe zusammengebrochen, denn es war der echte John, nicht der Cracksüchtige. Er war doch nicht rückfällig geworden. Es war alles ein schreckliches Missverständnis gewesen. Sie holte ein Handtuch und versuchte, ihn abzutrocknen, aber sie fand an ihm ständig neue tropfende Löcher, und aus seiner Nase und den Augen und Ohren sprudelte das Wasser nur so heraus.

»Was ist los?«, fragte sie.

»Es tut mir so leid«, sagte er, und ein Wasserschwall schoss ihm aus dem Mund.

Nessa schlug die Augen auf und schaute auf Johns unberührte, glatt gestrichene Betthälfte. Seit Wochen hatte dort niemand gelegen. Sie bekam nie eine Verschnaufpause, keine Sekunde, in der sie vergessen konnte, dass John weg war, keinen Moment, in dem sie sich nicht fragte, ob er noch am Leben oder schon tot war. Es war, als läge diese neue Tatsache des Lebens auf dem Wandbrett über ihrem Bett und holte sie, sobald ihre Gedanken abschweiften, in die Realität zurück.

In irgendeinem verborgenen Winkel ihres Bewusstseins hatte sie wahrscheinlich geglaubt, es wäre eine Erleichterung, wenn John tatsächlich stürbe. Denn er war nicht mehr der Mensch, den sie einst geheiratet hatte. Er war eine Last.

Aber sie war nicht wie ihre Mutter – trotz seiner tiefen Makel, trotz der Tatsache, dass er sein Leben und damit auch ihres zerstört hatte, konnte sie nicht aufhören, ihn zu lieben.

Sie sah auf die Nachttischuhr und sah, dass es halb sieben war, vier Stunden früher, als sie nach einer Radioschicht normalerweise erwachte. Sie versuchte, wieder einzuschlafen, doch es gelang ihr nicht; das Bild, wie John klitschnass auf der Veranda stand, ging ihr nicht mehr aus dem Kopf.

Sie fragte sich, wie sie ihren Sohn alleine großziehen sollte, falls John diesmal tatsächlich für immer weg, falls er tot war.

Daltrey, der so sehr wie sein Vater aussah, dass sie ihn manchmal Little John genannt hatten; er war eine fortwährende Erinnerung an ihren Mann. Der damit einhergehende Schmerz war wie ein Eispickel in ihrer Seele. Die Liebe, die sie für den kleinen Jungen empfand, war gleichzeitig instinktiv und transzendent, gleichzeitig aber wünschte sie manchmal, dass auch Daltrey einfach verschwinden möge – ein Gedanke, den sie niemals laut aussprechen würde. Wie sollte es weitergehen? Wie sollte sie das alles allein bewältigen?

Sie stand auf und ging in Daltreys Zimmer. Er schlief noch, lag auf dem Bauch, die kleinen Lippen geschürzt. Im Schlaf wirkte er wie ein Säugling, seine langen Wimpern sahen aus wie Engelsfedern. Er atmete, als sei er in Eile. Schnell ein, Pause, schnell aus. Seine dicken kleinen Finger waren zur Faust geballt. Sie senkte ihr Gesicht auf sein Haar herab und sog den wunderbaren Duft ein. Es berührte ihr Herz. Dann ging sie nach unten und schaute durch das Küchenfenster zu, wie Isabeau im morgendlichen Sonnenschein Yoga machte.

Wie es wohl war, so jung und sorgenfrei zu sein? Isabeau war nur vier Jahre jünger als sie, aber verglichen mit ihr fühlte Nessa sich wie eine Fünfzigjährige, niedergedrückt von den Erfahrungen ihres bisherigen Lebens.

Nessa schenkte sich einen Kaffee ein und ging nach draußen, wo Isabeau mit weit gespreizten Beinen und parallel zum Boden gehobenen Armen in der Krieger-Position dastand.

»Warum bist du so früh wach?«, fragte Isabeau.

»Albtraum«, sagte Nessa und setzte sich auf die Stufen.

»Daltrey schläft noch, oder?«

»Ja. Ich habe gerade nach ihm geschaut.«

»Gut, denn ich würde gern etwas mit dir besprechen.« Isabeau rollte ihre Yogamatte zusammen, legte sie neben die Stufen und setzte sich zu Nessa.

Oh nein. Das war's. Isabeau kam nicht mit dem unsäglichen Leben zurecht, das sie bei den Donatis mitmachen musste.

»Schon gut«, sagte Nessa geknickt. »Ich verstehe dich total.«

»Was?«

»Du kündigst.«

Isabeau lächelte breit, machte einen *Pffffft*-Laut und eine wegwerfende Handbewegung. »Nein! Du wirst mich nicht los, Chefin. Im Gegenteil. Es ist ziemlich mühselig, an zwei verschiedenen Orten zu schlafen, weißt du, was ich meine? Da du alleine wohnst, dachte ich, ich könnte vielleicht über den Sommer bis zum Semesterbeginn bei dir einziehen. Dann wäre ich schon hier, wenn du spätabends zum Sender fährst, und ich müsste nicht ständig hin und her pendeln. Du hast viel am Hals und könntest Hilfe gebrauchen. Außerdem könnten meine Mitbewohnerin und ihr komischer

Freund dann nach Herzenslust vögeln, ohne auf mich Rücksicht nehmen zu müssen.«

Nessa lachte. »Ich sehe, was du hier leistest. Aber ich habe gern meine Privatsphäre. Eine Mitbewohnerin zu haben … das ist schwierig für mich.«

»Ich weiß. Aber wir würden uns gegenseitig helfen. Was denkst du?«

Die Erleichterung, die sie verspürte, überwog ihre Bedenken. Isabeau hatte recht. Ganz allein auf einem fünfundzwanzig Hektar großen Grundstück zu wohnen, dazu ihre sonderbaren Arbeitszeiten … es konnte nicht schaden, wenn eine zweite Person ein Auge auf Daltrey hatte.

Sie musste die Bedürfnisse ihres Sohnes über ihren selbstsüchtigen Wunsch nach Privatsphäre stellen.

Sie trank einen Schluck Kaffee. »In Ordnung«, sagte sie. »Aber das bedeutet, dass ich dir mehr bezahlen muss.«

»Oh, du musst nicht …«

»Du bist keine gute Verhandlerin. Die richtige Erwiderung lautet: ›Ja, stimmt.‹«

»Ja, stimmt, Chefin«, lächelte Isabeau.

Am Nachmittag, während Isabeau mit ihrem Laptop am Boden saß und Nessas Musiksammlung katalogisierte, saß Nessa am Schreibtisch und scrollte auf ihrer Blog-Seite durch die Kommentar-Sektion. Der neueste Eintrag war eine der Quizfragen, die sie so hasste.

Was haben die folgenden, ansonsten sehr unterschiedlichen Künstler gemeinsam: Norah Jones, Tom Waits, Jackson Browne, AC/DC und Neil Diamond?
Gepostet von Anonymous/3. Juni, 8:37 Uhr.

Jeder, der ein Mindestmaß an Grips besaß, konnte ins Internet gehen und es selbst herausfinden. Aber sie verwöhnte ihre Leser, indem sie auch solche Fragen persönlich beantwortete. Normalerweise bedeutete diese Fragestellung, dass es ein bestimmtes Wort gab, das alle betreffenden Musiker in einem ihrer Songs verwendeten. Sie suchte, kopierte und fügte die Songlisten der Künstler bei wordcounter.com ein; die Seite suchte nach gleichen Wörtern in den Texten und Songtiteln. Dann würde sie vergleichen, welche der genannten Wörter bei allen mindestens fünf Mal auftauchten.

Die Liste erbrachte vierzehn Treffer. Als sie herunterscrollte, klopfte es an der Hintertür, und Nessas Herz setzte einen Schlag aus.

John?

Isabeau schickte sich an aufzustehen, aber Nessa sagte: »Ich gehe schon.«

Es waren ihre Nachbarin Lauren und deren beiden Söhne.

Nessa, deren Herz noch immer in ihrer Brust flatterte wie eine gefangene Fledermaus, drehte den Riegel zurück und öffnete die Tür; Kinderstimmen und das Bimmeln von Declan MacManus' Halsband erklangen. Er folgte den Jungen herein, sprang freudig zwischen ihnen herum. Winkend schlängelte Isabeau sich zwischen den Besuchern hindurch und ging nach draußen zu den Pferden, die Lauren vor dem Haus angebunden hatte. Statt das Auto zu nehmen, kamen Lauren und ihre Söhne immer herübergeritten, und manchmal durfte Daltrey sogar auf einem der Pferde mit ihnen über das Grundstück reiten, was immer ein Riesenspaß für ihn war.

»Ich habe euch etwas aus dem Garten mitgebracht«, sagte Lauren und schwebte in ihrem langen wallenden Musselinrock durch die Tür. Sie zog den Hanfrucksack von den Schultern und entleerte ihn auf den Küchentisch – zwei große Einweckgläser mit Beeren und einen Korb mit frischen –, während ihre Söhne den Hund streichelten, ehe sie sich auf Nessa stürzten.

Sie besaßen keinerlei Gefühl für höflichen Abstand, und der Ältere, Ziggy, lehnte sich von hinten an Nessa, drückte seinen schweißbedeckten nackten Oberkörper an ihren Rücken, während Tosh an ihrer Schulter hing. Sie hatte es längst aufgegeben, zu versuchen, sich die beiden vom Leib zu halten.

»Alles in Ordnung?«, fragte Ziggy.

Es war seltsam mit Kindern – irgendwie spürten sie anders als Erwachsene ganz intuitiv, in welchem geistigen und emotionalen Zustand man war, ganz so wie nur Leute unter achtzehn dieses eine hohe Geräusch hören konnten. Lauren dagegen fiel offenbar nichts Sonderbares an Nessa auf.

»Na klar, Süßer«, sagte Nessa.

»Wo ist Daltrey?«, fragte Tosh.

»In seinem Zimmer. Geht ruhig rauf.«

Die Jungs polterten die Treppe hinauf.

»Hast du irgendwo eine Schüssel?«, fragte Lauren.

Sie verhielt sich, als wären sie und Nessa enge Freundinnen, als teilten sie Geheimnisse und hätten gemeinsame Überzeugungen. Das Arrangement gefiel Nessa. Der Anschein von Freundschaft erlaubte ihr, ohne Streitigkeiten ihre Geheimnisse und ihre Distanz wahren zu können.

Nessa griff in einen der oberen Küchenschränke und nahm ein Sieb und ihre größte Schüssel heraus, eine hellgrüne, die Lauren selbst getöpfert hatte. Nessa setzte sich an den Tisch.

Lauren stand an der Spüle und wusch die frisch gepflückten Erd-, Blau- und Stachelbeeren. Oben ertönte Daltreys Gekicher, während der achtjährige Ziggy und der fünfjährige Tosh in einem fort um die Wette plapperten. Die beiden waren natürlich nach den berühmten Reggae-Musikern benannt und hatten die entsprechenden langen Dreadlocks. Obwohl Lauren ihnen regelmäßig die Haare wusch, kam Nessa nicht umhin, sich vorzustellen, wie Fliegenschwärme die Köpfe der Jungen umschwirrten.

»Warum kommt ihr drei nicht zum Abendessen rüber?«, fragte Lauren. »Mac schmeißt ein paar Veggie-Burger auf den Grill, und wir machen uns ein paar schöne Stunden.«

Laurens Mann Mac war ein IT-Genie und installierte die Computersysteme der neuen National Bio and Agro-Defense Facility, die außerhalb von Manhattan entstand. Seine überbordende Intelligenz schüchterte Nessa ein wenig ein, aber er war ein netter Mann, wenn auch etwas introvertiert.

Er und John hatten eine herzliche Beziehung zueinander gehabt, aber Nessa hatte ihren Nachbarn gegenüber noch nicht erwähnt, dass John nicht mehr bei ihr wohnte, und sie beabsichtigte nicht, dies jetzt zu tun.

»Danke, aber ich muss heute Abend einen Beitrag für mein Blog online stellen. Ist noch einige Arbeit.«

Lauren drehte das Wasser ab und trocknete sich die Hände ab, ehe sie sich an den Tisch setzte. »Die Beeren müsst ihr heute oder morgen essen«, sagte sie. »Sie sind gerade perfekt. Die in den Einweckgläsern halten ein Jahr.«

»Danke, Lauren«, sagte Nessa. Sie wollte nicht, dass Lauren irgendetwas für sie tat, aber man konnte sie unmöglich davon abhalten, obwohl Nessa sich stets zurückhaltend und distanziert gab. Lauren war die häuslichste, fleißigste und künstlerischste Person, der Nessa je begegnet war. Wenn sie zusammen waren, redete meist Lauren, und ihre Beziehung funktionierte ganz gut so. Dennoch, Nessa vermisste es, richtige Freunde zu haben.

Aber richtige Freunde zu haben erforderte Intimität, und Intimität erforderte Vertrauen. Echtes Vertrauen von Nessas Seite allerdings hätte die sorgsam aufrechterhaltene Fassade niedergerissen, hinter der sich Nessas Vergangenheit verbarg.

Neben dem Gärtnern, Einwecken, Nähen, Spinnen und Töpfern erteilte Lauren ihren Söhnen Privatunterricht; die beiden gingen nicht zur Schule. Ständig besuchte sie mit ihnen Museen und Ausstellungen. Den ganzen Sommer über liefen Ziggy und Tosh ohne T-Shirt herum und wurden tiefbraun, im Gegensatz zu Daltrey, den Nessa jedes Mal, wenn sie einen Fuß nach draußen setzten, dick mit Sonnencreme einschmierte. Das machte Lauren wahnsinnig.

»Ist doch verrückt«, sagte sie. »Du reibst Daltrey mit Chemikalien ein, und bald leidet er an Vitamin-D-Mangel.«

»Ach was, davon kriegt er genug in seinen gezuckerten, in Honig getauchten, mit Schokolade versetzten, künstlich gefärbten Sweetie Flakes«, gab Nessa zurück.

»Das ist nicht witzig«, sagte Lauren.

»Ein bisschen schon«, widersprach Nessa.

Lauren legte die restlichen Beeren in die Schüssel, dann rief sie nach ihren Söhnen, die Augenblicke später in die Küche gestapft kamen, dicht gefolgt von Daltrey.

»Am Dienstag, dem einundzwanzigsten, kostet der Eintritt im Wasserpark nur die Hälfte«, sagte Lauren. Ziggy und Tosh stellten sich vor Daltrey und fragten ihn, ob er an dem Tag mit ihnen schwimmen gehen wolle. Er nickte so heftig, dass er beinahe hinfiel. Dann schaute er flehentlich zu Nessa auf und beschrieb mit der Hand über dem Herzen einen Kreis, Gebärdensprache für »Bitte«.

Nessa versuchte, Lauren keinen verärgerten Blick zuzuwerfen. Warum hatte sie sie nicht gefragt, bevor die Jungs hereingekommen waren? Ständig machte sie solche Sachen und zwang Nessa, »Ja« zu sagen zu Dingen, zu denen sie lieber »Nein« gesagt hätte. Aber trotz dieser ärgerlichen Angewohnheit war Lauren die einzige Mutter, mit der Nessa Zeit verbrachte. Sie ging mit Daltrey nicht mehr auf den Spielplatz, weil sie das hirnverbrannte Geschwafel der anderen Mütter nicht mehr ertrug. Das endlose Gerede darüber, wie schwer das Muttersein doch sei und wie wenig ihre Männer sie verstünden; das Aufzählen der Aktivitäten ihrer Kinder, das die Funktion einer Existenzberechtigung hatte, eine Rechtfertigung war für ihr eigenes nicht existentes Leben. Mutter zu sein war für diese Frauen ein bloßes Identitätsding, ein Ausgleich für die Leere in ihrem Leben.

Sie waren diejenigen, die im Netz gruselige Mutter-Memes posteten – Sachen wie *Ein Sohn wird dich ewig im Herzen tragen* –, dieses ganze Borderline-Stalker-Gewäsch: »Meine Kinder sind mein Herz und meine Seele, meine Leber und meine Bauchspeicheldrüse. Ohne sie bin ich unvollständig, bla, bla, bla.«

Nessa war entsetzt gewesen, als sie erfuhr, dass sie einen Jungen bekommen würde, denn offenkundig geschah etwas mit dem Gehirn einer Frau, wenn sie einen Sohn bekam. Sie wurde zur Dienerin, war den Wünschen und Bedürfnissen des Jungen hoffnungslos ausgeliefert. Sie ließ all ihre Kraft in dieses männliche Leben einfließen, das einzige Wesen, das, zumindest für kurze Zeit, nur Augen für sie hatte. Diese Frauen glaubten, sich aus ihren Söhnen die Männer backen zu können, die ihre Gatten nie sein würden.

Erleichtert hatte sie festgestellt, dass sie ihren Sohn lieben konnte, ohne diese krankhafte verzweifelte Sehnsucht zu verspüren, ohne ihm alles recht machen zu müssen.

Lauren schien mit ihren Söhnen genauso umzugehen. Deshalb ertrug Nessa sie besser als all die anderen Mütter, denen sie auf dem Spielplatz begegnet war. Außerdem war Lauren interessant. Sie war aktiv, trottete ihren Söhnen nicht mit drei Schritten Abstand hinterher, als wären sie Halbgötter.

»Okay«, sagte Nessa. »Wir kommen mit in den Wasserpark.«

Daltrey und die Jungs fassten sich bei den Händen und tanzten im Kreis herum. Sie konnte nicht anders, als zu schmunzeln. Er würde die Verabredung wahrscheinlich vergessen haben, wenn der Tag kam.

»Wie wäre es, wenn wir dich und Daltrey am 21. morgens um neun Uhr abholen?«, sagte Lauren.

»Okay«, sagte Nessa. Aber sie hatte sich schon eine Ausrede zurechtgelegt. Sie würde Lauren am Vorabend anrufen und sagen, sie und Daltrey hätten Halsschmerzen und könnten blöderweise nicht mitkommen.

»Schön, dann gehen wir mal«, sagte Lauren und erhob sich aus dem Stuhl. »Verabschiedet euch von DD.«

Nessa hasste den vertraulichen Gebrauch seiner Initialen, aber sich darüber zu mokieren wäre kleinkariert. Sie trafen Lauren und ihre Söhne nicht oft, und Daltrey freute sich jedes Mal riesig, wenn er sie sah. Vielleicht würde ihre Gesellschaft ihn irgendwann zum Sprechen animieren.

Lauren kraulte Declan MacManus am Hals, hängte sich den Rucksack um und setzte den Hut auf.

»Wir sehen uns am 21.«, sagte sie, während sie und ihre Jungs hinausgingen zu den wartenden Pferden. Nessa verschloss hinter ihnen die Tür und beobachtete durch das Fenster, wie die drei auf die Pferde stiegen und nach Westen durch den Wald zu ihrem Grundstück ritten.

Nessa nahm die Einweckgläser mit den Beeren, die Lauren ihnen gebracht hatte. »Daltrey«, sagte sie, »sollen wir in den Keller runtergehen?«

Er signalisierte: »Ja, ja, ja!« Er liebte den unheimlichen Keller mit den schmutzigen Wänden, in dem sie Lebensmitteldosen und Festtagsdekorationen aufbewahrte und wo sie bei einem Tornado Schutz finden würden. John hatte oft kleine Gegenstände in den Keller gelegt, damit Daltrey sie entdeckte. Er wollte nicht, dass Daltrey sich im Dunklen fürchtete, deshalb hatte er dort unten mal ein kleines Plastiktier versteckt, mal eine Münze oder einen schimmernden Stein und seinem Sohn gesagt, das kleine Volk hätte die Sachen für ihn hingelegt, weil es wollte, dass er sich freute.

Daltrey folgte ihr durch die Hintertür und die Treppe hinunter, die an der Seite des Hauses zur schweren Kellertür hinunterführte.

Als Kind hatte sie im Sturmkeller ihrer Großmutter wahnsinnige Angst gehabt; der Keller war ihr wie eine Gruft vorgekommen, ein dunkler feuchter Ort, an dem Dämonenhände nach ihr greifen und ihre Fußgelenke packen würden, ehe sie die Schnur erreichte, an der man ziehen musste, um die Glühbirne einzuschalten. Ihr eigener Keller war ganz ähnlich, und es war ihr noch immer unheimlich, wenn sie dort hinuntergehen musste. Deshalb war sie froh, Daltrey dabeizuhaben, denn ihr Beschützerinstinkt war größer als ihre Angst.

Sie hob die schwere Holzklapptür an und tastete sich durch die Dunkelheit, bis sie die Schnur fand und daran zog. Im nächsten Moment kam Daltrey herein und setzte sich auf den feuchten Zementboden, während sie die Einweckgläser ins Regal stellte.

Daltrey schaute sich um, suchte nach seiner Belohnung, aber diesmal würde es keine geben.

»Komm, wir gehen, Liebling«, sagte Nessa. »Ich glaube nicht, dass das kleine Volk heute …«

Aber zu ihrer vollkommenen Verblüffung hielt er freudestrahlend ein kleines rotes Spielzeugauto hoch.

Nessa spürte, wie ihr unerwartet Tränen in die Augen schossen, als sie das Auto aus seiner ausgestreckten Hand nahm und betrachtete.

»Na, so was«, sagte sie und gab es ihm zurück. Sie führte ihn die Treppe hoch, verschloss die Tür, stieg mit ihm die Treppe nach oben in den Sonnenschein und ging zurück ins Haus.

Daltrey rannte ins Wohnzimmer, um Isabeau sein neues Auto zu zeigen.

»Was hast du denn da?«, fragte sie. Er legte es ihr auf die offene Handfläche, und sie sah es sich an. »Das ist aber cool.« Er nickte und stürmte hinauf in sein Zimmer, zweifellos, um das Spielzeugauto auf sein Bücherbrett zu legen, zu den anderen Schätzen des kleinen Volkes. Nessa wischte sich über die Augen und setzte sich an den Computer.

Genau. Sie hatte wegen dieser Quizfrage recherchiert. Auf dem Bildschirm stand die Liste der gleichen Wörter, die in den Texten der fünf Musiker vorkamen.

Part
GroundRoll
Vine
Old
Water
Rosie

Ungläubig starrte sie auf den Bildschirm und spürte ein Kribbeln auf der Haut.

Eine Schnellsuche bestätigte es.

»Rosie's Lullaby« von Norah Jones. »Rosie (Closing Time)« von Tom Waits. »Rosie« von Jackson Browne. »Whole Lotta Rosie« von AC/DC. »Cracklin' Rosie« von Neil Diamond.

Rosie.

Es war Nessas richtiger Vorname.

8. KAPITEL

Es war schlicht unmöglich, dass irgendjemand da draußen herausgefunden hatte, wer sie war. Oder genauer gesagt, wer sie gewesen war.

Nessa hatte jede erdenkliche Vorsichtsmaßnahme ergriffen, um sicherzustellen, dass es im Netz kein einziges Foto von ihr gab, keine Verbindung zwischen ihrer heutigen Identität und ihrem Geburtsnamen. In ihren Vertrag mit Altair hatte sie einen Passus einfügen lassen, der es ihnen verbot, ihr Foto zu Werbezwecken zu verwenden; als Grund hatte sie angeführt, es verleihe ihr die Aura des Geheimnisvollen. Wenn sie über John und Daltrey schrieb, nannte sie die beiden J und D. Für ihre E-Mails verwendete sie Hushmail, die Tor-Software ermöglichte ihr, anonym zu browsen und zu posten, und das Tails-Betriebssystem verhinderte, dass etwas auf ihre Festplatte geschrieben wurde. Alles war so aufgebaut, dass ihre IP-Adresse maskiert war und es höchstens einem Sicherheitsexperten gelingen würde, ihre Netzaktivitäten zurückzuverfolgen.

Ihr fiel Johns verlassener Truck ein. Gab es einen Zusammenhang zwischen den beiden Dingen?

Sie tat den Gedanken als paranoid ab. Es war Zufall, dass der Kommentierer diese Frage gestellt hatte. Es hieß nicht automatisch, dass er wusste, dass Nessa in ihrem früheren Leben Rosie geheißen hatte. Es gab keine nachweisbare Verbindung zwischen Rosie und Nessa. Es waren zwei unterschiedliche Personen. Daran musste sie glauben. Sie *musste* daran glauben.

Sie sah sich noch einmal die Frage an. Sie war natürlich

anonym gepostet worden. Vielleicht sollte sie verpflichtend vorschreiben, dass Kommentierer mit ihrem Klarnamen unterschreiben mussten, aber dadurch würde sich die Zahl der Kommentierer erheblich verringern, und es waren die Zahlen, die Nessa für ihre Sponsoren interessant machten.

Es war nur ein Zufall. Ein ganz besonderer Zufall.

Nessa musste versuchen zu arbeiten, obwohl sie sich kaum konzentrieren konnte. Zu vieles ging ihr durch den Kopf. Aber ob mit oder ohne Konzentration, Nessa musste ihren Beitrag fertig schreiben und vor Mitternacht online stellen. Nichts durfte dem im Weg stehen. In ihrem Werbevertrag stand, dass sie drei Beiträge pro Woche posten musste, selbst wenn ihr Nochehemann vermisst wurde oder tot war, selbst wenn sie an einer Atemmaschine hinge, selbst wenn sie den Planeten verlassen hätte. Vertrag war Vertrag.

Sie setzte sich an ihren Schreibtisch vor dem Fenster, von dem aus man die Hopfenstöcke sah, und klappte ihr Laptop auf. Am besten fing sie einfach an zu schreiben. Aber Isabeaus leises Räuspern unterbrach sie.

»He, Chefin, ich muss dir etwas zeigen.«

Nessa drehte sich auf dem Stuhl um, während Isabeau ihr Laptop nahm, zur Couch ging und sich setzte. Sie winkte Nessa heran, die aufstand und neben ihr Platz nahm.

»Worum geht's?«, fragte Nessa.

Isabeau stellte ihr Laptop auf den Wohnzimmertisch und tippte auf das Trackpad.

»Ja, ich weiß, dass du nicht in den sozialen Medien aktiv bist. Aber ich hielt es für interessant, mal nachzuschauen, was in dem Bereich los ist, ob man über dich redet. Deine Werbepartner suchen ja ständig nach Möglichkeiten, deinen

Bekanntheitsgrad zu steigern. Wie auch immer, ich habe ein paar Google Alerts eingerichtet – mit Suchbegriffen wie *Nessa, Radio, Altair, Unknown Legends* und so. Heute Morgen erhielt ich ein paar Meldungen.«

Isabeau rief ihre Google-Alerts-Seite auf.

»Wie sich herausgestellt hat«, sagte sie, »hast du einen Twitter-Account, in dem ›du‹ jede Menge idiotisches Zeug twitterst. Soll keine Beleidigung sein. Und wegen der vielen Rechtschreibfehler und den seltsamen Themen glaube ich auch nicht, dass Altair dahintersteckt.« Isabeau gab etwas in den Computer ein. »Ich gehe auf Twitter und suche @RadioNessa.«

Nessas Telefon klingelte. Ihr Ansprechpartner bei Altair. Sie ließ die Mailbox anspringen und steckte es ein, bevor sie auf Isabeaus Bildschirm blickte. Eine Twitter-Profil-Seite erschien mit dem Eintrag: *Obamma wurde in Kenia geboren. Er hat kein Recht, Prähsident zu sein. Man solte ihn abknallen.*

Nessa wandte Isabeau ruckartig den Kopf zu, ihr Mund stand so weit offen, dass sie einen Esstisch hätte verschlucken können. »Das müssen wir sofort löschen.«

»Geht nicht«, sagte Isabeau. »Es ist nicht dein Account. Oder?«

»Natürlich nicht! Sieh dir die Rechtschreibfehler an!«

War es wirklich das, worüber sie sich so aufregte? Die Rechtschreibfehler?

»Ich habe Obama gewählt.« Ihr rechtfertigender Tonfall ließ sie erschauern. »Beide Male.«

»Oh«, sagte Isabeau. »Ich nicht. Ich stehe nicht auf seine Außenpolitik. Aber seinen Tod will ich trotzdem nicht.«

»Wie kriegen wir das gelöscht?«

»Gar nicht. Außer wir können beweisen, dass diese Person dir schaden und die Leute glauben machen will, das hättest du geschrieben.«

»Natürlich kann ich es beweisen. Man müsste nur auf meinen Wahlzetteln nachschauen. Oder sich meine Rechtschreibung ansehen, verdammt noch mal.«

Schon wieder die Rechtschreibfehler.

»Tut mir leid«, sagte Isabeau. »Ich denke nicht, dass es ausreicht, um es per richterlicher Anordnung löschen zu lassen. Aber ich werde es Twitter melden.«

Wer war dieses Mädchen? Woher stammte all ihr Wissen?

»Lies weiter. Es wird noch heftiger.«

Nessa las noch einige weitere politisch inkorrekte Schmähungen, dann entdeckte sie Folgendes:

Das Erdbeben in Java war die Strafe für die Legallisirung der Hohmo-Ehe.

Nessa stöhnte. »Das reicht«, sagte sie. »Mehr von dem Zeug kann ich nicht lesen.«

»Nun, das Schlimmste hast du noch gar nicht gesehen. Das musst du lesen.«

Nessa scrollte weiter, bis sie einen farbig unterlegten Tweet fand, der doppelt so groß wie die anderen war, und es war einer von »ihren«.

Dank der Imfungen kann mein Sohn nicht sprechen. Tod wäre er besser dran. Lasst eure Kinder nicht imfen!

Nessas Haut kribbelte. Weder in ihrem Blog noch im Radio hatte sie jemals erwähnt, dass Daltrey nicht redete. Sie war ganz sicher. Normalerweise sprach sie im Radio nicht über ihre Familie und im Blog nur höchst selten und nur, wenn es irgendeinen Zusammenhang mit der Musik gab, über die sie sich äußerte.

Aber … John hatte endlos über den Grund für Daltreys Stummheit spekuliert, dass Daltrey tot besser dran wäre, hatte er allerdings nie gesagt. Oder doch? Natürlich nicht. Aber John hatte fest an die Verschwörungstheorien geglaubt, in denen gegen Impfungen gewettert wurde, ganz gleich, wie viele Zeitungsartikel sie ihm gezeigt hatte, die diesen lächerlichen Mythos widerlegten.

»Das ist natürlich nicht deine Meinung«, sagte Isabeau, als wollte sie sicherstellen, dass Nessa keinen Sprung in der Schüssel hatte.

»Natürlich nicht.« Nessa sah sie an. Glaubte Isabeau etwa, sie, Nessa, täte all das, um Aufmerksamkeit zu erregen? Was dachte Isabeau wirklich, und wie sollte sie ihr Kindermädchen dazu bringen, aufrichtig zu sein, wenn sie selbst sich so verschlossen gab?

»Habe ich auch nicht gedacht«, sagte Isabeau.

»Bist du sicher?«

»Ja.« Aber sie wich Nessas Blick aus.

Auf dem Schreibtisch ertönte ein Piepton in Nessas Computer. Sie stand auf und trug ihn zur Couch, setzte sich und öffnete Hushmail. Sie hatte mehrere Mails von Altair und einige von ihren Sponsoren.

Sie klickte auf die von Rick's Music Shop and Guitar Services:

Liebe Mrs. Donati,

mit Bedauern müssen wir Ihnen mitteilen, dass wir aufgrund des ausfälligen Inhalts Ihrer neuesten Tweets unser Sponsoring für Ihr Blog Unknown Legends *mit sofortiger Wirkung einstellen. Wir wünschen Ihnen alles Gute.*

Nessa verfasste sofort eine Antwort:

Lieber Rick,
der Twitter-Account unter meinem Namen ist eine böswillige Fälschung. Ich habe nichts damit zu tun. Ich verstehe, dass viele Leute verwirrt sind, aber diese Dinge geschehen leider allzu häufig. Wenn man in der Öffentlichkeit steht, zieht man automatisch Neider an, und diese Leute tun alles ihnen Mögliche, um die Glaubwürdigkeit der Zielperson zu zerstören. Ihnen dürften die vielen Rechtschreibfehler in den Tweets auffallen, ich aber mache keine Rechtschreibfehler. Ich weiß, wie man Obama *und* Präsident *schreibt. ;-) Zudem wissen Sie, dass ich noch nie derartige Tweets verfasst habe, und plötzlich gibt es eine Vielzahl davon. Offenbar versucht jemand, mich zu diskreditieren.*

Ich hoffe, Sie überdenken Ihren Entschluss noch einmal. Falls nicht, verstehe ich Sie.
Herzlichst
Nessa

Dann öffnete Nessa ihr Blog und verfasste einen kurzen Text an ihre Abonnenten und Sponsoren, in dem sie schilderte, was geschehen war, und die Leute bat, ihr zur Seite zu stehen, bis sie die Angelegenheit geklärt hatte.

»Etwas muss ich dir noch zeigen«, sagte Isabeau. »Du

hast bestimmt vom Absturz der Air-Capital-Maschine über South Dakota gehört, am Wochenende war das?«

Natürlich hatte sie davon gehört. Es gab keine Überlebenden, aber bizarrerweise war nahezu das gesamte Gepäck unbeschädigt geblieben.

»Nun, wie sich herausstellt, hast du auch eine Fan-Seite bei Facebook, und hier ist der neueste Beitrag, den ›du‹ dort gepostet hast.«

#AirCapital597 Schön, dass das wertfolle Zeug überlebt hat!! Wer geht mit mir zur Auktion??

»Grundgütiger«, sagte Nessa. Solche Dinge konnten den Ruf eines Menschen für immer zerstören. Ihr fiel die Geschichte einer PR-Führungskraft ein, die einen gedankenlosen Tweet gepostet hatte; anschließend hatte die Frau ihren Namen ändern und umziehen müssen.

»Trolle, richtig?«, sagte Isabeau. »Haben nichts anderes zu tun, als im elterlichen Keller herumzusitzen, Gras zu rauchen und anonym Leute fertigzumachen, die tatsächlich versuchen, etwas zu erschaffen. Ich wette, dieser Kerl ist ein neidisches Arschloch, das versucht, deine Sponsoren zu vergrätzen. Wahrscheinlich hat er ein beschissenes Musik-Blog mit zwei Abonnenten – seine Mutter und ein Mädchen namens Desire, die ihn immer wieder fragt, ob er sich nicht für schlappe fünfundzwanzig Mäuse ihre Nacktfotos anschauen mag.«

Nessa lachte. »Glaubst du wirklich, mehr steckt nicht dahinter?«

Isabeau verdrehte die Augen. »Wahrscheinlich nicht«,

sagte sie. »Wenn du ihn ignorierst, wird ihm bestimmt bald langweilig, und er sucht sich jemand anderen, den er flamen kann.« Sie streckte sich. »He, ich fahre demnächst in die Stadt, um mit ein paar Freunden essen und ins Kino zu gehen. Ich sollte gegen zehn zurück sein. Wäre es in Ordnung, wenn ich dann meine Sachen mitbringe und bei dir einziehe?«

»Ja, klar«, sagte Nessa. »Amüsier dich.«

Isabeau klappte ihr Laptop zu, hängte sich die Handtasche über die Schulter und verließ das Haus durch die Hintertür.

Den restlichen Nachmittag verbrachte Nessa damit, ängstliche und verärgerte Sponsoren und ihre Bosse bei Altair zu beruhigen, dann bereitete sie für sich und Daltrey zum Abendessen eine Gemüsepfanne zu.

Nach dem Essen gingen sie mit Declan MacManus Gassi. Der Hund tollte glücklich herum, stürmte hin und her, bellte ihnen über die Schulter zu, als wären sie eine ärgerlich langsame Wandergruppe und er ihr Führer. Sie gingen in den Wald, und Nessa machte Daltrey auf Dinge aufmerksam, an denen sie vorbeigingen. »Schau«, sagte sie. »Eine Sonnenblume. Sonnenblume. Baum. Das ist ein Baum. Eine Eiche – und das da ist Unkraut. Unkraut.«

Die Sonne verschwand hinter dem Horizont, und Daltrey wirkte glücklich, weil er in der warmen Abenddämmerung länger als sonst draußen bleiben durfte.

Schließlich geschah das, worauf sie gewartet hatte, und aus dem hohen Gras erhob sich ein winziger Lichtpunkt.

»Schau, Daltrey! Ein Glühwürmchen! Kannst du Glühwürmchen sagen?«

Seine Augen wurden größer, und sein Mund öffnete sich, als vor ihm immer neue leuchtende Insekten in die Luft stiegen.

Daltrey und Declan MacManus jagten ihnen hinterher, versuchten, die Glühwürmchen einzufangen. Irgendwann wirbelte Daltrey im Kreis herum, die Arme hochgerissen, in der Hand das rote Spielzeugauto, verzückt die Augen geschlossen, während über seinem Kopf die winzigen Lichter tanzten.

Sie wünschte, Isabeau wäre hier, um dies zu sehen. Sie wünschte, John wäre hier. Wieder weinte sie.

Nachdem Nessa Daltrey zu Bett gebracht hatte, saß sie am Schreibtisch und bezahlte Rechnungen, bis um halb zehn Isabeau mit diversen Koffern und Kartons zurückkehrte.

»Ich hätte dir doch helfen können«, sagte Nessa.

»Sind doch nur ein paar Sachen«, sagte Isabeau. »Kein Thema.« Sie trug alles nach oben ins Gästezimmer, und Nessa hörte, wie sie ihre Klamotten in der Kommode verstaute.

Nessa war erleichtert, eine weitere Erwachsene im Haus zu haben, und wusste, sie hatte die richtige Entscheidung getroffen. Sie ging nach oben und klopfte leicht an die Gästezimmertür. Isabeau machte auf und breitete die Arme aus, als hieße sie einen geschätzten Gast willkommen.

»Hast du alles, was du brauchst?«, fragte Nessa.

»Glaube schon. Gehst du schlafen?«

»Ja. Bis morgen.«

Nessa schloss Isabeaus Tür und schaute nach Daltrey. Er schlief tief und fest, die Hand noch immer fest um das Spielzeugauto geschlossen. Sie zog es vorsichtig heraus und betrachtete es. Es war eine Hot-Wheels-Nachbildung des Tesla Model S, Johns derzeitiger Traumwagen.

»Gut für die Umwelt«, hatte er gesagt, »aber trotzdem ein geiler Wagen.«

Sie stellte den Tesla auf das oberste Regal von Daltreys Bücherregal, neben das Fender-Plektrum und die anderen Artefakte, die John für seinen Sohn versteckt hatte.

Sie schaute in Daltreys süßes Gesicht und dachte: *Mein Dad hat den Verstand verloren und alles, was ich von ihm bekommen habe, ist ein lausiges Spielzeugauto.*

9. KAPITEL

Sonntag, 5. Juni

Während Daltrey und Isabeau Lego spielten, saß Nessa am Schreibtisch und schrieb ihr Montagsblog.

> The Disintegration Loops *ist ein Vierfach-Album von William Basinski, und ich weiß nicht, ob Musik mich jemals so aufgewühlt hat wie an dem Tag, als mein Freund Marlon, der all das verrückte Zeug kennt, obwohl er im mittleren Alter ist (oder gerade deshalb), mir die Songs vorgespielt hat …*

Sie kicherte leise in sich hinein, weil sie Marlon als Mann mittleren Alters bezeichnete, obwohl er erst Mitte dreißig war. Sie wusste, dass er bei ihrem nächsten Betreuer-Treffen eine Menge dazu zu sagen haben würde.

Sie schrieb den Text fertig, las ihn noch einmal durch, veränderte ein paar Sätze und strich einige Wörter, dann hängte sie das Plattencover von *The Disintegration Loops* als Titelbild an, fügte ein paar Tags hinzu und postete den Beitrag einen Tag früher als nötig. Gut für sie.

Nessa ging auf die Startseite ihres Blogs, um die neuesten Kommentare zu lesen. Die meisten waren nett, einige waren nachdenklich, lustig, interessant. Doch dazwischen gab es auch ein paar üble, profane, beleidigende und hässliche Kommentare. Außerdem gab es die Beatles-Rächer, die Nessas Gleichgültigkeit gegenüber der großartigsten Band aller Zeiten nicht klaglos hinnehmen konnten. Wenn ihr danach zumute war, sich selbst zu bestrafen, las sie diese brillanten, schlagfertigen Repliken wie *Deine Schreibe taukt nix.* Dies wirkte auf sie in dreifacher Hinsicht – es weckte Wutgefühle, war wie ein Messerstich in ihr ohnehin schmerzendes Herz, und gleichzeitig gab es ihr ein Gefühl der Überlegenheit. Das heutige Glanzstück war: *Dein Hirn ist so winzig, dass du vermutlich auf Norman Rockwell stehst.*

Das brachte sie zum Lachen. Sie stand tatsächlich auf Norman Rockwell. Scheiß auf die Leute.

Als Daltrey eingeschlafen war, sahen Nessa und Isabeau sich im Wohnzimmer einen Film an, eine romantische Komödie, die Nessa nicht auf andere Gedanken zu bringen vermochte, denn die Geschichte war total vorhersehbar. Zehn Minuten nach Filmende ging Isabeau nach oben in ihr neues Zimmer, und Nessa folgte ihr, um nach Daltrey zu schauen, der selig schlummerte. Dann wusch sie ihr Gesicht und zog ihren Schlafanzug an, ehe sie wieder nach unten ins Wohnzimmer ging. Sie machte sich einen grünen Tee, holte ihre E-Zigarette und klappte ihr Laptop auf, um Bestandsaufnahme zu machen.

Aber zuvor aktualisierte sie ihr Blog und sah, dass der Basinski-Post bereits einige Kommentare erhalten hatte.

Fantastisch! Wenn ich das nächste Mal sieben Stunden Zeit habe, um herumzusitzen und an einstürzende Gebäude zu denken, weiß ich, was ich mir anhöre.
Gepostet von Anonymous / 5. Juni 19:38 Uhr.

Die Beatles sind die Besten.
Gepostet von Anonymous / 5. Juni 19:46.

Vom schlimmsten Tag in der amerikanischen Geschichte zu profitieren … wirklich großartig.
Gepostet von Anonymous / 5. Juni 19:55 Uhr.

19:55, geh wieder schlafen, Kumpel.
Gepostet von Anonymous / 5. Juni 19:59 Uhr.

Tolle Platten! Ich liebe diese Sachen. ABER wenn ich Musik hören möchte, um herumzusitzen und an »einstürzende Gebäude« zu denken, so wie 19:38, dann höre ich lieber Einstürzende Neubauten.
Gepostet von Anonymous / 5. Juni 20:02 Uhr.

Erinnert sich jemand an die Zeit, als noch richtige Songs geschrieben wurden, statt drei Töne in der »Strings«-Einstellung eines Synthesizers zu drücken und das Ganze dann elf Minuten lang zu wiederholen?
Gepostet von Lightning! / 5. Juni 20:02.

Das war die Sorte von Kommentar, auf den zu antworten sie sich verpflichtet fühlte.

Es hat dir also nicht gefallen … kein Problem. Für mich aber ist TDL der Inbegriff von Kunst. Diese Musik provoziert eine Reaktion. Sie verstört, sie verzückt, sie pflügt einem brandneue neuronale Pfade ins Hirn und verändert dessen Biochemie. Sie verändert einen. TDL hat mich verändert, und dafür danke ich Basinski.

Einige der Kommentare zu ihrem Beitrag waren so durchdacht und scharfsinnig, dass sie sich fragte, ob sie womöglich von Marlon stammten, etwa der Einstürzende-Neubauten-Kommentar (bei denen es sich, wie sie schnell im Netz herausgefunden hatte, um eine deutsche Industrial-Band handelte). Aber sie würde Marlon nicht danach fragen, denn sie wollte nicht wie eine selbstbesessene Egomanin klingen – als hätte Marlon nichts Besseres zu tun, als sich auf ihre brillanten Posts gehaltvolle Repliken auszudenken.

Ein weiterer Kommentar erschien:

Was du brauchst, ist eine weitere schöne Vergewaltigung.
Gepostet von ToterJohnDonati / 5. Juni 20:37 Uhr.

Nessa verschluckte sich am Tee und bekam einen heftigen Hustenanfall.

Sie hörte, wie oben eine Tür aufging.

»Alles klar da unten, Chefin?«, rief Isabeau.

Nessa hustete weiter, und Isabeau eilte die Treppe herunter und stürmte ins Zimmer. »Was ist denn los?«, fragte sie.

Nessa drehte Isabeau das Laptop zu und deutete auf den Bildschirm.

»Was ist – oh, mein Gott«, sagte Isabeau und schlug sich die Hand vor den Mund. »Was für ein krankes Arschloch muss man sein, um so etwas zu schreiben? Ich meine, das ist inakzeptabel.«

Der Benutzername zog durch Nessas Hirn wie der elektronische Nachrichtenticker am New Yorker Times Square:

ToterJohnDonatiToterJohnDonatiToterJohnDonati.

»Ein klarer Verstoß gegen die Nutzungsbedingungen«, sagte Isabeau. »Wir sperren diesen Kerl. Das geht gar nicht. Aber zuerst mache ich einen Screenshot.« Als sie es erledigt hatte, starrte sie auf den Bildschirm. »Eine weitere. Warum schreibt der Kerl ›eine weitere‹?«

Eine weitere *schöne Vergewaltigung?*

Nessa rang die in ihr aufsteigende Panik nieder. Der Benutzername hatte sie so schockiert, dass sie das andere völlig übersehen hatte.

Es bedeutete gar nichts. Es war nur eine weitere anonyme, testosteronschwangere Hassbotschaft.

Es bedeutete gar nichts.

»Chefin?«

Nessas Atmung ging schnell und flach, sodass sie nicht den nötigen Sauerstoff erhielt, um bei Bewusstsein zu bleiben. Sie beugte sich vor und zwang sich, tief ein- und auszuatmen.

»Geh ruhig ins Bett, Isabeau«, sagte Nessa. »Mit geht's schon besser. Leg dich einfach wieder schlafen.«

»Aber …«

»Bitte, Isabeau!« Ihre Stimme war hoch und scharf, und Isabeau gehorchte.

Was du brauchst …

Was sie brauchte, war, dass der ganze Stress aufhörte. Was sie brauchte, war, dass John gesund und drogenfrei zu ihr zurückkehrte.

Was sie nicht brauchte, war eine weitere Vergewaltigung, schön oder sonst wie.

10. KAPITEL

Mittwoch, 8. Juni

Sie träumte, sie würde zerquetscht, ein bleischweres Gewicht läge auf ihr, durch ihre gebrochene Nase bekäme sie keine Luft mehr, sie erstickte. Sie hatte diesen Albtraum seit Jahren nicht mehr gehabt, und nun weckte er die Erinnerung an das leidvolle Erlebnis, an Gefühle der Verzweiflung und Hilflosigkeit, die sie überwunden geglaubt hatte, jene Zeit fiebriger Angst, in der sie regelmäßig an Selbstmord gedacht hatte. Sie sehnte sich danach, einzuschlafen und nicht mehr aufzuwachen, aber es gab Daltrey, ihren braunäugigen Sohn, den sie nicht im Stich lassen durfte. Sie war selbstsüchtig, aber so selbstsüchtig nun auch wieder nicht.

Sie erwachte vor Sonnenaufgang und ging in die Küche, um Kaffee zu kochen und zu warten. Sie konnte nicht lesen oder fernsehen. Sie konnte sich nicht konzentrieren. Sie sollte etwas Produktives tun, so wie Lauren es gemacht hätte – vielleicht einen Apfelkuchen backen oder eine vegetarische Lasagne oder einen Käse aus Schafsmilch zubereiten, den sie an den örtlichen Bioladen verkaufen konnte.

Da Nessa nichts von alledem tun konnte, kümmerte sie sich um die Schmutzwäsche. Um kurz nach sechs tapste schließlich Daltrey in die Küche. Sein schönes, dichtes braunes Haar stand ihm verstrubbelt um den Kopf; mit einer Hand rieb er sich die müden Augen, mit der anderen zog er ein Stofftier, ein knallbuntes Huhn, hinter sich her.

Dann schaute er hinaus zur Garage und wieder auf Nessa, die Augenbrauen gehoben. In Gebärdensprache sagte er »Daddy«.

Sie wusste nicht, was sie darauf antworten sollte. Das einzig Positive an ihrer zerrütteten Ehe stand vor ihr und klammerte sich an ein Stofftier.

»Möchtest du Eier zum Frühstück?«, fragte sie ihn.

Er nickte, und sie machte sich an die Arbeit.

Isabeau kam vorsichtig in die Küche, die Besorgnis stand ihr ins Gesicht geschrieben. »Geht's dir gut, Chefin?«

»Ja«, sagte Nessa. »Tut mir leid wegen meines Zusammenbruchs gestern Abend.«

»Möchtest du darüber reden?«

Nessa schaute kurz zu Daltrey und schüttelte den Kopf; sie hoffte, Isabeau würde es als Wink verstehen, dass sie vor ihrem Sohn nicht über diese Dinge sprechen wollte. Was Isabeau nicht daraus ableiten konnte, war, dass Nessa ohnehin nicht beabsichtige, mit ihr darüber zu sprechen.

Nach dem Frühstück schaltete Isabeau im Fernsehen für Daltrey *Die Oktonauten* ein, ehe sie sich neben Nessas Schreibtisch auf den Boden setzte, um an ihrem Computer zu arbeiten.

Nessa klappte ihrerseits das Laptop auf. Isabeau hatte bei Google Alerts einen neuen Suchbegriff hinzugefügt – ToterJohnDonati –, und nun war Nessas Posteingang voller Meldungen aus dem Kommentarbereich ihres Blogs. Die erste lautete:

Nessa Donati stiehlt Autos und falsifiziert Schecks.

Interessanterweise gab es in diesem Kommentar keinen einzigen Rechtschreibfehler – und noch etwas ... das Verb »falsifizieren« war doch reichlich altmodisch, oder? Sie rief Isabeau zu sich und zeigte es ihr.

»Ehe du irgendetwas löschst, müssen wir einen Screenshot machen, damit wir dokumentieren können, was geschieht. Gut, dass du einen Spam-Plug-in benutzt, denn so erscheint neben jedem Kommentar die IP-Adresse. Ich habe schon eine Tabelle dafür eingerichtet.«

»Selbst wenn wir die Sachen löschen, bleiben sie für immer im Netz. Eines Tages wird Daltrey sie sehen und ...«

Isabeau legte eine Hand auf Nessas Arm; es war das erste Mal, dass sie so eine persönliche Geste machte. »Warte es einfach ab. Er wird wissen, dass es gelogen war, und bis dahin musst du ruhig bleiben. Es nützt nichts, wenn du ausflippst.«

Nessa checkte ihre E-Mails. Sie musste einem weiteren Sponsor versichern, dass die sonderbaren Kommentare auf ihrer Blogseite aufhören würden.

Der Wäschetrockner summte, deshalb holte Nessa die Sachen heraus, legte sie zusammen und schleppte den vollen Wäschekorb nach oben. Nachdem sie ihre Sachen in den Kleiderschrank gelegt hatte, ging sie in Daltreys Zimmer und verstaute den Rest in seiner Kommode. Danach blieb sie vor dem Bücherbrett stehen und betrachtete Daltreys Schätze.

Sie nahm einen nach dem anderen in die Hand: das Spielzeugauto, den kleinen grünen Soldaten mit der Bazooka, den Amethyst, das Plektrum. Plötzlich hörte sie Isabeau unten aufstöhnen und rufen: »Oh, mein Gott.«

Nessa rannte die Stufen hinunter, das Plektrum noch in der Hand. Als sie das Wohnzimmer erreichte, ließ Isabeaus Miene sie abrupt stehen bleiben. Das inzwischen vertraute Angstgefühl durchströmte ihren Körper.

»Oh, Scheiße«, sagte Isabeau. »Das ist so was von übel.«

»Was denn?«, verlangte Nessa zu wissen. Isabeau erhob sich vom Boden und schob Nessas Schreibtischstuhl vor ihren Rechner.

»Geh auf NessaDonati.com.«

»Aber …«

»Tu es!«

Nessa setzte sich, steckte das Plektrum ein und tippte die URL in das Adressenfeld, dann sah sie zu, wie die Startseite sich aufbaute. Sie war arttypisch aufgebaut, nichts Besonderes, die Menüpunkte waren Radio/Blog/Termine/Spiel/Fotos. Hatte Altair die Seite ohne ihr Wissen ins Netz gestellt?

Sie schaute Isabeau an, deren Miene angespannt und besorgt war; tiefe Falten zerfurchten ihre Stirn.

»Sieh sie dir genau an«, sagte Isabeau.

Auf der Radio-Seite standen die Termine ihrer Sendung. Bei Blog stand »Erscheint in Kürze«. Sie nahm tatsächlich an, dass das Ganze von Altair stammte. Bis sie auf Fotos klickte.

Sie sah Dutzende von Nacktfotos: Ihre Beine waren weit gespreizt und verbargen nichts; sie hatte in jeder denkbaren und in einigen undenkbaren Stellungen Sex, dazu kamen noch abartigere Dinge. Hardcore-Zeug. Natürlich war ihr Kopf mit Photoshop auf die Körper montiert worden; sie sah gar nicht so aus wie auf den Bildern. Aber dennoch war es äußerst verstörend, sich selbst in diesem Kontext zu sehen.

Sie schaute über die Schulter Isabeau an.

»Das ist noch nicht das Schlimmste«, sagte sie, griff nach der Maus und klickte auf »Spiel«. Ein Porträt von Nessa erschien, das den ganzen Bildschirm ausfüllte. Darunter standen Anweisungen: *Verwende deine Maustasten, um Nessa ins Gesicht zu schlagen. Wenn du ihr einen Zahn ausschlägst, hast du gewonnen!*

Nur um zu sehen, was geschehen würde, drückte sie auf eine Maustaste, und Fäuste erschienen und droschen ihr ins Gesicht. Jeder Schlag ließ ihre Augen etwas mehr anschwellen, ließ blaue Flecken entstehen, ihre Nase bluten, bis schließlich ein Zahn herausbrach. Ein Feuerwerk explodierte auf dem Bildschirm, begleitet von den Wörter *Du hast gewonnen!* Das Ganze sah auf spektakuläre Weise realistisch aus.

Sie scrollte weiter.

Das neue Vergewaltigungsspiel kommt in Kürze!

»Das hat nichts mehr mit Trolling zu tun«, sagte Isabeau mit gesenkter Stimme. »Das ist bösartig und bedrohlich. Es ist *persönlich*.«

Das stimmte. Sie zog das Plektrum aus der Tasche, hielt es in der Hand, und plötzlich ging ihr ein Licht auf, und ihre Gedanken überschlugen sich. Der silberne Aufdruck auf der Rückseite: BIG. In ihrem Kopf plärrte »Dead Wrong« los. Der Song. Von Notorious B.I.G.

BIG.

Sie musste eine Internetsuche durchführen. Allein. Sofort.

»Ich nehme ein Bad«, sagte Nessa und nahm ihr Laptop.

Isabeaus Blick wanderte von dem Computer in Nessas Händen zu ihrem Gesicht.

»Ich komme nachher wieder runter. Ich muss mich beruhigen. Okay?«

»Okay«, sagte Isabeau.

Nessa ging nach oben, schloss sich im Bad ein und klappte ihr Laptop auf. Sie ging auf die Website des Staatsgefängnisses von Kalifornien. Nachdem sie beinahe eine Stunde lang gesucht hatte und von einer nutzlosen, verwirrenden, schlecht gestalteten Seite zur nächsten gesprungen war, musste sie schließlich vier Dollar und fünfundneunzig Cents opfern, um für sieben Tage unbegrenzten Zugang zu govermentsearch.com zu erhalten. Dort bekam Nessa endlich die nötige Information, vor der sie sich so fürchtete.

Er war vor vierzehn Monaten auf Bewährung entlassen worden.

Nathan. Ihr Klassenkamerad auf der Highschool, der sieben Jahre in Chino eingesessen und dadurch sein Football-Komplettstipendium an der USC verloren hatte. Weil er Nessa vergewaltigt hatte.

Sie saß zitternd im Bad und saugte an ihrer E-Zigarette. Sie war nur ein jämmerlicher Ersatz für das, was sie wirklich brauchte, wonach ihre Zellen schrien. Ständig musste sie schlucken, um den Speichelfluss zu bändigen und die aufkeimende Übelkeit zu unterdrücken, die ein Echo der Entzugserscheinungen war.

Es schien auf der Hand zu liegen, dass Nathan die Rosie-

Frage gepostet hatte, um sie wissen zu lassen, dass er ihre wahre Identität kannte. Aber wusste er auch, *wo* sie lebte? Dass sie im tiefsten Kansas wohnte?

Nein, versicherte sie sich selbst. Wüsste er es, wäre er längst persönlich bei ihr aufgekreuzt.

Richtig?

Er terrorisierte sie, um sie aus ihrem Schlupfloch zu locken, um sie dazu zu bringen, sich zu exponieren. Damit sie etwas tat, das sie womöglich selbst ins Gefängnis brachte, während er selbst wieder auf freiem Fuß war. So bekäme er endlich seine Rache.

Nathan war ein Vergewaltiger, aber war er auch ein Mörder? Vielleicht nicht vor seiner Gefängniszeit, womöglich aber jetzt. Sieben Jahre hatte er Zeit gehabt, seine Bitterkeit und Antipathie wachsen zu lassen und sich zum potenziellen Mörder zu entwickeln. Er hatte über seine geraubte Zukunft gegrübelt, über das mögliche Leben als Footballspieler am College und dann in der NFL, über das viele Geld, über die Frauen und den Ruhm, der ihm geraubt worden war. Von Nessa.

Sie wollte nicht daran denken, was nach der Vergewaltigung geschehen war, denn das war beinahe genauso schlimm gewesen. Sie hatte einfach nur alles vergessen wollen. Aber Joyce hatte darauf bestanden, Anzeige zu erstatten. Sie hatte sich über Nessas Angst vor einem Gerichtsprozess und vor der Begegnung mit ihrem Peiniger hinweggesetzt. Joyce hatte Nessa eine bewegende Rede über Frauenrechte und Gerechtigkeit gehalten und darüber, andere Mädchen vor diesem Monster zu schützen. Als Nessa trotzdem nicht einlenkte, hatte Joyce ihr den Vertrag eines Fernsehproduzenten vorgelegt. Sie hatte den Mann tatsächlich kontaktiert und ihm ihre Idee für eine Reality-TV-Show angetragen. Mütter von Vergewaltigungsopfern sollten in einer Runde sitzen und darüber palavern, wie das Leben ihrer Töchter zerstört worden war. Der Vertrag würde nur dann zustande kommen, sagte Joyce, wenn Nessa mitmachte, wenn sie sich outete.

»Wie sagen wir immer?«, hatte sie zu Nessa gesagt. »Wenn das Leben einem Zitronen beschert, dann machen wir Limonade daraus, stimmt's? Wir müssen diese traurige Situation in einen Segen verwandeln.«

»Was bedeutet das?«, hatte Nessa gefragt.

»Dass dies eine einmalige Chance ist«, hatte Joyce gesagt. »Danach haben wir ausgesorgt. Diese Serie wird uns reich und berühmt machen. Möchtest du das nicht?«

»Du könntest dir«, hatte Nessa gesagt, »aber auch einen richtigen Job suchen.«

Joyce hatte Nessa mit ihrem giftigsten Blick bedacht, der Nessa normalerweise zum Schweigen brachte, aber nach der Vergewaltigung hatte er keine Wirkung mehr. Dann hatte ihre Mutter ihre Trumpfkarte ausgespielt, die immer das gewünschte Resultat zeitigte.

»Was geschieht, wenn Brandon die nächste Lungenentzündung oder Infektion bekommt? Oder einen anaphylaktischen Schock? Sollen wir ihn dann wieder ins County-Hospital bringen? Beim letzten Mal ist er dort beinahe an einer Staphylokokkeninfektion gestorben. Wenn wir bei dieser Sendung mitmachen, wird Brandon immer die beste Behandlung erhalten. *Du* kannst das möglich machen.«

Joyce hatte den Vertrag in der Hand gehabt. Nessa konnte

ihren Bruder retten. Sie wollte nicht egoistisch sein – obwohl sie sich nicht des Gefühls hatte erwehren können, dass Brandon, wenn Joyce an ihrer Stelle gewesen wäre, sehr wohl wieder ins County-Hospital hätte gehen können.

Der Prozess war genauso gewesen, wie Nessa es oft gelesen oder gehört hatte. Die Fragen nach ihrem Sexleben, mit wie vielen Männern sie bereits geschlafen hatte, nach ihrem Drogenkonsum. Es war, als würde man sie ein zweites Mal vergewaltigen, diesmal aber vor einem Richter, vor Geschworenen und Rechtsanwälten. Das einzig Gute bei dem Prozess waren Candys unerschütterlich aufrichtige Aussage und die des Jungen, der zufällig ins Zimmer gekommen war und sie gerettet hatte. Das war es letztlich, was Nathan hinter Gitter brachte. Nicht Nessas Aussage, nicht die Aussage einer Schlampe.

Dann hatten sie diese TV-Serie gedreht und pro Person und Monat fünftausend Dollar erhalten, dazu ein Handgeld für den Vertragsabschluss und einen Bonus für die Einschaltquoten, falls diese hoch genug wären.

Nessa malte sich aus, wie Nathan im Gefängnis die TV-Folgen gesehen hatte, wie seine Wut immer mehr gewachsen war, wie sein Racheplan nach und nach Gestalt angenommen hatte und der brennende Wunsch nach Vergeltung sein einziger Lebensinhalt, sein einziges Ziel geworden war.

Gleichzeitig hatte auch Nessas Leben einen neuen Fokus, ein neues Ziel, gesponsert vom Taschengeld, das Joyce ihr von den Einkünften aus der Fernsehsendung zahlte.

Dieser Fokus hieß Heroin.

Donnerstag, 9. Juni

Auf Nessas Telefon erklang »Jeep's Blues« und weckte sie aus dem Tiefschlaf.

»Hallo?«

»Mrs. Donati? Hier Detective Rob Treloar vom Riley County Police Department. Wie geht es Ihnen?«

Sie versuchte zu klingen, als wäre sie seit Stunden wach. Doch sie wusste nicht, warum es sie überhaupt kümmerte, ob er mitbekam, dass sie geschlafen hatte. »Gut«, sagte sie, »und selbst?«

»Gut«, sagte er. »Ich rufe an, weil ich eine Bitte habe. Hätten Sie vielleicht einen Gegenstand für uns, an dem sich Mr. Donatis DNA befindet?«

Nessa keuchte auf, und in ihren Ohren klang es reichlich theatralisch und gekünstelt. »Was haben Sie gefunden?«

»Darüber würde ich gern persönlich mit Ihnen sprechen. Könnten Sie mit seinem Kamm oder seiner Zahnbürste aufs Revier kommen? Haben Sie noch etwas in der Art im Haus?«

»John hat alles …«

»Oder könnten Sie mit einem nahen Verwandten kommen?«

Nessa stockte der Atem. »Meinen Sie meinen Sohn?«

»War – ist Mr. Donati der biologische Vater Ihres Sohns?«

Diese Frage brachte sie aus der Fassung, warum auch immer. »Natürlich!«

»Ausgezeichnet, Ma'am«, sagte Detective Treloar ganz gelassen. »Wäre es Ihnen möglich, ihn für einen Wangenabstrich aufs Revier zu bringen?«

»Was haben Sie gefunden?«

»Darüber reden wir, wenn Sie hier sind. Passt Ihnen morgen Vormittag um zehn?«

Nessa bekam keine Luft. »Ja«, sagte sie, doch kein Laut kam aus ihrem Mund, bis sie sich räusperte und das Wort wiederholte. »Ja.«

»Dann bis morgen.« Er legte auf.

Nessa setzte sich auf und schaute aus dem Fenster auf die Felder, die an ihr Grundstück grenzten. Sie hatte recht gehabt. John war in den Fluss gesprungen und ertrunken, und die Polizei musste seine unkenntliche Leiche gefunden haben. Die Karpfen und Welse hatten ihm das Fleisch von den Knochen gefressen, und nun ließ sich nur noch mit einem DNA-Vergleich bestimmen, ob er es tatsächlich war.

Was hatte sie erwartet? Hatte sie wirklich geglaubt, John würde noch lange leben, nachdem er wieder mit dem Crack angefangen hatte? Nein, hatte sie nicht. Aber die Realität, die Vorstellung, dass er wirklich tot war, machte ihr bewusst, dass ihr Kleines-Mädchen-Herz auf ein Märchenende gehofft hatte, in dem John clean und geläutert zu ihr zurückkehrte. Wie dumm sie doch war. So liefen diese Dinge nun mal nicht. Sie hatte alles darüber gelesen. Nur zwanzig Prozent der Cracksüchtigen blieben dauerhaft clean, so süchtig machte das Zeug. Es fraß Löcher ins Hirn, zerstörte das Belohnungsareal, sodass ein Leben ohne Crack ihnen grau und freudlos erschien.

Nessa weinte, malte sich Johns Qualen aus. Unfähig, das unersättliche Monster abzuschütteln, das sein Leben beherrscht hatte, hatte er nur einen Ausweg gesehen: den reißenden Fluss.

Sie musste die schrecklichen Bilder aus dem Kopf bekommen, musste an etwas anderes denken. Sie atmete dreimal tief ein und aus und zwang sich aufzustehen und ein Glas Wasser zu trinken. Noch wusste sie nichts Endgültiges. Es war möglich, dass sie sich alles völlig falsch vorstellte. Vielleicht wollte die Polizei eine DNA-Probe für den Fall, dass sie etwas fanden. Oder weil John ein Verbrechen verübt hatte. Dieser Gedankengang war ihr lieber, denn Wut gab Kraft, und sie brauchte Kraft, um weiter zu funktionieren.

Die Sonne fiel durch die Küchenfenster, und allein ihre Helligkeit half Nessa, sich aufzurichten und tiefer durchzuatmen. Vielleicht würden sie heute etwas unternehmen, in den Park gehen oder so. Nach einem Becher Kaffee ging Nessa nach draußen, um den Hund zu füttern.

»Declan MacManus!«, rief sie.

Er kam nicht auf sie zugerannt, bellte nicht sein »Ich-komme-ich-komme-warte-bin-gleich-da!«-Bellen. Er musste am anderen Ende des Grundstücks auf Fasanenjagd sein oder etwas in der Art, weit entfernt vom Haus. Er würde zurückkehren, sobald er Hunger bekam oder Ball spielen wollte.

Sie wandte sich wieder zur Tür um, als ihr ein unförmiger Fingerhirsestrauch auffiel, der sie ärgerte – John war nicht mehr hier, um die Sträucher zu beschneiden, und sie selbst hatte keine Lust dazu. Aber als sie näher heranging, sah sie, dass es gar kein Strauch war, sondern Tierfell.

Sie rannte los.

Declan MacManus lag auf der Seite, atmete nicht. Fliegen krabbelten ihm über die offenen, milchigen Augen. Er war tot.

Nessa ging auf die Knie, und die Fliegen stoben davon,

nur um im nächsten Moment zurückzukehren. Sie betrachtete ihn prüfend, suchte nach Blut, Schnittwunden, Verletzungen und bemerkte an Maul und Nase ein Überbleibsel einer schaumigen Substanz. Hatte er Tollwut gehabt? Nein, sie hatte am Vorabend noch mit ihm gespielt und keinen Hinweis auf die Krankheit bemerkt. So schnell hätte sie ihn nicht getötet.

Vielleicht war es eine der Pflanzen im Wald gewesen, oder er hatte etwas gefressen, das für Hunde giftig war.

Nessa hob den Kopf, Tränen auf den Wangen, und schaute sich um. Der Wald war ihr immer freundlich und einladend vorgekommen, nun aber schien er voller dunkler Schatten, Raubtiere und giftiger Pflanzen zu sein. Selbst an diesem schwülen Morgen fröstelte ihr.

Sie ging ins Haus und weckte Isabeau, die, als sie die Neuigkeit erfuhr, in Unterwäsche nach draußen rannte und über Declan MacManus' Kadaver bittere Tränen vergoss.

»Oh, du armer, lieber Hund«, stammelte sie, und dann warf sie sich an Nessas Brust, ehe diese sie daran hindern konnte, und weinte an ihrer Schulter. Es war seit Monaten das erste Mal, dass jemand anderes als Daltrey an ihrer Brust lag, und sie merkte, dass sich etwas in ihr löste.

Declan MacManus' Tod würde Daltrey schwer treffen. Der Hund hatte seit der Geburt des Jungen über ihn gewacht, war immer lieb gewesen, hatte sich auf dem Bett an Daltrey gekuschelt, hatte alles aufgehoben, was Daltrey fallen ließ – selbst Essen, so wie die Bernhardinerhündin Nana in *Peter Pan*. Zwei große Verluste in weniger als zwei Monaten hatten für einen Dreijährigen ganz gewiss Konsequenzen.

»Isabeau, ich möchte, dass du hier bist, wenn Daltrey aufwacht. Aber die Neuigkeit erzähle ich ihm selbst, wenn ich vom Tierarzt zurück bin, ja?«

»Nessa, Declan MacManus ist tot«, sagte Isabeau. »Es ist doch sinnlos, zum …«

»Wir müssen herausfinden, woran er gestorben ist.«

»Er war so ein lieber Hund«, sagte Isabeau weinend und kraulte sein Fell.

Nessa hob den Hund hoch, legte ihn in den Pacifica und fuhr in die Stadt zur Tierarztpraxis.

Dort musste sie beinahe eine volle Stunde warten, bis die Tierärztin kopfschüttelnd herauskam. »Es war Frostschutzmittel«, sagte sie.

»Dann war es also auf keinen Fall Tollwut oder so etwas«, sagte Nessa und spürte, wie in ihr die letzte Hoffnung auf eine natürliche Todesursache verlosch.

»Nein. Er muss in Ihrer Garage eine Lache davon aufgeschleckt haben.«

»Meine Garage hat Sandboden«, entgegnete Nessa.

»Haben Sie einen Zaun?«

»Nein«, sagte Nessa. »Wir leben auf einem fünfundzwanzig Hektar großen Grundstück. Wir ließen ihn einfach frei herumlaufen.«

»Haben Sie Nachbarn, die er hätte erreichen können?«

»Ja.«

»Vielleicht ist er in eine ihrer Garagen hineinspaziert. Für einen Hund von Declans Größe sind schon etwa 80 ml Frostschutzmittel eine tödliche Dosis. Das ist einer der Gründe, die für ein eingezäuntes Grundstück sprechen. Ihr Verlust tut mir sehr leid. Wenn Sie möchten, können wir seine sterblichen Überreste bei uns einäschern.«

»Ja, bitte«, sagte Nessa und vergoss bittere Tränen. Vielleicht sollte sie auf der Stelle einen neuen weißblonden Terrier kaufen und nach Hause bringen, ehe Daltrey aufstand, aber natürlich würde er den Unterschied erkennen. Er war kein dummer kleiner Junge, und sie durfte nicht versuchen, ihn auf diese Weise zum Narren zu halten.

Als Nessa zu Hause eintraf, merkte sie, dass sie nicht aussteigen konnte. Sie musste Daltrey die Neuigkeit überbringen und wusste nicht, wie sie es anstellen sollte. Sie blieb so lange im Wagen sitzen, dass Isabeau schließlich in die Garage kam und auf der Fahrerseite an die Scheibe klopfte. Nessa zuckte zusammen, öffnete die Tür und stieg endlich aus.

»Alles in Ordnung, Chefin?«, fragte Isabeau.

»Nein«, sagte Nessa. »Ich muss gleich heulen.« Sie brach in Tränen aus, und Isabeau streckte die Hand aus, doch Nessa trat schnell zurück und schlang sich die Arme um den Leib. Ein Ausdruck von Verletztheit huschte über Isabeaus Gesicht.

»Ich muss es Daltrey erzählen«, sagte Nessa und wischte sich über die Augen.

»Ich helfe dir«, sagte Isabeau.

Sie trotteten auf das Haus zu und gingen ins Wohnzimmer, wo Daltrey einen riesigen Lego-Turm baute. Er schaute auf; sein Blick sprang erst zu Nessa, dann zu Isabeau und wieder zurück zu Nessa. Er runzelte die Stirn. Er spürte, dass irgendetwas geschehen war.

»Daltrey«, sagte Nessa, »komm auf meinen Schoß. Ich muss dir etwas sagen.«

Sie setzte sich auf die Couch und machte die Gebärde für

»Komm her«. Er runzelte weiter die Stirn, rührte sich nicht von der Stelle. Wahrscheinlich dachte er, wenn er sich nicht auf ihren Schoß setzte, würde er auch die schlechte Nachricht nicht bekommen.

»Komm her, Liebling«, sagte Nessa und wiederholte die Gebärde.

Seufzend legte er die Lego-Steine weg, die er in Händen hatte, und kletterte auf ihren Schoß.

Isabeau setzte sich in den Ohrensessel, angespannt, jederzeit bereit, Trost zu spenden.

»Daltrey, ich muss dir etwas erzählen.«

Er nickte.

»Declan MacManus –« Sie konnte nicht weitersprechen. Beinahe hätte sie »ist weggelaufen« gesagt. Aber das wäre unfair und unwahr gewesen.

Daltrey nickte ihr aufmunternd zu.

»Liebling, unser süßer Hund ist heute Morgen gestorben.«

Verwirrt sah er zu Isabeau hinüber, dann zurück zu Nessa.

»Mit Daddy?«, fragte Daltrey in Gebärdensprache.

Isabeau klappte die Kinnlade herunter.

Daltreys Frage traf Nessa wie ein Speer mitten ins Herz. Er wusste, dass seinem Vater etwas Grauenvolles zugestoßen war. Doch sie wollte es ihm nicht bestätigen, konnte es nicht.

»Na ja, Declan MacManus ist jetzt im Himmel«, sagte sie. »Wir werden ihn nicht wiedersehen … nicht in diesem Leben, nicht auf dieser Welt.«

Große, dicke Tränen quollen aus Daltreys Augen. »Lebewohl?«, gestikulierte er.

Nessa nickte, und er schlang die Arme um ihren Hals und weinte.

»Wir werden ihn im Himmel wiedersehen. Bis dahin wird es zwar noch sehr lange dauern, aber wir sehen ihn wieder. Versprochen.«

Nessa spürte, dass dies nur eine Aufwärmübung für ein weiteres, noch schwierigeres Gespräch war.

11. KAPITEL

Freitag, 10. Juni

Am nächsten Morgen erwachte sie als Erste. Sie ging nach unten in die Küche und machte sich Kaffee. Sie setzte sich an den Tisch und starrte aus dem Fenster auf den diesigen Tag, unfähig, zu arbeiten oder zu lesen. Als Daltrey aufstand, raffte sie sich auf und begann, Pfannkuchen zuzubereiten.

Isabeau kam herunter, um zu frühstücken, rieb sich die Augen.

»Ich habe verschlafen«, sagte sie.

»Ist schon okay«, sagte Nessa. »War ein schwieriger Tag gestern.«

Isabeau nickte und holte einen Teller aus dem Geschirrschrank.

»Tut mir leid, dass du all diesen Mist miterleben musst«, sagte Nessa. »Aber ich bin dankbar, dass du bei uns bist.«

Isabeau lächelte sie traurig an und schenkte sich eine Tasse Kaffee ein, ehe sie sich an den Tisch setzte und begann, ihren Pfannkuchen zu essen.

»Ich muss mit Daltrey zur Polizei, um einen Wangenabstrich machen zu lassen«, sagte Nessa. »Möchtest du uns begleiten?«

»Wangenabstrich?« Isabeau sah schockiert aus.

Das war gut. Jemanden um sich zu haben, den sie beruhigen musste, half Nessa immer, selbst ruhig zu bleiben.

»Keine große Sache«, sagte sie.

»Ja, ich komme mit«, sagte Isabeau. »Ich war noch nie freiwillig auf einem Polizeirevier.«

Nessa sah sie alarmiert an.

»War nur ein Scherz«, sagte Isabeau augenzwinkernd. »Tatsächlich war mein Vater Polizist.«

Nessa sagte nichts dazu. Üblicherweise antwortete man auf so eine Information mit einer Kleinigkeit, die man seinerseits aus der eigenen Vergangenheit preisgab, aber ihre Beziehung war nicht so eng, und Nessa wollte, dass es so blieb.

Sie duschte und schminkte sich. Sie hoffte, Detective Treloar fragen zu können, ob er irgendwie herausfinden konnte, wo Nathan sich aufhielt. Ob er sich regelmäßig bei seinem Bewährungshelfer meldete. Ob es ihm erlaubt war, den Bundesstaat zu verlassen.

Nachdem sie ein langärmeliges, beinahe matronenhaftes, weißes Kleid angezogen hatte, ging Nessa in Daltreys Zimmer; er saß auf seinem Kinderbett und blätterte in einem Bilderbuch.

»Komm, wir ziehen dich an und holen uns bei Starbucks ein Sandwich mit Speck, Ei und Gouda, okay?« Sie legte einen animierenden Ton in ihre Stimme. »Weißt du, was wir danach machen? Wir fahren zum Polizeirevier!«

Seine Augen wurden groß, und sein Mund bildete ein stilles, rundes O.

Er sprang vom Bett, zog seine Kommodenschublade auf und wählte zum Anziehen eine Badehose und ein altes Lätzchen aus, auf dem *Kleiner Klecker-König* stand.

»Wie wäre es, wenn du stattdessen das hier anziehst?«, sagte Nessa und nahm Shorts und ein T-Shirt heraus.

Als er angezogen war, deutete sie auf das Bilderbuch und sagte: »Möchtest du es mitnehmen?« Er klemmte es sich unter den Arm und folgte ihr nach draußen zum Pacifica. Isabeau wartete schon auf sie.

Sie nahmen den Highway 177 nach Norden, dann den 18 nach Westen, aßen bei Starbucks, und anschließend ging es zu ihrem eigentlichen Ziel.

»Da ist das Polizeirevier, Daltrey. Ist das nicht cool?«, sagte Isabeau und deutete auf das unscheinbare Gebäude aus braunem Ziegelstein und Glas.

Isabeau verhielt sich so locker und natürlich gegenüber Daltrey. Im Gegensatz zu ihr hätte Nessa vor ihrer Mutterschaft überhaupt nicht gewusst, was sie zu einem fremden Kind hätte sagen sollen.

»Gleich lernst du ein paar echte Polizisten kennen«, sagte sie. »Wie findest du das?«

Sie parkte den Wagen und half Daltrey aus dem Kindersitz. Er lächelte, und sie gingen Hand in Hand auf das Gebäude zu. Drinnen hallte es.

Hinter dem Empfangstresen saß eine Polizistin.

»Ich habe den Namen des Beamten vergessen, bei dem ich mich melden soll«, sagte Nessa mit bebender Stimme. Kitzelnde Schweißtropfen liefen ihr über die Flanken. Im Gegensatz zu Isabeau war sie mehr als einmal auf einem Polizeirevier gewesen – in Handschellen. Die Erinnerung daran machte sie ganz konfus. »Mein Name ist Nessa Donati, und ich bin hier, weil bei meinem Sohn ein Wangenabstrich gemacht werden soll. Detective …«

Ihr Kopf war wie leer gefegt. Wie war noch mal sein verdammter Name?

Die Frau hinter dem Tresen lächelte aufmunternd.

»Sein Name fängt, glaube ich, mit T an …«

»Detective Rob Treloar«, sagte die Polizistin. »Ist das der Kollege, nach dem Sie suchen?«

Nessa nickte und wischte sich über das Gesicht, verschmierte dabei ihr Make-up. Daltrey starrte stumm zu ihr auf.

»Detective Treloar wurde zu einem Einsatz gerufen, aber den Abstrich kann eine Kriminaltechnikerin machen. Nehmen Sie Platz.«

Sie, Isabeau und Daltrey gingen in den Wartebereich und setzten sich. Daltrey kletterte auf den Stuhl neben Nessa, hielt ihre Hand und starrte ernst geradeaus wie ein Priester bei einer Trauerfeier. Sie gab ihm das Bilderbuch. Er schlug die Beine übereinander und sah es sich an wie ein kleiner alter Mann, der die *New York Times Book Review* las, leckte die Kuppe seines Zeigefingers an, ehe er eine Seite umblätterte, ganz so, wie sein Vater es tat, wenn er eine Zeitschrift las. Nessa musste schlucken.

»Er ist total hinreißend«, sagte Isabeau.

Nach zwanzig Minuten erschien eine Frau im Laborkittel und fragte: »Mrs. Donati?«

Nessa stand auf, Daltrey tat es ihr augenblicklich nach.

»Sie sind wegen des WSAs hier?«, fragte die Frau.

»Ich verstehe nicht. Was …«

»Wangenabstrich. Wegen der DNA-Probe.«

»Ja.«

»Folgen Sie mir bitte.«

Während die drei der Frau hinterhergingen, sagte diese über die Schulter hinweg: »Ich bin Amanda. Hier sind wir schon.« Sie führte sie in einen kleinen Raum und bat sie, sich zu setzen.

In einem Waschbecken aus rostfreiem Stahl wusch die Frau sich die Hände und fragte währenddessen: »Wie heißt du denn, kleiner Mann?«

Daltrey sah Nessa an, die antwortete: »Sein Name ist Daltrey.«

»Wie alt bist du, Daltrey?«

»Er ist drei«, meldete Isabeau sich zu Wort.

Die Kriminaltechnikerin sah Nessa verwundert an. »Spricht er nicht?«

»Nein«, sagte Nessa.

»Oh«, sagte Amanda. »Tut mir leid.« Dann, zu Daltrey gewandt: »Ist dein Mund leer, Süßer? Kein Kaugummi drin? Hast du in der letzten Viertelstunde etwas gegessen?«

Er schüttelte den Kopf und zeigte ihr seinen offenen Mund.

»Jedenfalls scheint er zu verstehen, was ich sage.«

»Ja«, sagte Nessa und hoffte, sich nicht weiter erklären zu müssen.

»So, Daltrey, es geht los. Es tut überhaupt nicht weh. Es kitzelt höchstens ein bisschen.« Sie zog Latexhandschuhe über. »Die und den Mundschutz, den ich gleich aufsetze, muss ich tragen, damit alles hübsch sauber bleibt. Aber das bin immer noch ich unter dem Mundschutz, okay?«

Daltrey nickte, beobachtete sie ganz genau.

Sie zog den Mundschutz über, der auch ihre Nase bedeckte, dann riss sie eine Papierverpackung auf und holte ein langes Wattestäbchen heraus.

»So«, sagte sie mit vom Mundschutz gedämpfter Stimme. »Das Stäbchen darf nichts außer deinem Mund berühren, okay? Mach ihn bitte ganz weit auf, so weit du kannst, so weit wie noch nie.«

Isabeau machte es ihm vor, öffnete sperrangelweit den Mund.

»Genau so«, sagte die Frau. »Kriegst du das auch hin?«

Er nickte und öffnete den Mund.

»Gleich werde ich mit dem Watteende über die Innenseite deiner Wange streichen und es ein bisschen hin und her drehen, und du verhältst dich wie ein großer Junge und lässt schön den Mund offen, bis ich fertig bin. Abgemacht?«

Er nickte, den Mund noch immer weit offen.

Amanda strich ihm mit dem Wattestäbchen etwa zehn Sekunden lang sanft über die Wangeninnenseite. Nessa sah, dass es tatsächlich kitzelte, denn seine Nasenlöcher blähten sich, und seine Lippen schienen sich zu einem Lächeln heben zu wollen, doch er war tapfer und hielt den Mund weit geöffnet. Die Frau zog das Stäbchen heraus und achtete darauf, nicht die Zähne, Lippen oder die Zunge zu berühren; sie schob es in ein Reagenzglas, das sie mit einem Gummikorken verschloss.

»Das war es schon, junger Mann«, sagte sie und nahm den Mundschutz ab. »Wie war es für dich?«

Er küsste die Finger seiner rechten Hand und schlug sie auf die linke.

»Er sagt ›gut‹«, erklärte Nessa.

Amanda lächelte.

»Wissen Sie, wofür die DNA-Probe benötigt wird?«, fragte Nessa und versuchte, beiläufig zu klingen.

»Keine Ahnung«, sagte die Kriminaltechnikerin und zupfte sich die Gummihandschuhe von den Fingern.

Es klopfte an der Tür, und Amanda öffnete sie. Herein kam ein Mann mit einem rundlichen, ebenmäßigen Gesicht, buschigen Augenbrauen und dunklem Haar. Er hatte eine fingerdicke Aktenmappe dabei.

»Ich würde gern mit Mrs. Donati sprechen«, sagte er zu Amanda.

Als Amanda ihn ansah, wechselte ihr Gesichtsausdruck von freundlich zu abweisend. Als sie wieder zu Nessa schaute, kehrte das Lächeln zurück.

»Danke, dass Sie gekommen sind«, meinte Amanda zu Nessa und bedachte sie mit einem Blick, der sagte: *Viel Glück mit dem Mistkerl.* Nessa hoffte, dass sie den Blick der Kriminaltechnikerin falsch interpretierte.

»Danke, Amanda«, sagte sie, als diese den Raum verließ.

Der Detective beachtete Isabeau und Daltrey nicht, hielt den Blick fest auf Nessa gerichtet.

»Ich bin Detective Greg Dirksen.«

Sie betrachtete die goldene Polizeimarke, die an einem Schlüsselband um seinen Hals hing.

Darauf stand: *G. Dirksen. Morddezernat.*

Nessa starrte auf die Marke, ein Frösteln schnürte ihr die Kehle zu.

Morddezernat?

Aus dem Augenwinkel sah sie, wie Isabeaus Kinnlade herunterklappte.

»Mrs. Donati, ich habe einige Fragen an Sie.« Er legte die Aktenmappe auf den Tisch und trat dichter an sie heran.

Nessa antwortete zunächst nicht, sah den Detective nur an. Ihr war diese subtile Art körperlicher Einschüchterung von männlicher Seite nur allzu vertraut. Sie stemmte die

Hände in die Hüften, blieb standhaft und zählte lautlos bis fünf. Dann wandte sie sich zu Isabeau und sagte: »Würdest du mit Daltrey bitte draußen auf mich warten?«

»Klar«, sagte Isabeau und sah besorgt aus. Sie nahm Daltrey bei der Hand und verließ mit ihm den Raum.

»Was kann ich für Sie tun, Detective?«, fragte Nessa und bedachte ihn mit ihrem gewinnenden Missionarinnen-Lächeln.

»Besitzen Sie eine Waffe, Mrs. Donati?«

Die Frage kam so unerwartet, dass ihr Mund schon die Antwort zu formulieren begann, ehe ihr Verstand erwachte und ihn stoppte. Sie räusperte sich. »Warum fragen Sie?«

»Bitte beantworten Sie einfach die Frage. Besitzen Sie eine Waffe?«

Natürlich besaß sie eine. Sie hatte die Waffe erst kürzlich gekauft, nach Johns beiden nächtlichen Besuchen in der Woche, als sie ihn rausgeschmissen hatte. Sie hatte es nur noch nicht über sich gebracht, schießen zu lernen. Sie bewahrte sie in einer Schachtel ganz oben im Kleiderschrank auf.

Nessa versuchte, sich teilnahmslos zu geben, lächelte den Mann weiter an, aber es fiel ihr schwer, unter dem Druck die Fassade zu wahren. »Besitzen Sie denn eine?«

Wenn es um Polizisten ging, lautete ihr Motto *Erst mal ausweichen,* wenn das nicht mehr ging *Jeden Blickkontakt vermeiden* und als Letztes: *Nicht unnötig Informationen preisgeben.* Warten, bis man gefragt wird, dann kurz und bündig und so respektvoll wie möglich antworten. Aber Regel Nummer eins war: *Sei kein Klugscheißer*. Einen Polizisten gegen sich aufzubringen war nie eine gute Idee, aber

Dirksens schroffe, unhöfliche Art brachte in ihr die Bikerbraut zum Vorschein.

Er starrte sie durchdringend an.

Sie zupfte an ihren Ärmeln. Sie kannte ihre Rechte und wusste, dass sie seine Fragen nicht beantworten musste. Hätte er sie nett gefragt, so wie Detective Treloar neulich, dann hätte sie ihm freimütig die gewünschte Antwort gegeben.

»Ich muss meinen Sohn nach Hause bringen«, sagte sie. »Es ist Zeit für seinen Mittagsschlaf.«

»Warum beantworten Sie die Frage nicht?« Er neigte sich zu ihr vor, sein Blick durchbohrte sie förmlich.

Sie ließ sich weiterhin nicht aus der Reserve locken, auch wenn sie zitterte. »Haben Sie – haben Sie meinen Mann gefunden? Geht es darum?«

»Es ist mir nicht gestattet, darüber zu sprechen.«

»Dann ist Ihnen auch nicht gestattet, mich zu verhören«, sagte sie. »Außer ich bin verhaftet. Bin ich verhaftet?«

»Es ist doch eine ganz einfache Frage, Mrs. Donati.«

»Meine auch.« Sie sprach ganz langsam, brachte ihn zweifellos weiter gegen sich auf. »Bin ich verhaftet?«

Erneut klopfte es, und Detective Dirksen öffnete die Tür einen Spaltbreit, damit Nessa nicht hören oder sehen konnte, wer draußen stand. Die Person flüsterte etwas, und der Detective gab einen Zischlaut von sich, offenkundig verärgert wegen der Unterbrechung. »Wenn es sein muss.« Er richtete seinen missmutigen Blick auf Nessa und sagte: »Bin gleich zurück.« Dann schlüpfte er aus dem Raum und schloss die Tür hinter sich.

Seinen Ordner hatte er auf dem Tisch liegen gelassen.

Ohne groß darüber nachzudenken, öffnete sie die Akte und sah ganz oben den Polizeibericht über den verlassenen Truck. Darunter lagen Fotos und weitere Papiere. Nach einem Moment der Unentschlossenheit zog sie rasch ihr Telefon heraus und begann, die Seiten eine nach der anderen abzufotografieren; zwischen den Schnappschüssen schaute sie immer wieder kurz zur Tür und versuchte mitzuhören, was dahinter geredet wurde, aber sie verstand nichts, außerdem konnte sie nicht beides gleichzeitig tun, fotografieren und lauschen.

Sie nahm gar nicht richtig wahr, was sie da fotografierte, so sehr konzentrierte sie sich auf die Geräusche draußen, bis der Türknauf sich plötzlich drehte. Sie klappte schnell die Akte zu, trat ans Waschbecken gleich neben dem Tisch und drehte den Wasserhahn auf, damit es so aussah, als wasche sie sich die Hände. Als die Tür aufflog, rutschte eines der Papiere aus der Aktenmappe und segelte zu Boden.

»Bin wohl dagegengestoßen«, sagte Nessa atemlos. »Tut mir leid.«

Detective Dirksen beobachtete, wie das Papier vor seinen Füßen landete, dann sah er Nessa an. Argwohn war ihm ins Gesicht gemeißelt.

Nessa drehte das Wasser ab und sah, mit wem der Detective draußen geredet hatte. Es war Rob Treloar.

»Oh, hallo, Detective«, sagte sie und schenkte ihm ihr strahlendstes Lächeln.

Er lächelte zurück, Dirksen dagegen starrte weiter missmutig vor sich hin.

»Hi«, sagte er. »Wie geht es Ihnen?«

»So lala«, sagte sie. »Können Sie mir eine simple Frage beantworten?«

»Ich kann es versuchen«, sagte Treloar.

»Warum will dieser Detective aus dem Morddezernat von mir wissen, ob ich eine Waffe besitze? Wurde mein Mann ermordet?«

Für eine Mikrosekunde senkte Treloar den Blick. »Wir ziehen weiterhin alle Möglichkeiten in Betracht.«

Ein Tosen erfüllte Nessas Ohren. Hatte John sich womöglich gar nicht selbst umgebracht? Hatte jemand anderes ihn getötet?

Sie räusperte sich. »Brauchen Sie deshalb die DNA-Probe?«

Treloar nickte. »Zum Abgleich.«

»Abgleich womit?«

Dirksen sagte: »Mrs. Donati …«

»Warum beantworten Sie nicht meine Fragen?«

»Weil es eine laufende Ermittlung ist.«

Sie starrte Dirksen an, wandte sich dann Treloar zu.

»Haben Sie John gefunden?«

»Nein«, sagte er.

Dirksen warf ihm einen giftigen Blick zu.

»Kann ich gehen?«, fragte Nessa ihn.

»Natürlich«, sagte Treloar. »Nur eines noch. Hätten Sie genug Zeit, damit wir noch schnell Ihre Fingerabdrücke nehmen können?«

Alles erstarrte. Einen Moment lang schien Nessa nicht den Mund bewegen zu können. »Meine Fingerabdrücke?«

»Wir untersuchen den Truck Ihres Mannes und müssen Ihre und seine Fingerabdrücke aussortieren. Seine sind in unserer Datenbank.«

»Äh, ja«, sagte Nessa und versuchte, klar zu denken, aber

es gelang ihr nicht. Sie sah auf ihre Uhr. »Das müssen wir ein anderes Mal machen. Ich muss jetzt wirklich los. Daltrey muss …«

Ja, was?

»Er muss zu einer Geburtstagsparty, deshalb …«

»Gerade sagten Sie, es sei Zeit für seinen Mittagsschlaf«, sagte Dirksen.

Natürlich. Sie hätte sich beinahe an die Stirn geschlagen.

Sie ging zur Tür. »Ich rufe Sie an, dann vereinbaren wir einen neuen Termin. In Ordnung, Detective?«

Die beiden Polizisten wechselten einen Blick.

»Sicher«, sagte Treloar. »Melden Sie sich.«

Sie öffnete die Tür und trat hinaus, wobei sie sich schwer zusammenreißen musste, um nicht beide Mittelfinger in die Höhe zu recken, während sie den Gang hinunterging.

Denn eine brave Hausfrau tat so etwas nicht, selbst wenn sie eine Person war, für die sich die Polizei interessierte.

Aber wenn die Polizei erst ihre Fingerabdrücke besaß, würde man sich *richtig* für sie interessieren. Denn ihre Fingerabdrücke waren die einer Toten.

12. KAPITEL

Ehe Daltrey ins Bett musste, las sie ihm fünf Kinderbücher vor, dann half sie ihm beim Zähneputzen und zog ihm den Schlafanzug an. Als er schließlich im Bett lag, schaute er ernst zu ihr auf und machte mit einer Hand das »Daddy«-Zeichen, in der anderen hielt er wieder das rote Spielzeugauto.

Was sollte sie ihm denn erzählen? Etwa: *Dein Vater hat Crack mehr geliebt als dich. Er war bereit, alles aufzugeben, um seine Drogen nehmen zu können, und sie haben ihn getötet.*

Es würde noch Jahre dauern, bis Daltrey all das verstehen konnte, und die emotionalen und psychischen Folgen würde er noch Jahre, wenn nicht Jahrzehnte später spüren. Für den Moment aber war er ein stummer beinahe Vierjähriger, der schlafen musste.

»Ich habe dich lieb«, sagte sie, gab ihm einen Kuss und drückte ihn an sich; er schlang die Ärmchen um ihren Hals, und sein süßlicher Kinderduft zerrte schwer an ihrem verwundeten Herzen. Sie knipste sein Nachtlicht an und startete die CD mit den Regengeräuschen, dann zog sie die Tür zu, ließ sie aber einen Spaltbreit offen.

Sie ging nach unten ins Wohnzimmer, wo Isabeau auf der Couch lag und fernsah, die Fernbedienung in der Hand. Sie stellte den Ton ab.

Daltrey war den ganzen Tag um sie herumscharwenzelt, weswegen Nessa noch keine Gelegenheit gehabt hatte, Isabeau zu berichten, was bei der Polizei geschehen war. Sie schaltete den Fernseher ganz aus und setzte sich in den

Ohrensessel. Doch ehe sie ihre Geschichte erzählen konnte, sagte sie: »Jetzt muss ich erst mal heulen.«

Das tat sie dann auch gute anderthalb Minuten lang. Schließlich erzählte Nessa Isabeau, die ihr zwischendurch ein Glas Wasser brachte, schluchzend die Ereignisse der letzten Wochen.

»Warum hast du mir nichts von deinem Mann erzählt? Vom Crack und alldem?«

»Ich bin ein sehr zurückhaltender Mensch«, sagte Nessa.

»Das verstehe ich. Aber ich halte es für eine wichtige Information für eine Angestellte, die bei dir zu Hause arbeitet.«

Nessas Kopf dröhnte, ihre Augen brannten. Isabeau hatte recht, besonders weil die besagte Information womöglich verhindert hätte, dass Isabeau den Job überhaupt annahm. »Entschuldige«, sagte sie. »Ich habe nicht damit gerechnet, dass das Thema wichtig wird.«

»Ich dachte, du wärst einfach eine alleinerziehende Mutter oder so«, sagte Isabeau. »Marlon hat mir nichts von alldem erzählt.«

»Hätte ihm auch nicht zugestanden.«

Dass Marlon ihr Isabeau empfohlen hatte, war ein weiterer Regelbruch bei den Anonymen Alkoholikern, aber ihre Beziehung entsprach ohnehin nicht den dort gängigen Konventionen. Marlon tat, was er wollte.

»Das alles tut mir wirklich leid«, sagte Isabeau. »Traurige Geschichte. Du musst fix und fertig sein.«

»Ich weiß nicht … wie ich es … ihm …« Dann weinte sie wieder. Wie sollte sie so etwas einem stummen Dreijährigen erklären? Johns mit Abstand beste Eigenschaft war, dass er der liebevollste Vater war, den sie sich vorstellen konnte, und seine dauerhafte Abwesenheit könnte bewirken, dass Daltrey dauerhaft stumm blieb. Ihr wunderbarer Sohn, vaterlos. Aber was hatte sie sich vorgestellt? Dass sie wöchentliche Besuche eines Cracksüchtigen erlauben würde? Nie im Leben.

»Gibt es irgendwen, den ich für dich anrufen kann?«, fragte Isabeau. »Familienangehörige oder Freunde oder so? Jemanden, der herkommen und eine Weile bei dir bleiben kann?«

»Nein«, sagte Nessa.

»Was ist mit deinen Eltern?«

Nessa schüttelte den Kopf.

»Die Familie deines Mannes?«

Der Gedanke war Nessa noch gar nicht gekommen. Sie würde Johns Bruder und seiner Schwester mitteilen müssen, was geschehen war, ganz zu schweigen von seinen Eltern, die Ende des Monats vorbeikommen und Daltrey für ein paar Tage nach Kansas City mitnehmen wollten. Leider würde sie das Ganze nicht sonderlich überraschen. Sie alle hatten viel länger unter Johns Problemen gelitten als sie selbst.

»Weißt du was?«, sagte Isabeau. »Ich finde, du solltest vielleicht noch warten, ehe du ihnen irgendetwas erzählst. Wenn sie so sind wie meine Eltern, dann flippen sie wahrscheinlich aus und lassen dich nicht mehr in Ruhe. Das kannst du im Moment überhaupt nicht gebrauchen, habe ich recht?«

Nessa nickte.

»Außerdem gibt es eigentlich nichts zu erzählen, bis die Polizei den Fluss und den See abgesucht und vielleicht … *irgendetwas* … gefunden hat. Weißt du, was ich meine?«

Nessa wusste genau, was sie meinte.

Isabeau legte einen Finger an die Lippen. »Aber … was, wenn sie *nichts* finden?«, fragte sie. »Was, wenn er tot ist, man aber keine Leiche findet? Was geschieht dann?«

Sie glitt zu Boden, klappte ihr Laptop auf und bearbeitete frenetisch die Tastatur. Nessa beobachtete, wie Isabeaus Augen hin und her wanderten, während sie stirnrunzelnd las und dabei ein wenig die Lippen bewegte.

»Oh, wow«, sagte sie. »Eine Person muss sieben Jahre als vermisst gelten, ehe man sie offiziell für tot erklären lassen kann, es sei denn, man wendet sich mit einer Petition ans Gericht, was offenbar ein Riesenaufwand ist.« Sie tippte noch eine Weile und las weiter. »Hatte – hat dein Mann eine Lebensversicherung?«

»Ja«, sagte Nessa.

»Die kriegst du auch erst nach sieben Jahren ausgezahlt.«

Dann wäre Daltrey zehn, fast elf, und würde sich kaum noch an seinen Vater erinnern, wenn überhaupt.

»Oh Mann«, sagte Isabeau. »Gut, dass du dann wenigstens ordentlich Geld einsackst, was?«

Es war tatsächlich gut. Diese taktlose Bemerkung überraschte Nessa so sehr, dass ihrer Kehle ein gleichermaßen taktloses Lachen entsprang. Erschrocken schlug sie die Hand vor den Mund.

»Was die Tierärztin gestern gesagt hat, hast du mir auch noch nicht erzählt«, sagte Isabeau.

Die Tierärztin. Das schien ihr ein Menschenalter zurückzuliegen. War es erst gestern gewesen? Es kam ihr vor, als wäre sie um fünf Jahre gealtert. »Die Ärztin meinte, es wäre Frostschutzmittel gewesen. Daran sei Declan gestorben.«

Isabeau sah verwirrt aus. »Frostschutzmittel?«

»Ja. Tiere können wohl daran sterben. Es bewirkt, dass ihr …«

Isabeau war kreidebleich.

»Was ist denn?«, fragte Nessa.

»Ist Frostschutzmittel grün?«

»Ich bin mir nicht sicher«, sagte Nessa. »Vielleicht.«

Isabeau nahm ihr Smartphone, gab auf der winzigen Tastatur etwas ein und wartete. Sie starrte auf das Display, dann sank ihr Kopf auf die Couch zurück, und sie schloss die Augen.

Nessa nahm ihr das Handy aus der Hand und sah die Abbildung eines Frostschutzmittels. Grün.

»Neben dem Bootshaus fand ich eine kleine Regentonne, die mit so einer ätzend grünen Flüssigkeit gefüllt war. Ich wusste nicht, was es war, deshalb habe ich es weggekippt – ich wollte nicht, dass Daltrey damit in Berührung kommt.« Sie öffnete die Augen und hob den Kopf, dann schlug sie beide Hände vor den Mund. »Ich habe überhaupt nicht an Declan gedacht.«

Neben dem Bootshaus.

»War das vor oder nach dem Einbruch?«, fragte Nessa.

Isabeaus Blick wanderte an die Zimmerdecke, während sie überlegte. »Danach«, sagte sie tonlos.

Hatte John mit Absicht ein Frostschutzmittel hingestellt, um den Hund zu vergiften und Nessa zu bestrafen? Auf keinen Fall. John liebte den Familienhund. Andererseits hatte dieses Zeug, Crack, ihn dazu gebracht, fürchterliche Dinge zu tun. Es wäre also durchaus möglich.

Es war nach zehn, als Isabeau schließlich zu Bett ging,

und Nessa musste noch ihren täglichen Eintrag in das AA-Blog schreiben. Aber erst wollte sie sich die Schnappschüsse anschauen, die sie von den Papieren in Detective Dirksens Aktenmappe gemacht hatte. Während sie die Dateien auf ihr Laptop kopierte, brühte sie einen Tee auf und holte ihre E-Zigarette. Sie war so erschöpft, dass sie erwog, sich die Fotos erst am Morgen anzusehen, aber Furcht und Neugier waren stärker als ihre Müdigkeit.

Sie setzte sich auf die Couch, schenkte sich eine Tasse Jasmintee ein und öffnete die erste Datei.

Enttäuschung durchflutete sie, als sie sah, dass die Aufnahme der maschinengeschriebenen Seite unscharf und komplett unleserlich war. Sie klickte alle Fotos durch, kein einziges war zu gebrauchen. Aber dann gelangte sie zur ersten Aufnahme von Johns kupferfarbenem Truck.

Es war eine Seitenansicht des Fahrzeugs. Auf der nächsten Aufnahme erkannte sie nicht sofort, worum es sich handelte. Dann wurde ihr klar, dass es eine der Seitenwände der Ladefläche war. Verwundert betrachtete sie das Foto, sah es sich ganz genau an, wusste aber nicht, was daran bemerkenswert sein sollte. Die nächste Aufnahme zeigte offenbar die gegenüberliegende Seitenwand, dazu gab es einige aufgezeichnete Kreise und Pfeile und ein bisschen Gekritzel. Das nächste Foto war eine Nahaufnahme derselben Stelle, an der man nun zwei Metallbolzen und ringsherum unregelmäßige Absplitterungen erkannte, wiederum eingekreist.

Sie klickte weiter. Diesmal war die Ladefläche von oben fotografiert, und man sah einige dunkle Schlieren, die parallel zu den Bildrändern verliefen. Sie zog den Computer dicht vor ihr Gesicht. War das Schlamm?

Sie keuchte auf, bekam einen Hustenanfall und ließ das Laptop los, als stünde es unter Strom.

Das war Blut.

Blut, das mit einer DNA-Probe eines nahen Verwandten abgeglichen werden musste.

Nessa klickte zu dem Foto mit den beiden Metallbolzen zurück. Nun begriff sie, was sie da sah.

Zwei Projektile.

Neben dem Pfeil, der auf die Einschusslöcher zeigte, stand handgeschrieben *Kaliber .38*.

Deshalb hatte Detective Dirksen gefragt, ob sie eine Waffe besäße.

Montag, 13. Juni

In den folgenden Nächten tat Nessa kaum ein Auge zu, sondern zerbrach sich fortwährend den Kopf darüber, wie sie verhindern konnte, dass die Polizei ihre Fingerabdrücke nahm. Während sie sich im Bett herumwälzte, redete sie sich ein, dass die Polizei eigentlich keinen Grund hatte, ihre Fingerabdrücke im NCIC, der zentralen Datenbank des Nationalen Kriminalitätsinformationszentrums, überprüfen zu lassen. Warum sollten sie das tun? Sie versuchten doch nur, ihre und Johns Fingerabdrücke von den anderen auszusortieren, die sich womöglich am Truck fanden. Es sollte also kein Problem sein.

Doch dann dachte sie: Was, wenn sie einen ihrer Fingerabdrücke am Truck zufälligerweise doch ans NCIC schickten? Es. Wäre. Eine. Katastrophe.

Sie musste einfach hoffen, dass es am Truck keine brauchbaren Fingerabdrücke von ihr gab. Wann hatte sie eigentlich das letzte Mal in dem Wagen gesessen? Es kam ihr vor, als würde gleich ihr Kopf explodieren, so hoch war ihr Blutdruck.

Es war 7:45 Uhr, als sie schließlich entnervt aufstand, aber dann überlegte sie es sich anders, legte sich wieder hin und versuchte, noch ein bisschen zu dösen. Doch um Punkt acht ertönte der Klingelton ihres Handys. Der Anruf kam aus dem Riley County Police Department.

Sie erwog, die Mailbox anspringen zu lassen, aber dadurch verschöbe sie nur das Unausweichliche.

»Hallo?«

»Mrs. Donati? Hier Detective Rob Treloar. Wie geht es Ihnen heute?"

»Ja?« Sie war dermaßen durcheinander, dass sie nicht angemessen antworten konnte.

»Freut mich zu hören«, erwiderte er, als hätte sie »Prima« gesagt. »Ob ich wohl nachher noch einmal bei Ihnen vorbeikommen könnte? Ich hätte da noch einige Fragen an Sie.«

»Worum geht es denn?«, fragte sie atemlos.

»Darüber reden wir, wenn ich bei Ihnen bin.« Er räusperte sich. »Wäre es Ihnen recht, wenn ich in einer Stunde vorbeikomme? Passt das?«

»In Ordnung«, sagte sie. »Bis nachher.« Sie fühlte sich an Reality-TV-Sendungen erinnert, wo eine bestimmte Information erst nach der Werbepause preisgegeben wurde. Bange Furcht erfüllte sie.

Sie ging nach unten in die Küche, wo Isabeau und Daltrey

zugange waren. Ihr Sohn saß am Boden und trommelte mit Holzlöffeln auf ein paar alte Tupperware-Schüsseln. Er legte die Löffel zur Seite, schenkte ihr ein strahlendes Lächeln und streckte die Arme nach ihr aus. Sie hob ihn hoch.

»Daltrey, hast du Lust, gleich in den Park zu gehen?«, fragte Nessa.

Wieder und wieder signalisierte er »Ja« und wand sich vor Freude in ihren Armen.

»Dann geh schnell hoch und zieh deine Schuhe an.«

Er nickte und rannte zur Treppe.

»Kannst du mit ihm in den Park gehen und gegen elf zurück sein?«, fragte Nessa Isabeau.

»Klar«, sagte die. »Du kommst nicht mit?«

Nessa schenkte sich eine Tasse Kaffee ein und versuchte, unbesorgt zu klingen. »Detective Treloar kommt vorbei, um mir noch ein paar Fragen zu stellen.«

»Bist du sicher, dass ich nicht hier sein soll, nur für den Fall?«

»Für welchen Fall?«

»Du weißt schon«, sagte Isabeau. »Polizeigewalt.«

Nessa musste lächeln. »Ich glaube, die Gefahr besteht nicht. Ich finde es besser, wenn Daltrey nicht hier ist.«

»Verstehe«, sagte Isabeau.

Zehn Minuten später fuhren die beiden davon, und Nessa duschte, zog sich an und setzte sich ins Wohnzimmer.

Um neun klingelte es an der Tür, und sie rannte zur Tür, als erwarte sie einen Verehrer aus der Schulzeit, den sie nach Jahren endlich wiedersah. Sie öffnete die Tür, und vor ihr stand Detective Treloar. Er trug ein königsblaues Oberhemd, dazu eine Krawatte, deren Farbe ein schrecklicher

Fehlgriff war. Er war bestimmt unverheiratet, überlegte sie. Dann erst bemerkte sie Detective Dirksen.

»Detective Dirksen haben Sie ja bereits kennengelernt, Mrs. Donati«, sagte Treloar. Sie konnte seinen Gesichtsausdruck nicht deuten, aber er musste gewusst haben, dass Dirksen ihn begleiten würde.

Sie fühlte sich hintergangen, setzte aber ihr freundliches Gastgeberinnengesicht auf und behandelte Dirksen mit Respekt. Diesmal würde sie ihn nicht gegen sich aufbringen. Sie würde sich von ihrer besten Seite zeigen, würde charmant und kooperativ sein. Und das, obwohl sie sich ziemlich sicher war, dass sie inzwischen in einem mutmaßlichen Mordfall eine Person von besonderem polizeilichen Interesse war.

»Wie geht es Ihnen?«, fragte sie. »Kommen Sie doch rein.« Sie bedeutete den Polizisten einzutreten.

»Danke«, sagte Treloar und trat über die Schwelle. Dirksen folgte ihm, behielt sie fortwährend im Blick. Dirksen war auf Konfrontation aus. Wahrscheinlich war er das immer.

Sie wies auf die Wohnzimmercouch. »Nehmen Sie doch Platz«, sagte sie.

Treloar tat wie geheißen und knöpfte sein Sakko auf. Dirksen blieb stehen, verschränkte die Arme vor der Brust.

»Kann ich Ihnen Wasser oder Kaffee anbieten?«, fragte sie.

»Wasser wäre schön, vielen Dank«, sagte Treloar. Dirksen schüttelte den Kopf.

Augenblicklich bereute sie ihr Angebot, denn sie würde das Zimmer verlassen müssen und befürchtete, die beiden würden währenddessen in ihren Sachen stöbern, ganz so, wie sie Dirksens Aktenmappe durchstöbert hatte. Aber natürlich war das Unsinn. Sie waren Polizisten und mussten sich an Regeln halten.

Sie nahm zwei gekühlte Wasserflaschen aus dem Kühlschrank und kehrte ins Wohnzimmer zurück, gab Treloar eine der Flaschen und setzte sich mit der anderen in den Ohrensessel. Das tat sie, um Dirksen, der im breiten Türdurchgang stand, im Blick zu behalten.

»Sieht aus, als würden Sie da draußen Hopfen anbauen«, sagte Treloar und deutete aus dem Fenster.

»Ja, das tun wir«, sagte sie. »*Haben* wir.« Sie schluckte, versuchte, die Tränen zurückzuhalten. »Wir hatten vor, den Hopfen an örtliche Brauereien zu verkaufen.«

»Wow«, sagte er. »Wie kamen Sie auf die Idee?«

»Nun, John suchte nach einer kleinen Nutzpflanze, mit der sich gutes Geld verdienen lässt, und Marihuana und Mohn kamen nicht infrage … Wir dachten, wir könnten die Nebengebäude als Lagerhäuser nutzen, zum Abpacken und Versenden und so. Für das Projekt war John zuständig.«

»Ich habe Ihre Radiosendung von neulich aufgenommen.«

Sie spürte, dass sie errötete. »Ach, wirklich?«, fragte sie und versuchte, nicht zu Dirksen hinüberzuschauen. Sie fragte sich, ob Treloar die Sendung in der Nacht meinte, als sie Otto kennengelernt hatte. Sie hoffte es.

»War echt interessant«, sagte Treloar.

Nessa nahm an, was hier lief, war das Spiel guter Bulle/böser Bulle. Treloar war umgänglich und sympathisch, während Dirksen sie gleich anbrüllen und ihr ein grelles Licht ins Gesicht halten würde. Sie spürte, wie sich in ihrer Brust die Anspannung aufbaute.

»Wir haben den Namen Ihres Mannes durch NCIC und KCIC gejagt. Im NCIC erzielten wir einen Treffer. Ihr Mann wurde mal in Denver verhaftet, nicht wahr?«

»Ja«, sagte sie, und ihre Wangen glühten nun förmlich.

»Exhibitionismus, Ruhestörung, grober Unfug, Drogenbesitz. Ist das richtig?«

»Ja.«

»Kannten Sie ihn da schon?«

»Ja.«

»Ihren Namen haben wir auch in die Datenbank eingegeben«, überraschte Dirksen sie.

Nessa hielt den Atem an und sah Punkte vor Augen.

»Blitzsauber«, sagte Treloar.

Sie ließ den Atem langsam ausströmen.

Nun war wieder Dirksen an der Reihe. »Der Grund, warum wir hier sind ...«

»Entschuldigung«, sagte Nessa. »Ehe Sie loslegen, habe ich eine Bitte. Es gibt etwas, das Sie für mich überprüfen könnten. Ich habe es Ihnen noch nicht erzählt, aber im Internet belästigt mich jemand aufs Übelste, ein bösartiger Troll. Ich glaube, es ist jemand, den ich seinerzeit in Kalifornien kannte. Er kam vor einer Weile auf Bewährung aus dem Gefängnis.« Sie schilderte den beiden, was sich online zugetragen hatte. Dirksen wirkte gelangweilt, Treloar hingegen hörte ihr aufmerksam zu.

»Warum glauben Sie, dass er der Troll ist?«, fragte Treloar. Er zog sein kleines Notizbuch heraus und kritzelte ein paar Sachen hinein.

Sie schluckte. »Vor acht Jahren hat dieser Kerl in Kalifornien eine Freundin von mir vergewaltigt. Ich habe vor Gericht gegen ihn ausgesagt. Könnte sein, dass er es mir heimzahlen will.«

Dirksen und Treloar sahen einander an.

»Er heißt Nathan Zimmer.« Den Namen laut auszusprechen hinterließ einen bitteren Geschmack in ihrem Mund.

Dirksen sagte: »Ich glaube nicht, dass …«

»Es geht nicht nur um Belästigung im Internet«, unterbrach sie ihn. »Jemand hat meinen Hund mit Frostschutzmittel vergiftet. Ich habe Angst, dass Zimmer in der Gegend ist und persönlich gegen mich aktiv wird.«

»Ich werde mich darum kümmern«, sagte Treloar.

»Danke. Ich weiß das wirklich zu schätzen.«

Wieder sahen Treloar und Dirksen einander an.

»Reden wir über Ihren Mann«, sagte Treloar. »Hatte er Feinde? Gibt es Leute, die wütend auf ihn sind?«

»Nun, Sie wissen doch, wie es in der Drogenszene zugeht – jeder ist auf jeden wütend, und zwar andauernd. Ich meine, es ist möglich, dass er irgendeinen Dealer gegen sich aufgebracht hat, aber …«

»Dann kennen Sie sich also gut aus in der Drogenszene, ja, Mrs. Donati?«, fragte Dirksen.

Ihre rechte Hand fasste automatisch in die linke Armbeuge, und sobald sie merkte, was sie tat, ließ sie die Arme herunterhängen. »Wenn der eigene Ehemann drogensüchtig ist, bekommt man zwangsläufig ein paar Sachen mit.« Sie hielt seinem Blick stand, bis ihre Augen zu tränen begannen. Aber sie sah seiner Miene an, dass er ihre Erklärung nicht für die ganze Wahrheit hielt.

»Dann lassen Sie uns das Gespräch von neulich fortführen«, sagte Detective Dirksen. »Besitzen Sie eine Waffe?«

Diesmal war sie gewappnet und antwortete lässig: »Ja.«

»Dürften wir einen Blick darauf werfen? Vielleicht sogar eine ballistische Untersuchung durchführen?«

Warum nicht? Sie hatte nichts zu verbergen. Sie ging nach oben, holte die Pistole und dazu auch gleich den Waffenschein.

»Seit wann besitzen Sie die?«, fragte Dirksen.

»Seit knapp einem Monat«, sagte sie. »Ich habe nie damit geschossen. Ich hatte das Gefühl, mich schützen zu müssen, seit mein Mann durchgedreht ist.«

»Darf ich?«, fragte er.

Sie reichte ihm die Waffe mit dem Knauf nach vorne.

Er nahm sie, sah hinein, zog das Magazin heraus und entleerte es.

»In das Magazin passen acht Patronen, richtig?«

»Keine Ahnung«, sagte sie, aber dann begriff sie, warum er gefragt hatte.

Sie zählte fünf Kugeln. Ihre Haut fühlte sich eiskalt und blutleer an. Warum hatte sie nicht daran gedacht, die Pistole zu überprüfen, nachdem sie die Fotos aus der Polizeiakte gesehen hatte? Verdammt.

Dirksen lächelte selbstgefällig und zufrieden. »Können Sie mir das erklären?«

Sie öffnete den Mund, aber es kam nichts heraus.

»Mrs. Donati«, sagte Dirksen. »Warum fehlen drei Patronen?«

Sie räusperte sich. »Vermutlich fehlten sie schon, als ich die Pistole gekauft habe.«

»Äußerst, wirklich äußerst unwahrscheinlich«, sagte der Detective. »Haben wir noch immer Ihr Einverständnis für eine ballistische Untersuchung? Oder sollen wir uns eine richterliche Anordnung besorgen?«

Sie konnte nicht antworten.

»Mrs. Donati?«

Da wusste sie es. Die Patronen in der Ladefläche des Trucks waren aus dieser Pistole abgefeuert worden.

13. KAPITEL

Sie steckten ihre Pistole und das Magazin mit den fehlenden Patronen in einen durchsichtigen Plastikbeutel, während Nessa zusah und schwitzte wie Nixon bei seiner Rücktrittsrede.

»Danke, Mrs. Donati«, sagte Dirksen. »Wie Sie sicher wissen, werden wir uns bald melden.«

Treloar schüttelte ihr die feuchte Hand. »Entschuldigung wegen der Störung. Rufen Sie mich an, wenn Sie Fragen haben. Nach der Untersuchung kriegen Sie die Waffe zurück.«

»Vielleicht«, sagte Dirksen und bedachte sie mit einem Piranha-Lächeln.

Treloar verzog das Gesicht, schwieg aber.

»Wir benötigen noch Ihre Fingerabdrücke«, sagte Dirksen.

Sie verließen das Haus, stiegen in ihren Wagen und fuhren davon.

Nessa ging wieder nach drinnen und setzte sich auf die Couch. Wie konnte sie verhindern, dass die Polizei ihre Fingerabdrücke nahm? Sollte sie sie zwingen, sich eine gerichtliche Anordnung zu besorgen? Oder sollte sie sich lieber gleich einen Anwalt nehmen?

Ein Blick auf das Telefon verriet ihr, dass sie bis zu Isabeaus und Daltreys Rückkehr noch fünfunddreißig Minuten Zeit hatte.

O Mann, was gäbe sie für einen …

Alte, gefährliche Emotionen brodelten in ihr. Wenn sie nicht nachgab, wenn sie nicht zuließ, dass die Emotionen zu realen Handlungen führten, konnte sie sie in Schach halten, sie niederringen.

Einen Schuss.

Der Gedanke brach an die Oberfläche ihres Bewusstseins durch.

Nur noch dieses eine Mal. Aber es gab nicht nur dieses eine Mal. Das musste sie sich immer wieder ins Gedächtnis rufen.

Sie musste an etwas anderes denken, an Musik, an lauten, krachenden Rock, zu dem sie tanzen konnte. Das war ihre Rettung. Sie nahm ihr Telefon und ging die Liste durch, bis sie zu einem passenden Song gelangte. Grateful Deads »Good Lovin'« vom 78er-Album *Shakedown Street.* (Von allen Dead-Alben hatte es zwar die miesesten Kritiken erhalten, aber scheiß drauf.) Sie schloss das Telefon an die Lautsprecher an und riss die Lautstärke auf.

Erleichterung durchströmte sie. Nessa tanzte, als wäre sie bei einem Dead-Konzert in den Siebzigern. Bob Weirs mitreißender Stimme zu lauschen, ließ sie wie ein Derwisch durch das verlassene Wohnzimmer wirbeln. Am Ende des Songs warf sie sich auf die Couch und hörte sich den Rest des Albums bei etwas gemäßigterer Lautstärke an.

Mehr Tee. Dazu die E-Zigarette. Wird schon gehen.

Sie stand auf und tigerte vor ihrem Laptop auf und ab, tat, als würde sie rauchen, versuchte, zu Sinnen zu kommen.

John. Was hast du uns angetan?

Er hatte die Hässlichkeit in ihr Zuhause gebracht – diese schmutzige Welt, der sie entflohen waren – oder der sie entflohen zu sein geglaubt hatten. Seine schiere Abwesenheit, die Leere, die er hinterlassen hatte, war erfüllt von Crack-Staub.

Sie holte das Buch *101 Klischees Anonymer Alkoholiker: Leitsprüche, die Neulinge hassen und Veteranen lieben.* Obwohl sie technisch betrachtet eine Veteranin war, hasste sie die Sprüche immer noch, aber sie hatten ihr mehr als einmal geholfen, in der Spur zu bleiben. Sie wollte nicht schon wieder Marlon belästigen, auch wenn er immer sagte, sie könne ihn jederzeit anrufen, wenn die Kacke am Dampfen war. Sie schlug das Buch auf einer beliebigen Seite auf, so wie immer, als ziehe sie das *I Ging* zurate.

Wir haben eine Krankheit, die uns sagt, wir hätten keine Krankheit.

Wir. Es gab kein »wir«. Sie war allein. Allein im Universum. Es gab niemanden, der sie beschützte, niemanden, der ihr half, Daltrey zu beschützen. Ab und zu ging sie zu den AA-Treffen, sagte aber nie etwas. Sie pflegte keinen Umgang mit den anderen Freaks. Sie ging hin, weil Marlon es ihr nahelegte. Wenn sie einander am Ende eines Treffens bei den Händen nahmen und im Kreis das Gelassenheitsgebet aufsagten, sah sie niemandem in die Augen.

Sie las noch einen Spruch. Verdammt.

Wir sind nur so krank wie unsere Geheimnisse.

Motten umschwirrten die Lampe über dem Eingang des Senders, als Nessa den Schlüssel ins Schloss schob und umdrehte. Otto war schon da, saß am Empfang vor dem Rechner. Ohne aufzuschauen, schob er ihr einen Stapel Briefe zu.

»Deine Post«, sagte er.

»Danke«, sagte sie. Auf der Altair-Website war ein Postfach in L. A. gelistet, an das Fans ihr Briefe schicken konnten. Bei Altair sammelte man die Post und schickte sie einmal in der Woche an KCMA. Es erstaunte Nessa, dass Leute tatsächlich etwas auf Papier niederschrieben, es in einen Umschlag steckten, ihn adressierten, eine Briefmarke aufklebten und den Umschlag in einen Briefkasten warfen. Aber der Stapel lag vor ihr, er umfasste etwa zwanzig Briefe. Einige Leute bevorzugten eben die altmodische Art, und das konnte sie respektieren.

»Schalten wir doch das Licht ein«, sagte Nessa. So hatte sie es lieber. Otto saß immer im Dunkeln, nur im Lichtschein des Monitors.

Sie schaltete die Deckenbeleuchtung ein, und er zuckte zusammen wie ein Maulwurf.

»Woran arbeitest du?«, fragte Nessa.

»An einem Drehbuch«, sagte er.

Diese Woche. Letzte Woche war es ein Gedichtband gewesen. In der Woche davor ein Web-Comic. Sie musste es ihm lassen, er erschuf ständig etwas Neues. Außer das Ganze war Show. Aber wer würde so etwas tun? Etwas zu tun vorzugeben, nur um sie zu beeindrucken?

Sie zog einen Stuhl heran, öffnete ihr iPad, nahm einen Brieföffner und schlitzte die Umschläge auf.

Liebe Nessa, begann die erste Nachricht, *finde deine Sendung klasse. Aber wäre es wirklich so schlimm für dich, mal ein paar Sachen von den Beatles zu spielen?*

Briefe wie diesen erhielt sie jede Woche. Sie wedelte damit in Ottos Richtung. »Warum kapieren die Leute nicht, dass es von den Beatles keine Geheimtipps *gibt*? Das Zeug wurde im Radio jahrzehntelang rauf und runter gespielt und analysiert wie der Zapruder-Film. Kriegen die Leute das nicht in den Kopf?«

Die Feindseligkeit zwischen ihr und Otto hatte sich etwas gelegt, dennoch waren sie weit davon entfernt, sich anzufreunden. Aber manchmal musste sie eben mit jemandem reden.

Otto hob kurz einen Finger, dann tippte er weiter. Sie sah nicht, was er schrieb, vermutete aber, dass er nur irgendwelche Tasten drückte, um beschäftigt auszusehen.

»Vielleicht verarschen die dich nur«, sagte er. »Weiß doch jeder, dass du die Beatles hasst.«

»Ich hasse die Beatles nicht«, entgegnete sie. »Ich habe nur gesagt, dass sie keine Rockband waren. Sie waren eine Popband. Das ist alles. Sie sind die am meisten gespielte Band der Geschichte, was allerdings nichts bedeutet, denn praktisch jede Band aus den Sechzigern und Siebzigern wurde im Radio bis zum Erbrechen durchgenudelt.«

»Wissen wir doch alles. Darauf beruht deine Masche. Das ist der einzige Grund, warum du diese Sendung bekommen hast.« Er schob seine Brille hoch und sah sie ausdruckslos an.

»Nicht nur deswegen«, sagte Nessa beleidigt. »Zufällig besitze ich auch ein fundiertes Wissen über …«

»Bla, bla, bla … ich habe keine Lust, immer wieder aufs Neue das gleiche Gespräch zu führen. Ist todlangweilig.«

Sie war nur vier Jahre älter als er, aber zwischen ihnen lag eine breite Kluft. Sie kam sich wie ein Fossil vor, wenn sie Dinge sagte wie »Zu meiner Zeit …« Aber sie musste sich ins Gedächtnis rufen, dass er ein Neidhammel war, ein

Jungchen, dessen Eltern für sein College aufgekommen waren. Nessa hatte alles allein stemmen müssen, ohne Unterstützung. Aber das hatte sie ihm bereits erzählt. Es ein zweites Mal zu erwähnen, klänge, als kümmerte es sie, was er dachte.

Sie schlitzte den nächsten Brief auf, und ein Foto fiel heraus, darauf ein Typ in einer knappen Badehose. Sie warf den Brief samt Foto augenblicklich weg, ungelesen, denn sie wusste, was darin stand. Immer wenn ein Foto beilag, handelte es sich um einen Heiratsantrag.

Der nächste Umschlag enthielt ein handgeschriebenes Anschreiben. *Liebe Nessa,* begann es. Unknown Legends *ist die beste Sendung, die ich je gehört habe. Ich frage mich, ob du etwas von einer australischen Band namens Saturday Night Club auftreiben kannst. Die haben in den Siebzigern mächtig für Furore gesorgt.*

Sie gab den Bandnamen in ihr iPad ein und durchsuchte ihre Musikdateien. Da war es schon. Sie wählte den Song »Burns« aus, und nachher würde sie, wenn der Song losging, den Namen des Briefschreibers ins Mikro erwähnen.

Der nächste Brief war voller glühender Komplimente, und beigelegt war ein USB-Stick mit der Bitte, die Band des Schreibers in ihrer Sendung zu spielen. Sie machte eine Notiz im iPad, als Erinnerung, sich die Musik anzuhören und dann zu entscheiden, ob sie den Wunsch erfüllen würde. Sie hatte nichts dagegen, gute Musik zu promoten, aber wenn man ihr Geld oder Geschenke schickte, sandte sie diese prompt zurück, samt der erbauenden informativen Kurz-Bio von Alan Freed auf history-of-rock.com: »›Payola‹ ist ein Schmelzwort aus den Begriffen *pay* und *Victrola* (Schallplattenspieler); es gelangte über das Musikbusiness in die englische Sprache. Die erste Gerichtsverhandlung, bei der es um Payola ging, gab es 1960. Am neunten Mai wurde Alan Freed verurteilt, weil er 2500 Dollar angenommen hatte, die nach seinen Worten ein Geste der Dankbarkeit gewesen waren und nicht den Inhalt seiner Radioshow beeinflusst hätten.«

Nessa sah auf die große Wanduhr. Halb zwölf. Sie holte eine Flasche Wasser aus dem Kühlschrank im Pausenraum, klaubte die restliche Post auf und ging ins Studio. Gestank schlug ihr entgegen, als sie den Raum betrat – Männerschweiß. Sie seufzte. Das konnte nur Dale gewesen sein. Immer wenn er eine Schicht machte, stank hinterher der Studiosessel.

Otto lachte. »Ich nehme ihn«, sagte er. »Ich bin nicht so empfindlich wie du.«

Sie tauschten die Sessel.

»Warum tut niemand was dagegen?«, sagte sie.

»Der Sendeleiter ist so ein Obernetter, der niemanden verletzen möchte«, sagte Otto. »Wahrscheinlich hat er alle zusammengeholt und gesagt: ›Lasst uns nicht vergessen zu duschen, ehe wir herkommen.‹ Aber jeder weiß, dass Dale der Stinker ist.«

»Warum sagt dann der Programmdirektor nichts?«

»Der ist auch ein Feigling.«

»Weißt du was?«, sagte sie. »Ich kaufe mir meinen eigenen Stuhl und schleppe ihn jede Woche hier an.«

»Oder du machst die Sendung im Stehen«, sagte Otto.

Achselzuckend setzte sie sich auf den nicht kontaminierten Drehsessel. Otto schaltete das Mischpult ein, machte einen Soundcheck und vergewisserte sich, dass alle Geräte wie gewünscht liefen.

Nessa trank einen Schluck und nahm das iPad, um die Musikwünsche zu öffnen. Aber es plingte und meldete eine Nachricht. Sie schaute zu Otto – der Produzent schickte ihr während der Sendung öfter mal eine SMS, wenn es etwas Wichtiges mitzuteilen gab. Aber Otto war es nicht, er hantierte nicht mit seinem Telefon herum, sondern mit den Mischpultreglern. Außerdem hatte der Anrufer eine 800er-Nummer.

Auf dem Display erschien ein Bild. Im ersten Moment begriff sie nicht, was sie sah. Ein extrem körniges, herangezoomtes Foto. Sie schob es mit den Fingern zur Mitte hin zusammen, und die Aufnahme wurde klar. Erschrocken sog sie die Luft ein und musste husten, konnte aber nicht den Blick von dem Foto lösen.

»Alles in Ordnung?«, fragte Otto. »In zwei Minuten bist du auf Sendung.«

Nessa bekam keine Luft. Mit brennenden Augen starrte sie auf das Foto. Es war Daltreys Gesicht.

Seine Augen waren jeweils mit einem schwarzen X durchgekreuzt. Darunter stand *Er wird sterben.*

»Was zum Teufel ist los mit dir, Ness?«, fragte Otto. »Noch eine Minute. Mach dich bereit.«

Nessa beobachtete, wie der Sekundenzeiger erbarmungslos auf die Zwölf zuraste, scheinbar schneller als sonst. Sie atmete tief ein und hielt die Luft an, sah Sterne, versuchte, sich zu konzentrieren.

Das Foto stammte nicht aus ihrer Sammlung. Daltrey trug seine gestreifte kurze Hose und ein weißes T-Shirt. Das Foto stammte vom Vortag, auf dem Supermarktparkplatz mit einem Teleobjektiv aus großer Entfernung aufgenommen.

Nessa atmete langsam aus, versuchte, den Kopf freizubekommen. Sie setzte den Kopfhörer auf und schob das Mikrofon zurecht.

Otto zählte die Sekunden herunter, echte Sorge und Neugier im Blick. »Fünf, vier.« Die letzten drei Sekunden zeigte er nur noch mit den Fingern an.

Ihre Titelmelodie erklang, dazu die übliche Ankündigung.

»Es ist Montag, Schlag Mitternacht, was bedeutet, es ist Zeit für Unknown Legends. *Die Radioshow mit den kultigsten Geheimtipps, die ihr nur hier zu hören bekommt.«*

Otto deutete auf sie, und sie sprach ins Mikro. »Hallo allerseits …«

Sie bekam das Bild nicht aus dem Kopf. Nur dass in ihrer Version davon Daltrey bereits tot war.

»Ich habe einen Brief bekommen von –« Sie schaute auf den Monitor über dem Mischpult –»Chuck. Er möchte etwas von Saturday Night Club hören, einer Band, die Ende der Siebziger in jedem australischen Kaff spielte. Hier kommt ›Burns‹.«

Nessa drückte auf den Mikrofonknopf und nahm den Kopfhörer ab.

»Was ist denn los, Ness?«, fragte Otto.

»Tut mir leid«, sagte sie.

»Was ist denn passiert?«

Nessas Stimme bebte. »Ich habe wohl zum ersten Mal richtig Lampenfieber«, sagte sie. Sie schob das iPad in die Schutzhülle und drückte es an ihre Brust.

»Bist du krank oder so?«

Doch sie wusste, dass er mitbekommen hatte, dass etwas auf ihrem iPad sie so durcheinandergebracht hatte.

»Schon gut«, sagte sie. »Alles in Ordnung.«

»Möchtest du mir irgendwas erzählen?«

»*Ausgerechnet dir?* Vergiss es.« Herablassend zu sein beruhigte sie ein wenig. Ein Blick auf die Zeitanzeige über dem Mischpult verriet ihr, dass ihr noch zwei Minuten und zwölf Sekunden blieben. Sie würde die Reihenfolge ändern und Otto einen Song spielen lassen, den sie für Notfälle wie diesen reserviert hatte: »Starless« von King Crimsons 74er-Album *Red*, zwölf Minuten und sechzehn Sekunden.

»Zieh Song drei-fünfundsechzig hoch«, sagte sie.

»Steht nicht auf der Liste«, sagte er. »Du kannst doch nicht einfach die …«

»Zieh ihn hoch!«, blaffte sie. »Ich brauche ein bisschen Zeit. Willst du mir weismachen, dass du dich nicht traust? Du faselst doch immer davon, die Regeln zu brechen und gegen den Strom zu schwimmen und das System auszuhebeln. Dann beweise es jetzt.«

»Aye, aye, du PMS-Zicke.«

Während sie aus dem Studio ging, drückte sie auf eine Taste ihres iPhones und hörte den vertrauten Signalton. »Timer auf elf Minuten setzen.«

»Verstanden«, sagte Siri. »Setze Timer auf elf Minuten.«

Nessa ging auf die Toilette und verriegelte die Tür. Sie öffnete das iPad und sah sich noch einmal das Foto an. Dann zog sie das Telefon aus der Tasche und rief Isabeau an. Es klingelte und klingelte. Nach dem fünften Mal hielt Nessa es nicht mehr aus vor Angst.

»Hallo?«, meldete sich Isabeau mit schläfriger Stimme.

»Warum dauert es so lange, bis du rangehst?«

»Was?«, fragte Isabeau. »Wie spät ist es denn?«

»Wo ist Daltrey?«

»Er schläft natürlich«, sagte Isabeau gähnend.

»Geh sofort in sein Zimmer und sieh nach.«

»Was?«

»Jetzt mach schon!«

»Was ist denn los?«

»Mach einfach!«, rief Nessa so laut, dass sich ihre Stimme überschlug.

»Ist ja gut!«

Nessa starrte auf die Zeitanzeige ihres Handys; die Sekunden verstrichen im Schneckentempo und gleichzeitig mit Lichtgeschwindigkeit. Sie hielt es kaum aus vor Angst.

»Alles klar. Er schläft. Wie ich gesagt habe.«

»Atmet er?«

»Natürlich atmet er! Was ist denn los, Herrgott noch mal?«

»Du musst die Polizei anrufen.« Dann schilderte sie ihr, was geschehen war.

»Mach sofort einen Screenshot davon, Nessa.«

»Warum?«

Doch noch während das Wort aus ihrem Mund kam, verpixelte das Foto bereits und löste sich auf.

»Was geschieht hier? Es verblasst und …«

»Drücke gleichzeitig den Einschaltknopf und die Home-Taste«, sagte Isabeau.

Nessa legte das Telefon zur Seite und fummelte am iPad herum, doch es entglitt ihren schweißnassen Händen und fiel zu Boden. Während sie sich danach bückte, verschwand das Foto gänzlich vom Display und ein Logo erschien: TempHoto.

Nessa schrie frustriert auf.

Sie hörte ein Klopfen. »Nessa?«

»Augenblick«, rief sie.

»Alles in Ordnung?«, rief Otto zurück. »Es klingt, als würdest du da drin eine Szene von *Saw* filmen.«

Sie schaute auf ihr Handy. Noch sechs Minuten, bis sie wieder im Studio sein musste.

»Gib mir noch einen Augenblick, verdammt noch mal!« Dann sprach sie mit gesenkter Stimme ins Handy. »Isabeau, ich möchte, dass du runtergehst und nachsiehst, ob alle Türen und Fenster verschlossen sind.«

»Mach ich«, sagte Isabeau, die nun vollkommen wach, aber nicht ängstlich klang. »Aber hier ist alles in Ordnung.«

»Ich will, dass du die Polizei holst. Sie sollen mit einem Streifenwagen das Grundstück und den ganzen Wald absuchen. Erklär ihnen, was passiert ist.«

»Gut«, sagte Isabeau, allerdings nicht mit dem gewohnten Enthusiasmus.

»Ruf zurück, sobald du fertig bist.«

Sie legte auf und wartete, starrte auf das Handy. Reagierte sie zu heftig? Gut möglich, doch es war ihr egal. Es dauerte ein paar Minuten, bis »Jeep's Blues« erklang.

»Sie sind unterwegs«, sagte Isabeau und gähnte nun wieder. »Sie meinten, wenn du das Foto nicht gespeichert hast, können sie nicht viel tun. Diese temporären Foto-Apps kann man praktisch nicht zurückverfolgen.«

Nessa seufzte frustriert. »Okay. Danke, Isabeau. Ich muss los. Ich bin um Viertel nach vier zu Hause.«

»Bis dann«, sagte Isabeau und legte auf.

Nessa kehrte ins Studio zurück, ihr blieben noch zwei Minuten. Otto schaute nicht auf, offenbar war er angefressen, weil sie seine Besorgnis ignoriert hatte.

»Tut mir leid, Otto«, sagte sie. »Ich hatte auf dem Klo eine kleine Panikattacke.«

Nun schaute er doch auf und sagte: »Schön. Was auch immer«, sagte er. Seine Körpersprache wurde noch abweisender und gekränkter.

»Jetzt hab dich nicht so«, sagte sie. »Sei keine beleidigte Leberwurst.«

Er schüttelte den Kopf, den Blick fest auf das gerichtet, was immer er gerade las.

Nach King Crimson kehrte Nessa zur ursprünglichen Songliste zurück.

»He, Otto«, sagte sie.

»Was?«, sagte er, den Kopf gesenkt; er tat so, als läse er.

»Kennst du dich mit diesen temporären Foto-Apps aus? Du weißt schon, die, mit denen man Fotos verschickt, die sich nach einigen Minuten automatisch löschen.«

Er schaute interessiert auf. »Willst du jemandem ein Bild von deinen Möpsen schicken, oder wie?«

»Quatsch«, sagte sie.

»Warum fragst du dann?«

Sie seufzte. »Schon gut.«

»Okay«, sagte er. »Hat es etwas damit zu tun, was gerade geschehen ist?«

Sie nickte.

»Wirst du von jemandem … belästigt?«

Wieder nickte sie. Er starrte sie einen Moment lang an, dann sagte er: »Gut.«

14. 6.

Hi, ich bin Nessa, und ich bin Alkoholikerin. Ich bin seit sechs Jahren, vier Monaten und sechsundzwanzig Tagen trocken.

Eigentlich kann ich es mit dem Schlafen gleich ganz bleiben lassen. Das Riley County Police Department hält mich bestimmt für ein kleines Mädchen, das Angst vor dem bösen Wolf hat. Natürlich haben die Männer, die sie zum Haus schickten, nichts und niemanden gefunden. Arme Isabeau.

Ich sprach mit dem Streifenbeamten, und er bestätigte mir, was Isabeau gesagt hat – ohne eine Kopie des Fotos können sie nichts tun.

Ich darf gar nicht daran denken, wie das Leben ohne meinen kleinen Sohn wäre. Der bloße Gedanke würde mich wahnsinnig machen, und er braucht eine Mutter, die bei klarem Verstand ist.

Ich habe gelesen, dass ein Kind zu verlieren das Schlimmste ist, was einem Menschen passieren kann. Meine Mutter weiß, wie das ist, und es tut mir leid für sie. Aber mein Tod hat ihr geholfen, Brandons ständige Krankenhausaufenthalte zu bezahlen.

Konnte man alles in der L. A. Times *nachlesen.*

Manche Leute sagen, sie wären gern bei ihrer eigenen Beerdigung dabei, um zu sehen, wer ihre wahren Freunde sind. Meinen eigenen Nachruf in der Zeitung zu sehen, war etwas völlig anderes. Die jämmerlichen Umstände meines »Todes« ereignen sich jeden Tag in allen Großstädten rund um die Welt. Es kümmert niemanden.

Ich sah voraus, dass meine Mutter aus meinem Tod Kapital schlagen würde, und zwar nicht zu knapp. Dafür muss ich sie bewundern. Hätte sie nicht wieder die Runde durch die Talkshows gemacht, um darüber zu reden, wie es ist, ein Kind zu verlieren, und vor den Gefahren der Drogen zu warnen, hätte unsere kümmerliche Krankenversicherung Brandon mit Sicherheit ins Grab gebracht. Außerdem erlangte Mom dadurch einen Status als C-Promi und ergatterte einige Nebenrollen im Fernsehen und in B-Movies.

Ich habe sie aber seit einer ganzen Weile in keiner neuen Rolle mehr gesehen, und die Strahlentherapie, die Brandon wegen seiner regelmäßig wiederkehrenden Lungenentzündung erhält, ist nicht billig. Ich habe schon überlegt, ob ich ihm heimlich ein bisschen Geld schicken soll, aber er würde es ihr geben, und sie würde es nur in unnütze Gesichtsbehandlungen investieren, um sich für eventuelle Fernsehauftritte ihre Schönheit zu bewahren.

Sie muss mittlerweile ziemlich verzweifelt sein.

14. KAPITEL

Donnerstag, 16. Juni

Gnädigerweise verliefen die nächsten zweieinhalb Tage ereignislos, doch ihr Nacken war so verspannt, dass sie kaum den Kopf wenden konnte. Es gab keine neuen Kommentare von DeadJohnDonati, keine neuen Websites, keine Rückzüge ihrer Sponsoren. Letzte Nacht hatte Nessa sogar einigermaßen gut geschlafen. Heute aber, am Donnerstag, hatte das Schweigen eine beunruhigende Wirkung auf sie, sie wurde nervös und bekam Angst. Der Troll war noch nicht fertig mit ihr, sie war sich ganz sicher, spürte es in den Eingeweiden.

Abends um elf rief Otto an. »Hey«, sagte er. »Ich werde mich nachher verspäten. Ich war den ganzen Tag auf einer Anti-Atomkraft-Demo in Kansas City, und jetzt springt mein Auto nicht mal mit Starthilfe an.«

»Wie spät wird es denn, was meinst du?«, fragte Nessa, verärgert, weil er so kurz vor der Sendung anrief und weil er seine Zeit mit willkürlichen Gutmenschen-Aktionen verplemperte.

Er seufzte. »Ich hoffe, um drei.«

»Um drei? Warum kommst du dann überhaupt noch? Ich rufe Kevin an und frage ihn, ob er für dich einspringen kann und …«

»Nein, nein«, sagte Otto. »Ich habe ein schlechtes Gewissen, weil ich dich hängen lasse. Ich rufe ihn an. Ich kaufe ihm ein Sixpack oder so, wenn er für mich einspringt. Falls er absagt, rufe ich noch mal zurück. Aber du hast ja gesehen, was ich bei der Arbeit tue. Zur Not kriegst du das auch allein hin. Kein Problem.«

»Wow«, meinte Nessa. »Das war vermutlich das Netteste, was du je zu mir gesagt hast.«

Es war eine sternen- und mondlose Nacht. Als sie auf das Gebäude zuging, bedeckte eine dichte Wolkendecke den Himmel, von Westen wehte ein heißer Wind. Otto hatte Wort gehalten und zurückgerufen, um sie zu informieren, dass Kevin nicht einspringen könne, außerdem hatte er ihr noch einmal versichert, sie würde auch allein klarkommen.

Sie war sich da nicht so sicher.

Drinnen schloss sie die Außentür des verglasten Vorraums ab, dann die Innentür. In finsteren Nächten wie dieser verursachte die Deckenbeleuchtung Doppel- und Dreifachspiegelungen im Glas, die sich übereinanderschoben und seltsame Lichtreflexe erzeugten, sodass es ihr vorkam, als sähe sie Gespenster – und zwar keine freundlichen. Bis vor Kurzem hätte es sie nicht beunruhigt, ganz allein hier zu sein. Nun aber spürte sie ein beklemmendes Druckgefühl in der Brust, und ihre Hände zitterten unentwegt.

Da Otto nicht hier war, um sie zu nerven, malte sie sich aus, wie es wohl wäre, wenn man sie tatsächlich wegen Mordes an ihrem Beinahe-Exmann verurteilte. Wer würde Daltrey aufziehen? Natürlich Linda und Tony, Johns Eltern; sie wären zur Stelle und würden Daltrey zu sich nehmen.

Der Gedanke ließ sie frösteln. Sicher, durch die Erziehung der beiden war John nicht bipolar geworden. Das hatte biologische Ursachen. Aber obwohl sie mit ihren Schwiegereltern ganz gut auskam, lähmte sie die Vorstellung, dass die beiden Daltrey in der gleichen Weise erziehen würden wie damals John.

Um drei war Otto immer noch nicht da, und sie begann, sich Sorgen um ihn zu machen. Sie rief viermal auf seinem Handy an, und jedes Mal meldete sich sofort die Mailbox. Sie hoffte inständig, dass es ihm gut ging.

Nessa hatte bis in die Haarspitzen Koffein im Blut, und ihr Schädel fühlte sich an wie ausgehöhlt, und sie halluzinierte, bildete sich ein, düstere grauenvolle Geschöpfe aus den Tiefen ihres Unterbewusstseins aufsteigen zu sehen. Sie musste aufhören, sich andauernd mit ihren Ängsten zu beschäftigen, sich krankhaft hineinzusteigern. Schluss damit.

Sie beschloss, die gewiefte Musikexpertin zu geben.

»Hier ist Nessa, du bist auf Sendung«, sagte sie, als sie den ersten Höreranruf entgegennahm.

»Ich habe eine Quizfrage«, sagte eine Frauenstimme.

»Na los«, sagte Nessa, drehte sich im Studiosessel und schaute zur Wanduhr hoch, deren Minutenzeiger ihrer Erlösung entgegenkroch.

»Wer spielte auf ›While My Guitar Gently Weeps‹ das Solo?«

»Echt jetzt«, sagte Nessa. »Du stellst mir eine Beatles-Frage. Habe ich das richtig verstanden? Du stellst mir eine Beatles-Frage?«

»Aber wer spielte ...«

»Clapton. Jeder weiß das, selbst Leute, die keine Musik hören. Sogar Hörgeschädigte wissen das.«

Mürrisch wurde ihr klar, dass die Frage nie zu ihr durchgeschlüpft wäre, wenn Otto hier gewesen wäre und die Anrufer vorher abgecheckt hätte.

Nessa beendete das Gespräch. Wie erwartet leuchtete im nächsten Moment eines der Telefonlämpchen auf. Der nächste Anruf war in der Leitung. Sie nahm ihn entgegen.

»*Warum bist du so gemein, Nessa?*«, fragte eine weinerliche Jammerstimme.

»Weil mein Produzent nicht hier ist, um die Anrufer auszuwählen«, sagte Nessa und legte auf. Im nächsten Moment wurde ihr klar, dass sie einen riesigen Fehler begangen hatte: Sie hatte aller Welt verkündet, dass sie allein im Studio war. Natürlich wussten die meisten Leute nicht, wo der Sender seinen Sitz hatte, aber trotzdem, es war unbedacht gewesen.

»Er ist bei einem *Minecraft*-Fan-Treffen«, sprach Nessa ins Mikro. Es half ihr ein wenig, sich über Otto lustig zu machen, obwohl es ihrer Regel widersprach, niemals jemanden herabzuwürdigen, der nicht anwesend war und sich nicht verteidigen konnte. Aber um ihre Nerven war es eben nicht zum Besten bestellt.

»*Wie lautet die Seriennummer von …*«

Nessa legte ohne Umschweife auf. »Leute, ihr kennt die Regeln. Keine Fragen nach Seriennummern oder der Farbgestaltung eines Plattencovers«, sagte sie.

»*Wie ist Elvis Costellos richtiger Name?*«

»Declan MacManus«, antwortete Nessa und legte auf. »Der Nächste, bitte.«

»*Vier berühmte Rapper besuchten in Brooklyn, New York, dieselbe Highschool namens George Westinghouse Jr. High School: Drei von ihnen waren Busta Rhymes, DMX und Jay-Z. Wer war der vierte?*«

»Mal sehen … der vierte war …«

Bildete sie es sich nur ein? Nutzte der Anrufer einen

Stimmverzerrer? Seine Stimme hatte die tiefe Bassfrequenz eines alten Funkadelic-Songs, beinahe unterhalb der Hörschwelle des menschlichen Ohrs. Plötzlich war es, als wäre aller Sauerstoff aus dem Raum herausgesaugt worden. Nessa bekam keine Luft, konnte den Satz nicht beenden.

»Komm schon«, sagte der Anrufer. *»Du kennst die Antwort.«*

Ja. Sie kannte die Antwort.

Sie lautete Notorious B. I. G.

Sie legte auf. »Ups«, sagte sie und hörte im Kopfhörer, dass ihre Stimme bebte. »Der Anrufer war plötzlich weg.«

Nessa starrte auf die leuchtenden Lämpchen der Telefonleitungen, die sie beinahe anzuspringen schienen.

Vorsichtig drückte sie einen der Knöpfe.

»Hier ist Nessa, und du bist auf Sendung«, sagte sie.

»Die Antwort«, sagte dieselbe elektronisch veränderte Stimme, *»lautet Notorious B. I. G.«* Dieselbe Person war auf zwei Telefonleitungen, offenbar benutzte sie mehrere Handys. *»Du siehst gut aus in dem schwarzen T-Shirt.«*

Nessa sprang so schnell auf, dass sie mit dem Gesicht ans Mikro stieß und eine kreischende Rückkopplung verursachte.

Sie schaute aus dem Fenster, durch drei nebeneinanderliegende Glasscheiben. Er war dort draußen. Er konnte sie sehen. Er wusste, was sie trug.

Nessa ließ sich wieder auf den Stuhl fallen und klickte den nächsten Song an, dann riss sie sich den Kopfhörer herunter und rannte aus dem Studio. Nun schaute sie nur noch durch zwei Fensterscheiben, konnte aber nichts erkennen außer den formlosen Lichtspiegelungen im Glas.

Nessa schaltete die Deckenbeleuchtung aus, während im Hintergrund »The Prey« von den Dead Kennedys lief. Na toll. Es war ja nur einer der unheimlichsten Songs aller Zeiten. Nessa drückte das Gesicht an die Scheibe, bildete mit den Händen zwei Teleskope an den Augen, versuchte im dunklen Nichts vor dem Gebäude etwas zu erkennen.

Stand er nicht dort draußen inmitten der hohen Sträucher? Nessa rieb sich kurz die Augen, schaute dann erneut hinaus in die windige Nacht, versuchte sich von den Lichtreflexen im Glas nicht stören zu lassen. Aber die Gestalt, die sie sich zu sehen eingebildet hatte, war verschwunden.

Nessa drehte den Türknauf und trat hinaus ins Freie, sah sich fieberhaft um.

»Ich weiß, wer du bist«, rief Nessa.

Nichts außer heißem Wind und Dunkelheit. Sie sah nichts und niemanden.

»Was willst du?«

Ihre Furcht verwandelte sich in etwas anderes. Sie hatte keine Angst. Sie war fuchsteufelswild, und das Gefühl überlagerte alles andere. Für wen hielt sich dieser Kerl, sie und ihren Sohn derart zu terrorisieren? Ihr einen Mord anzuhängen? Diesen Angriff würde sie nicht tatenlos hinnehmen.

»Ich habe keine Angst vor dir«, brüllte sie. »Wenn ich dich kriege, reiße ich dir deinen verdammten Vergewaltigerarsch auf!«

Kein Geräusch, nichts rührte sich.

Aber jemand war dort draußen. Jemand beobachtete sie.

Freitag, 17. Juni

Nessa hütete sich davor, wegen der Sache die Polizei einzuschalten. Was konnte die schon tun? Nichts, außer noch mehr Respekt für sie zu verlieren. Aber sie würde sie anrufen, um zu fragen, ob sie Nathans Aufenthaltsort feststellen konnten. Ja, das würde sie tun.

Obwohl sie nach dem verstörenden Vorfall kaum geschlafen hatte, beschloss sie, mit Daltrey und Isabeau in den Sunset Zoo in Manhattan zu gehen. Den Vormittag draußen zu verbringen und zu beobachten, wie Daltrey sich über die vielen Tiere freute, war genau das, was sie jetzt brauchte.

Als sie nach dem Mittagessen nach Hause zurückkehrten, machte Daltrey ein Nickerchen, Isabeau katalogisierte weiter Nessas Musiksammlung, und Nessa gelang es, einen Blog-Post über die Band Quasi zusammenzuschustern. Danach ging sie nach unten und schaute durch die Hintertür in den Garten; Isabeau sah zu, wie Daltrey durch die herabregnenden Wassermassen des Rasensprengers rannte.

Nessa überlegte, was es zum Abendessen geben sollte. Sie suchte gerade die Nummer des Pizza-Lieferdienstes heraus, als es an der Tür klingelte.

Das machte sie traurig, denn es gab keinen Declan MacManus mehr, der den Besucher angekündigt hätte. Sie öffnete die Haustür, und vor ihr stand Otto, eine Lebensmitteltüte in den Armen; neben ihm stand eine Kühlbox auf der Veranda.

Er sah sie verlegen an. »Tut mir leid, dass ich einfach so reinplatze, aber …«

»Woher weißt du, wo ich wohne?«

Ihr scharfer Tonfall schien ihn zu verunsichern. Er stammelte: »Ich habe einfach … ich habe deine Adresse im Netz rausgesucht.«

»Hast du nicht«, sagte Nessa. »Meine Adresse steht nicht im Internet.«

Er wurde rot und stammelte weiter. »Ich war mal Reporter, und ich … ich habe über Behördendaten und so geschrieben. Ich kenne ein paar Leute im Amtsgericht, und ich … ich habe deinen Grundbucheintrag raussuchen lassen.«

Nessa war völlig baff; sie begann zu hyperventilieren. Sie beugte sich vor und versuchte, ihre Atmung zu kontrollieren. »Kann … kann das jeder?«

»Klar«, sagte Otto. »Ist keine große Sache. Du musst deshalb nicht …«

Also konnte jeder herausfinden, wo sie wohnte. Warum hatte sie das nicht gewusst? Sie verfluchte jetzt den Tag, an dem sie und John das riesige Grundstück mitten im Nirgendwo gekauft hatten.

»He«, sagte Otto sanft. »Tut mir leid. Ich hätte es bleiben lassen sollen. Ich hätte anrufen und fragen sollen, ob ich vorbeikommen kann. Ich … ich wollte wiedergutmachen, dass ich heute Nacht nicht zur Arbeit gekommen bin. Sorry.«

Nessa wurde klar, dass sie ihrem beruflichen Widersacher soeben einen tiefen, süffigen Einblick in ihr angst- und stresserfülltes Seelenleben gewährt hatte. Sie hatte ihm eine Schwäche offenbart.

Sie straffte den Rücken und bedachte ihn mit dem strengsten Blick, den sie aufzusetzen vermochte. »So, so«, sagte sie. »Du hast es ja auch dringend für nötig gehalten, mich zu informieren, dass du nicht irgendwo tot im Graben liegst.«

Er grinste ein bisschen. »Du hast dir Sorgen um mich gemacht?«

»Das wüsstest du längst, wenn du dir eine meiner zahllosen Nachrichten angehört hättest, die ich dir letzte Nacht hinterlassen habe.« Sie deutete auf die Einkaufstüte. »Was hat es damit auf sich?«

»Wie gesagt, ich will es wiedergutmachen«, meinte er. »Ich koche dir etwas zum Abendessen.«

Sie musterte ihn entgeistert. »Was zum Henker ist denn passiert?«, fragte sie. Erneut verschränkte sie die Arme vor der Brust, ganz die wütende Hausfrau.

»Darf ich reinkommen und den Kram abstellen? Dann erzähle ich es dir.«

Sie verdrehte die Augen, war aber neugierig, was er für sie kochen würde. Würde es besser sein als Pizza vom Lieferdienst? Vielleicht. Sie war es jedenfalls leid zu streiten. »Na schön«, sagte sie.

»Da lang zur Küche?«, fragte er und ging mit seinen Einkäufen an ihr vorbei. »Nimm die Kühlbox.«

Was für ein Typ. Immer versuchte er, der Boss zu sein. Seufzend nahm sie die blauweiße Kühlbox und folgte ihm in die Küche.

»Du wirst es nicht glauben«, sagte er, holte zwei Bierdosen aus der Box und bot ihr eine an. Pabst Blue Ribbon.

Sie schüttelte den Kopf und lehnte sich an den Tresen. PBR. Klar, was sonst?

»Kriegt man eigentlich ein Handbuch, wenn man ein Hipster wird?«, fragte sie. »In dem steht, dass man dieses Scheißbier trinken soll?«

»Ich bin kein Hipster«, sagte er beleidigt.

»Ach, echt? Wie würdest du dich denn selbst beschreiben?«

»Als Freidenker«, sagte er beinahe triumphierend. »Als progressiven Menschen mit gutem Geschmack.«

Den du schon vor allen anderen hattest.

Sie musste mit den negativen Gedanken aufhören. Er reichte ihr die Hand, und trotzdem verhielt sie sich wie eine Zicke.

»Tut mir leid«, sagte sie. »Du scheinst die schlechten Seiten in mir hervorzubringen.«

»Warum?«, fragte er. »Weil du schon vor mir ein Hipster warst?«

»Das war jetzt aber meta.«

»Jedenfalls habe ich auch Wein mitgebracht. Hast du einen Korkenzieher?«

»Nein«, sagte Nessa.

»Bist keine Weintrinkerin, was?«, sagte er. »Lass mich raten. Nur Champagner für die Diva.«

Die Hintertür ging auf, und Isabeau und Daltrey kehrten von ihrer Erkundungstour durch den Wald zurück.

»Sie trinkt keinen Alkohol«, sagte Isabeau. »Hey, Otto.« Sie wandte sich zu Nessa. »Wir hatten einige Seminare an der K-State zusammen.«

Als er Otto sah, rannte Daltrey aus der Küche. Isabeau stürmte ihm hinterher und brachte ihn zurück.

»Daltrey, das ist mein Freund Otto. Er arbeitet mit deiner Mom im Radio.«

Daltrey hielt sich die Augen zu.

»Hi, Daltrey«, sagte Otto.

Ohne die Hand von den Augen zu nehmen, winkte Daltrey ihm mit der anderen Hand zu. Sie trug ihn ins Wohnzimmer und schaltete den Fernseher ein.

»Möchtest du *Arthur* schauen, bis das Abendessen fertig ist?«, fragte Nessa den Kleinen.

Er nickte, immer noch eine Hand vor Augen.

»Du brauchst keine Angst vor Otto zu haben«, sagte sie. »Er ist ein netter Mann.«

Nessa versuchte, es ohne jeden Sarkasmus zu sagen, und es gelang ihr einigermaßen. Sie kehrte in die Küche zurück.

»Erzähl, Isabeau«, sagte Otto. »Was tust du hier?«

»Ich bin Daltreys Nanny und Nessas Mädchen für alles. Nessa meinte, sie würde mit einem Otto zusammenarbeiten. Ich wusste nicht, dass du es bist.«

Otto warf einen kurzen Blick zu Nessa hinüber. »Ach ja? Was hat sie denn erzählt?«

»Dass du ein toller Produzent bist.«

Natürlich hatte Nessa das nicht gesagt, aber Isabeau war die Königin der Ermutigung. Vielleicht sollte sie, Nessa, versuchen, mehr wie ihre Nanny zu sein.

Nie im Leben.

»Also kein Korkenzieher«, sagte Otto. »Kein Problem. Ich habe mal was im Internet gesehen, das ich schon lange ausprobieren will.«

Er zog seinen linken Doc-Martens-Stiefel aus und entfernte die Metallfolie von der Weinflasche. Dann stellte er die Flasche in den Stiefel – igitt – und fragte: »Gegen welche Wand soll ich sie schlagen?«

»Geh lieber raus und nimm die Eiche.«

Isabeau bedeutete ihm, ihr durch die Hintertür nach

draußen zu folgen. Durch das Küchenfenster beobachtete Nessa, wie Isabeau ihn zur Eiche führte, wo Otto die Stiefelsohle mehrmals mit voller Wucht gegen den Baumstamm schlug. Sie sah, wie Isabeau währenddessen etwas zu ihm sagte. Schließlich hielt er triumphierend die Flasche hoch und zog den herausragenden Korken aus dem Flaschenhals.

Nessa lief das Wasser im Mund zusammen. Sie vermisste Wein.

Sie kamen zurückgerannt wie Kinder, die gerade ein paar Kaulquappen gefangen hatten.

»Hat funktioniert!«, rief Isabeau, die Arme hochgerissen. »Cooler Trick!«

»Wo sind deine Töpfe und Pfannen?«, fragte Otto Nessa.

Sie öffnete den Küchenschrank und zeigt ihm, wo alles stand.

Sie bemühte sich, ihre Abneigung gegen diesen Typen zu verdrängen, den sie eigentlich überhaupt nicht kannte. Seit wann hatte sie solche Vorurteile? Wurde man unweigerlich so, wenn man geheiratet und ein Kind bekommen hatte? Ihre Mutter hatte sich über alle Menschen ausgelassen, hatte – zumeist herablassend – deren Kleidung kommentiert, deren Frisuren, deren Ausdrucksweise, deren Autos. Vielleicht war sie am Ende doch wie ihre Mutter geworden.

Otto bereitete eine Paella zu, und sie war tatsächlich ziemlich gut. Er und Isabeau tranken den Wein, den er mitgebracht hatte, während Nessa sich an Eistee hielt.

Er sprach einen Toast aus. »Auf ein besseres Arbeitsverhältnis.«

Die drei stießen an, und auch Daltrey hob seine Schnabeltasse. Sie stießen auch mit ihm an.

Nach dem Essen machten die vier einen Spaziergang, und Nessa erklärte Otto die Idee mit dem Hopfenanbau. Er wurde ganz aufgeregt.

»Damit solltest du unbedingt weitermachen«, sagte er.

»Nachdem mein Mann jetzt … nicht mehr da ist, fehlt mir dafür die Zeit und Kraft.«

»Du lässt dich scheiden?«

Nessa und Isabeau wechselten einen Blick.

»Ist eine lange Geschichte«, sagte Nessa.

»Oh«, sagte Otto, dann, zu Daltrey gewandt: »He, hast du Lust, Verstecken zu spielen?«

Der Junge nickte begeistert.

»Jetzt sofort?«

Er nickte noch begeisterter.

In der ersten Runde musste Daltrey suchen, und die drei Erwachsenen versteckten sich so, dass der Junge sie gerade noch sehen konnte.

Nessa war beeindruckt von Ottos lockerem Umgang mit Daltrey. Nicht, dass sie ihm das jemals sagen würde, aber es war schön, Otto mal in einer ganz anderen Situation zu erleben. Als Daltrey ihn jagte, tat Otto so, als würde er sich die Seele aus dem Leib rennen, und einen Moment lang erkannte Nessa in ihm den kleinen Jungen, den noch nicht der Ironie-Virus befallen hatte.

»Schlafenszeit«, rief Nessa.

Daltrey schlurfte mit hängenden Schultern auf sie zu.

»He, Großer«, sagte Otto. »Wir spielen bald wieder miteinander, okay?«

Daltrey nickte und signalisierte: »Gute Nacht.«

»Ich bringe ihn ins Bett«, sagte Isabeau.

»Lass uns auch reingehen«, sagte Nessa. »Ich halte die Hitze nicht mehr aus.«

»Gute Idee«, sagte Otto.

Sie marschierten ins Haus, und Isabeau und Daltrey gingen nach oben.

»Noch ein Bier? Mehr Wein?«, fragte Nessa, während sie sich in der Spüle die Hände wusch.

»Ich trinke noch ein Bier«, sagte Otto und nahm ein PBR aus der Kühlbox.

»Mama«, rief Isabeau herunter. »Komm Gute Nacht sagen!«

»Bin gleich da«, rief sie zurück und trocknete sich die Hände ab.

»Wo setzen wir uns hin?«, fragte Otto. »Küche oder Wohnzimmer? Wo hängst du normalerweise ab?«

»Im Wohnzimmer«, sagte sie und ging nach oben.

Daltrey hatte schon Zähne geputzt, den Schlafanzug angezogen und lag brav im Bett.

»Gute Nacht, Daltrey«, sagte Isabeau.

Nessa umarmte ihn und gab ihm einen Kuss. »Ich habe dich lieb.«

Er machte mit einer Hand die Kurzversion der Ich-habe-dich-lieb-Gebärde und schloss die Augen. Sie schaltete sein Nachtlicht und die Regen-CD ein und folgte Isabeau nach unten.

Unten im Wohnzimmer hatte Otto sich in den Ohrensessel gesetzt, Isabeau saß am Boden gegen die Couch gelehnt, in der Hand ein Glas Wein.

»Du hast einen goldigen Sohn«, sagte Otto.

»Danke«, sagte Nessa, stöpselte ihr Telefon an die Mini-Lautsprecher, dann stellte sie iTunes auf Zufallswiedergabe. Im nächsten Moment begann »Ideal World«.

Sie setzte sich auf die Couch.

»Ist das etwa ... Girlpool?«, fragte Otto ungläubig.

»Ja«, sagte sie.

»Ich dachte, du stehst ausschließlich auf Classic Rock aus den Siebzigern, Led Zeppelin, Bad Company und so.«

»Hast du je gehört, dass ich eine dieser Bands gespielt hätte? Jemals?«

»Das nicht, aber ...«

»Sie hat mich für viele Sachen begeistert, die ich noch nie zuvor gehört hatte«, sagte Isabeau. »Sie ist ein sehr interessanter Mensch.«

»Tja, keine Ahnung«, sagte Otto. »Nessa redet nicht über sich selbst.«

»Ich lege großen Wert auf meine Privatsphäre«, sagte Nessa. Ihr gefiel nicht, welche Wendung die Unterhaltung nahm.

»Es gibt heutzutage keine Privatsphäre mehr«, sagte Otto. »Alles liegt offen und ist für jedermann ersichtlich, und man kann nicht das Geringste dagegen tun. Da kann man gleich selbst alles ausplaudern.«

Da lag Otto richtiger, als ihm bewusst sein konnte. Sie musste das Gespräch in eine andere Richtung lenken. »Stimmt«, sagte sie. »Also, was ist mit dir, Otto? Wo bist du aufgewachsen?«

»In Mulvane, in der Nähe von Wichita«, sagte er. »Mein Dad ist Farmer, meine Mutter Lehrerin.«

»Wurdest du als Kind von allen gehänselt?«, fragte

Isabeau.

Er zuckte zusammen, gab sich überrascht. »Nein«, sagte er gedehnt, was Nessa als ein »Ja« verstand. Sie erkannte in seinem Gesicht die jüngere Version seiner selbst, die niemand leiden konnte, und dachte an ihren eigenen sonderbaren Sohn und daran, wie es ihr dabei ging, wenn Daltrey im Park von anderen Kindern gemieden oder gehänselt wurde, weil er nicht sprach.

Dieser Gedanke und die Art, wie er mit Daltrey umgegangen war, brachte sie dazu, ihre Meinung über Otto zu revidieren.

»Mich haben alle gehänselt«, sagte Isabeau. »Ich war das größte Mädchen in der Klasse. Es war total blöd für mich.« Sie gähnte und streckte sich. »Ich kann kaum noch die Augen offen halten. Ich gehe ins Bett. Bis demnächst, Otto.«

»Gute Nacht«, sagte er und wirkte leicht panisch.

Beinahe hätte Nessa gelacht. Hatte er etwa Angst davor, mit ihr allein zu sein? Sie arbeiteten doch zweimal in der Woche allein miteinander.

»Ich helfe dir mit dem Abwasch«, sagte er resolut.

»Ach was, ich lasse ihn einfach stehen«, sagte Nessa.

»Dann erledige ich ihn für dich. Du kannst schlafen gehen, Nessa.«

»Wie, und dann stöberst du in meinen Sachen? Vergiss es, Prinzessin.«

Mit einem nervösen Lachen stand er auf und ging in die Küche.

Isabeau zwinkerte Nessa zu und ging nach oben.

Nessa folgte Otto in die Küche und verstaute die Paella-Reste in seiner Kühlbox, während er die Teller abspülte. Sie räumte die Spülmaschine ein.

»Was meinst du«, fragte Otto, »würde ich deinen Job hinbekommen?«

»Klar«, sagte Nessa. »Selbst ein Schimpanse würde ihn hinbekommen.«

Er lehnte sich an den Tresen. »Das ist mein großes Ziel«, sagte er träumerisch. »Eine Sendung bei Altair zu bekommen und dann alles auf meine eigene Art zu machen. Ich würde superobskures Zeug spielen, das nur eine Handvoll Connaisseurs kennen.«

»Das läuft dem Geschäftsmodell zuwider; es geht darum, die Leute zum Zuhören zu bringen und nicht das große Publikum zu verschrecken, du Blödmann.«

Er lachte. »Ich weiß. Ich kann eben nicht anders.«

»Klar kannst du. Du musst nicht so sein. Du könntest ein echter Typ sein.«

»I got no strings to hold me down, to make fret or make me frown«, sang er mit überraschend guter Stimme. Mit seiner feuchten Hand schlug er sich an die Stirn. »Mist. Ich kann nicht glauben, dass ich gerade einen *Ultron*-Spruch zitiert habe.«

»Gleichzeitig hast du auch Pinocchio zitiert. Wow. Mensch, merkst du nicht, wie viele Anti-Hipster-Sachen du gerade von dir gegeben hast?«

Er grinste sie an und trocknete sich mit dem Geschirrhandtuch die Hände ab. »Ich muss aufs Klo. Bin gleich zurück.«

Nessa wischte den Tresen ab, und während sie auf seine Rückkehr wartete, überlegte sie, wie angenehm der Abend und wie nett es von Otto gewesen war, vorbeizuschauen und zu kochen. Sah ihm überhaupt nicht ähnlich. Vielleicht hatte sie sich total in ihm getäuscht.

Als er zurückkehrte, stellte sich heraus, dass er offenbar über ihr Gespräch nachgedacht hatte.

»Weißt du, obwohl ich mich selbst nicht als Hipster sehe, meinst du es nicht böse, glaube ich«, sagte er ruhig. »In einer Welt, die so verzweifelt das Super-Populäre und die Konformität vergöttert, ist es bedeutsam, Talente zu fördern, die die Masse nicht erkennt, weil diese Talente weder der Norm noch der von den Eliten abgesegneten Vorstellung von dem, was gut ist, entsprechen. Unseren Geschmack bestimmen Großkonzerne, die ihre Produkte verkaufen wollen. Alles ist für uns vorfabriziert, und man stopft es uns gnadenlos in den Rachen. Es ist Fast Food für den Verstand und für die Seele. Es tut uns nicht gut, sondern schadet uns. Als Spezies haben wir die Fähigkeit verloren zu erklären, was wir mögen. Stattdessen lassen wir alles willfährig für uns anrichten.«

»Hört sich zwar reichlich abgedroschen an, aber es ist vermutlich die beste *un*ironische Erklärung des Hipstertums, die ich je gehört habe«, sagte Nessa. »Okay, alles, was du sagst, ist richtig. Aber weißt du, was mich am meisten stört an Hipstern? Ihre Selbstgefälligkeit. Ihr Überlegenheitsgefühl. Dass sie sich für etwas Besseres halten als den Rest der Menschheit.«

»Aber tun wir das irgendwie nicht alle? Ich meine, uns über andere erheben, um dem lärmenden Selbsthass zu entgehen, der uns Tag für Tag zu zerstören droht?«

»Wow, Otto, was ist gerade passiert?«, fragte Nessa, straffte den Rücken und fasste ihn ernst ins Auge. »Hast du gerade etwas richtig Gutes von dir gegeben? Hast du gerade deine Bullshit-Fassade weggeschoben und mir einen Blick in deine existenziellen Ängste gewährt?«

Er wich ihrem Blick aus.

»Eines Tages wirst du deine eigene Sendung haben«, sagte Nessa. »Nachdem sie jahrtausendelang der Witz der Menschheit gewesen sind, hat das Blatt sich gewendet und nun regieren die Nerds das Universum. Wahrscheinlich ist das Jahr des Hipsters im Anmarsch. Deine Zeit, dein Platz an der Sonne wird kommen, und dann bist du am Drücker und verwandelst die Welt in ein vollbart- und flachstragendes Ökoparadies, in dem sich alle organisch ernähren und nachhaltig wirtschaften. Amen.«

Otto stieß ein bellendes Lachen aus. »Dein Wort in Gottes Ohr«, prustete er.

»Der liebe Gott hat nichts damit zu tun«, entgegnete Nessa.

Nachdem Otto gegangen war, fiel Nessa ein, dass er ihr nicht erzählt hatte, was ihm Donnerstagnacht widerfahren war.

15. KAPITEL

Samstag, 18. Juni

Es kam Nessa vor, als schliefe sie mit offenen Augen, denn es schien, als starre sie seit Stunden auf dasselbe dunkle Objekt. Es musste der Deckenventilator sein. Seit sie in dem Haus wohnten, war sie mehrere Male nachts aufgewacht und hatte auf den Ventilator gestarrt, und jedes Mal hatte sie ihn für etwas anderes gehalten: eine Möwe, ein Kreuz, Superman.

Diesmal aber machte ihr Verstand etwas Unheimliches daraus, einen Schatten im Fenster, der sich mit dem Wind bewegte. War es der Baum draußen?

Sie blinzelte in der Dunkelheit.

Doch der Schatten nahm die Gestalt eines Mannes an.

John? Sie wollte sich schon aufsetzen.

Aber dann stieg ihr ein sonderbarer Geruch in die Nase: Southern Comfort und Zigarettenrauch. Blankes Entsetzen packte sie, raubte ihr den Atem.

John rauchte nicht.

Nessa kannte diese Person nicht.

Der Mann stand reglos neben der Kommode. Nessa beschloss, sich ebenfalls nicht zu rühren. Wenn sie sich schlafend stellte, konnte der Einbrecher nehmen, was er wollte, und verschwinden.

Langsam wandte er sich ihr zu.

Ein zweiter schärferer Anflug von Panik erfasste sie.

BittegehwegBittegehwegBitteBitteBitte …

Der Mann warf sich aufs Bett und hielt ihr den Mund zu, drückte ihr die Lippen gegen das Zahnfleisch.

Ein dunkles Gesicht senkte sich auf sie herab und flüsterte: »Keinen Mucks. Wenn du dich wehrst, töte ich dich.«

Nun erkannte sie, dass er eine schwarze Skimaske trug. Seine Lippen berührten ihr Gesicht, und sie verspürte einen so extremen Ekel, dass sie glaubte, gleich ohnmächtig zu werden. Sein Speichel tropfte ihr auf die Stirn.

Ein heiseres Flüstern. »Ich habe eine Pistole, und ich werde sie benutzen, so oder so.«

Er erhob sich ein Stück, und sie sah einen pistolenförmigen Schatten über ihrem Gesicht. Er steckte die Waffe ein und beugte sich wieder über sie. »Ich weiß, du willst es, Schlampe. Du magst es brutal, oder? Sag mir, wie du es magst.«

Nessa spürte eine Hand auf dem Bauch, die sich nach unten bewegte. Alles geschah wie in Zeitlupe.

Es geschah erneut, diesmal in ihrem eigenen Haus, und im Nebenzimmer schlief ihr Sohn.

»Nathan?«, flüsterte sie. Sie musste ihm das ausreden.

»Schnauze«, sagte er, aber sein Körper sah ganz anders aus als Nathans. Er war kleiner, hatte dünne Arme. Es war nicht ihr Vergewaltiger aus Kalifornien. Es war ein neuer Vergewaltiger.

»Bitte«, flehte sie.

»Bitte was?«, sagte er. »Was soll ich tun, wie hättest du es gern? Sag's mir!«

Sie atmete stoßweise, und ihr Herz hämmerte gegen ihren Brustkorb. Als seine Hand ihren Schritt erreichte, drehte sie durch und begann wild um sich zu schlagen, als wären ihr plötzlich die Fesseln abgefallen. Mit der linken Hand traf sie ihn an der Nase.

»Au!«, schrie er auf. »Was soll das?«

Die Absurdität dieser Frage ließ sie abermals kurzzeitig erstarren.

»So war das nicht verabredet!«, brüllte der Mann.

Nessas Tür flog auf, und plötzlich stand Isabeau im Schlafzimmer, in der Hand ein schmales, violettes Messer.

»Runter von ihr, du Arschloch«, sagte Isabeau. »Oder dieses Messer landet in deinem Rücken.«

Das Arschloch mit der Skimaske schaute über die Schulter, und Nessa nutzte die Gelegenheit, um sich zusammenzurollen und ihm einen satten Tritt zwischen die Beine zu verpassen. Mit einem Aufschrei sank er zusammen und fasste sich zwischen die Beine. Nessa rollte auf die Seite, riss die Nachttischschublade auf und griff nach der Walther PK380. Die Waffe war natürlich nicht da. Sie lag bei der Polizei.

»Was geht hier ab?«, keuchte der Mann. »Ein Hinterhalt von aggressiven Feministinnen, oder was? So war es nicht ausgemacht!«

Das Messer noch immer in der Hand, trat Isabeau rasch ans Bett und riss dem Mann die Skimaske vom Gesicht. Nessa schaltete die Nachttischlampe ein, einen Moment lang geblendet vom Licht. Sie richtete den Blick auf den Angreifer. Er hatte glänzendes schwarzes Haar, glatte rosige Haut und blaue Augen.

Sie hatte ihn noch nie gesehen.

Was hatte sie erwartet? Dass es Otto sein würde? Detective Dirksen?

Immer noch panisch, fasste sie sich unwillkürlich an die Brust, ihre Hände waren plötzlich eiskalt. Sie schluckte, versuchte sich zu beruhigen, aber das Herz schlug ihr weiter bis zum Hals.

»Ruf die Polizei, Isabeau«, sagte sie und hoffte, nicht ganz so entsetzt zu klingen, wie sie sich fühlte.

»Aber Sie haben das alles doch so gewollt!«, sagte der Mann mit hysterisch hoher Stimme.

»Wovon zum Teufel reden Sie?«, fragte Isabeau.

»Habe ich mich etwa in der Adresse geirrt?«, fragte er, die Hände noch immer zwischen den Beinen.

Seine Augenbrauen standen mehrere Millimeter höher, als Nessa für möglich gehalten hätte. Der Schmerz und die Angst, die sein Gesicht verzerrten, ließen ihr eigenes Leid auf ein beinahe erträgliches Maß abklingen.

»Wer sind Sie?«, fragte sie mit bebender Stimme.

»Gehört das mit zum Spiel?«, fragte der Mann.

»Welches Spiel? Wovon sprichst du?«

»Die Annonce! Ihre Annonce! Hätte ich gewusst, dass es um einen Dreier geht oder dass Waffen im Spiel sind, dann hätte ich nicht …«

Isabeau starrte erst Nessa an, dann den Mann. »Okay, Jammerlappen«, sagte sie. »Ich will, dass du uns ganz genau erzählst, von was für einer Annonce du sprichst. Wo du sie gelesen hast. Was drinstand und so.«

Die Stimme des Kerls zitterte so sehr, dass Nessa ihn kaum verstand. »Sie war online, auf der Fantasy-Island-Website. Da stand, dass Sie …« – mit einer Kopfbewegung deutete er auf Nessa –»davon träumen, mitten in der Nacht im Bett vergewaltigt zu werden.«

Dann hatte Nathan also jemanden geschickt, der für ihn die Dreckarbeit erledigen sollte.

»Das Ganze klang zu schön, um wahr zu sein«, sagte der Mann. »Ich hab's geahnt.«

Nessa schnappte sich ihr Handy, taumelte hinaus auf den Flur und schloss die Tür hinter sich, überzeugt, dass Isabeau allein mit dem Kerl fertigwerden würde. Sie wählte den Notruf. Während sie der Frau am anderen Ende der Leitung erklärte, was geschehen war, hielt sie den Blick auf Daltreys Tür gerichtet.

Als sie ins Schlafzimmer zurückkehrte, war Isabeau noch immer dabei, den Beinahevergewaltiger zu verhören; in einer Hand hielt sie das Messer, mit der anderen faltete sie ein Blatt auf.

»Hier, Nessa«, sagte sie.

Nessa nahm ihr das Blatt aus der Hand und las, während der Angreifer vor sich hin jammerte.

Hast du schon immer davon geträumt, eine Frau zu vergewaltigen? Mein Traum ist, vergewaltigt zu werden. Wir sollten uns zusammentun. Komm morgens um drei in mein Haus (aber sag mir nicht, an welchem Tag!), dann machen wir unsere Träume wahr. Nessa Donati, County Road 8, an der John Brown Road.

In der Kopfzeile stand tatsächlich FantasyIslandXXX.com, mit dem Datum des Vortags.

»Ich soll Ihnen glauben, dass Sie tatsächlich im Netz auf diese Annonce gestoßen sind?«, sagte Nessa. »Dass Sie sie nicht selbst geschrieben und ausgedruckt haben, als Rückversicherung, falls bei der Vergewaltigung etwas schiefläuft?«

Jetzt weinte der Mann. »Oh Gott, ich wusste nicht, dass die Annonce nicht echt ist. Es tut mir so leid.«

Nessa verspürte den überwältigenden Drang nach einem Schuss. Auf der Stelle.

»He, Drecksack«, sagte Isabeau. »Wie bist du ins Haus gelangt? Hast du die Hintertür aufgebrochen? Irgendein Fenster?«

»Nein«, sagte er.

»Wie dann?«

Er griff in seine Tasche, und Isabeau hob drohend das Messer.

Er wimmerte. »Ich muss es Ihnen zeigen«, sagte er. »Ich ziehe etwas aus der Tasche, okay? Immer mit der Ruhe!«

Er zog einen brandneuen, glänzenden Hausschlüssel aus der Tasche.

»Woher hast du den?«

»Wurde an mein Postfach geschickt. Als Absender stand da die Adresse dieses Hauses hier.«

Nessa und Isabeau sahen einander an.

Nessa schaute noch einmal auf das Blatt. Die darauf genannte E-Mail-Adresse lautete Nessa.Donati@gmail.com.

Das war nicht ihre E-Mail-Adresse.

Der Blatt schwebte zu Boden.

Ihr Name. Ihre Anschrift. Ihr Troll hatte jeden Freak im Umkreis von fünfhundert Meilen dazu eingeladen, zu ihr nach Hause zu kommen und sie zu vergewaltigen.

Als der Streifenwagen eintraf, nahmen die Polizisten den Beinahevergewaltiger in ihre Mitte, der schluchzend seine Unschuld beteuerte und alles zu erklären versuchte. Sie legten ihm Handschellen an und führten ihn aus dem Haus.

Sobald die Polizisten verschwunden waren, ging Nessa ins Schlafzimmer und rief Marlon an.

»Ich brauche einen Drink«, sagte sie als Erstes, dann erzählte sie ihm, was geschehen war.

»Hast du schon etwas getrunken?«, fragte er bedächtig.

»Nein.«

»Hast du etwas getrunken, bevor du mich angerufen hast?«

»Nein«, wiederholte sie.

»Du hast das Richtige getan – deinen Sponsor anzurufen, bevor du etwas getrunken hast, nicht danach. Ich erzähle dir jetzt wieder einen Aphorismus, und ich möchte, dass du ernsthaft darüber nachdenkst. ›Die äußerste Not des Menschen ist Gottes Gelegenheit.‹ Du weißt, was das bedeutet, richtig?«

»Ja«, sagte sie. Aber sie wusste, dass er es ihr dennoch erklären würde, und darüber musste sie lächeln.

»Es bedeutet, dass du diese Situation nicht bewältigen kannst. Wirklich nicht. Aber Gott kann es, und du musst ihn gewähren lassen. Aber du musst deinen Teil tun. Erstens, nicht trinken. Zweitens, du musst dir eine Überwachungsanlage besorgen. Es ist Wahnsinn, was gerade passiert ist.«

»Du hast recht«, sagte sie.

»Du tust, was *du* tun kannst, und Gott erledigt den Rest.«

Würde er das wirklich?

»Danke, Marlon«, sagte sie. Sie fühlte sich schon besser, besonders weil sie jetzt einen Aktionsplan hatte. »Ich fahre Montag zum Schlosser und frage ihn, ob sie auch Überwachungsanlagen führen. Der Polizist, der gerade hier war, will veranlassen, dass in den nächsten Tagen ab und an ein Streifenwagen vorbeikommt und nach dem Rechten schaut.«

»Ausgezeichnet«, sagte er und gähnte ins Telefon. »Ich haue mich jetzt wieder aufs Ohr.«

»Gute Nacht«, sagte sie und legte auf.

Sie ging wieder nach unten, wo Isabeau im Wohnzimmer saß und die Tastatur ihres Laptops bearbeitete. Nessa holte ihr eigenes, setzte sich zu ihrer Nanny und gab die URL der Website von Fantasy Island in den Browser ein. Sie durchsuchte die Seite nach der Annonce, von der der Kerl gesprochen hatte.

»Ich finde die Anzeige nicht«, sagte sie.

»Ich weiß«, entgegnete Isabeau. »Derjenige, der sie reingestellt hat, hat sie wohl wieder rausgenommen. Wir können versuchen, vom Betreiber der Website die IP-Adresse zu erhalten, unter der der Troll diesen Mist gepostet hat, aber ich schätze, der Betreiber ist selbst kein Musterknabe.«

»Können wir die E-Mail-Adresse verwenden, um ihn aus der Reserve zu locken?«, fragte Nessa. »Wie könnten wir das anstellen?«

»Keine Ahnung. Ich recherchiere ein bisschen und schaue, was mir einfällt.«

»Übrigens, was du vorhin getan hast, war total krass«, sagte Nessa. »Danke.«

Isabeau lächelte erfreut. »Keine Ursache.«

»Woher hast du das Messer?«

»Ich besitze eine ganze Sammlung«, sagte Isabeau. »Als ich in Alaska lebte, habe ich an Messerwerferwettbewerben teilgenommen.«

Nessa war baff. »Du warst Messerwerferin?«

Isabeau nickte.

»Du hast in Alaska gelebt?«

»Ja. In einem Tipi.«

»Warum hast du mir das noch nie erzählt?«

»Du hast nicht danach gefragt«, sagte Isabeau. »Die Messer bewahre ich oben in meinem Zimmer auf.«

»Du – was?«, sagte Nessa.

»Keine Sorge«, sagte Isabeau. »Sie liegen ganz oben im Schrank, wo Daltrey nicht rankommt.«

»Vielleicht sollten wir sie lieber in der Speisekammer aufbewahren, im obersten Fach«, sagte Nessa. »Nur für den Fall … bei allem, was hier gerade abgeht.«

»Okay«, sagte Isabeau. »Möchtest du das Set mal sehen?«

»Klar«, sagte Nessa, und Isabeau eilte lächelnd die Treppe hinauf.

Sie kehrte mit einer Messertasche aus schwarzem Velours zurück, die sie entrollte. Aus den Fächern ragten sechs violette Metallgriffe. Sie zog eines der Messer heraus und reichte es Nessa. Es war viel leichter als erwartet.

»Sie sind aus Titan«, sagte Isabeau. »Ich zeige dir ein Video von einem meiner Wettkämpfe.«

Sie rollte die Messer wieder ein, holte ihr Laptop und stellte es auf den Wohnzimmertisch, gab etwas ein, drehte den Computer zu Nessa und startete das YouTube-Video.

Die Kamera schwenkte zu Isabeau, die mit den Messern in Händen einen Knicks machte, ehe sie sich zu den an einer Mauer angebrachten Zielscheiben wandte.

Die Kamera richtete sich auf die Zielscheiben, und in eine nach der anderen bohrte sich eine Klinge, jede traf nahezu ins Schwarze.

»Cool, was?«, sagte Isabeau und lächelte stolz.

»Total«, sagte Nessa sichtlich beeindruckt. »Du bist eine Frau mit vielen Talenten.« Sie griff nach Isabeaus Hand. »Ich danke dir so sehr. Du hast mich vorhin gerettet. Im Ernst.«

»Kein Ding«, sagte Isabeau, stand auf und ging mit der Messertasche in die Küche. Nessa hörte, wie sie die Tür der Speisekammer öffnete und wieder schloss.

Nessa wurde bewusst, dass sie Isabeau noch nie nach etwas Persönlichem gefragt hatte, und dafür schämte sie sich. Sie war so sehr in die Dramen ihres eigenen Lebens verstrickt, dass für Isabeau nur eine Nebenrolle übrig geblieben war, die einer Statistin, einer lebendigen Requisite.

Aber durch ihre Rettungstat in dieser Nacht verdiente Isabeau ab sofort eine Hauptrolle.

Sonntag, 19. Juni

Am nächsten Morgen um neun setzte Nessa Daltrey vor den Fernseher – das tat sie dieser Tage viel zu oft –, während Isabeau im selben Zimmer am Computer arbeitete.

Nessa ging nach oben ins Schlafzimmer und wappnete sich für den Anruf bei Johns Eltern. Sie wählte die Handynummer ihrer Schwiegermutter.

»Linda, ich habe ein Problem.«

»Ach?«, sagte ihre Schwiegermutter. »Was ist es denn diesmal?«

Nessa knirschte mit den Zähnen. »Könntet ihr euren Trip mit Daltrey nach Kansas City irgendwie vorziehen, ihn schon Montag abholen und ihn danach zu euch nach Russell mitnehmen, vielleicht für eine Woche oder so?«

Nessa war dankbar dafür, dass ihre Schwiegereltern absolut technikfeindlich waren; sie benutzten zwar Handys, aber mit dem Internet hatten sie nichts am Hut, deshalb kannten sie ihr Blog und all die hässlichen Kommentare nicht.

»Brauchst eine kleine Pause, was?«, sagte Linda.

Nessa biss sich auf die Zunge. Tatsächlich fürchtete sie um Daltreys Sicherheit, wo nun ständig irgendwelche Eindringlinge im und am Haus herumschlichen. Aber das würde sie Linda keinesfalls verraten. Sie hatte schon immer das Gefühl gehabt, dass ihre Schwiegermutter nur auf einen Anlass wartete, um einschreiten zu können und die Kontrolle über Daltreys Leben zu übernehmen.

»Ich werde zwar meinen Buchclub verpassen, aber du weißt ja, dass ich für meinen Auserkorenen alles stehen und liegen lasse.« So nannte sie Daltrey – ihren Auserkorenen –, was Nessa abscheulich fand. Seufzend erklärte Linda sich bereit, Daltrey am Montagmorgen abzuholen.

Als Nessa anschließend zum Schlosser fuhr, bildete sie sich ein, immer noch die Hände ihres Beinahevergewaltigers am Körper zu spüren. Sie hatte schon zweimal geduscht, täte es aber am liebsten ein drittes Mal. Sie fühlte sich schleimig und klebrig.

Die Schlosserei Lock It Up befand sich in einem umgebauten Backsteinhaus. Sie ging hinein und fragte nach dem Chef.

»Ich bin Kunde Ihrer Firma und möchte Ihren Chef fragen, ob es bei Lock It Up auch Überwachungsanlagen gibt.

Oder vielleicht zeigen Sie es mir, falls Sie etwas in der Art im Angebot …«

»Er müsste bald zurück sein«, sagte die Dame am Empfang. »Er ist zum Mittagessen. Sie können gern auf ihn warten.«

Nessa beobachtete, wie die Frau auf ihrem Computer *The Sims* spielte. Als ihr langweilig wurde, blätterte sie in einigen Zeitschriften. Schließlich läutete die Türglocke, und ein bebrillter älterer Mann mit silbernem Haar kam herein, gefolgt von einem jungen Burschen, der auf sein Telefon schaute. Nessa erkannte ihn – wie hieß er noch gleich? Brady, der Typ, der ihre Türschlösser ausgetauscht hatte.

Sie stand auf und stellte sich vor. Der Chef schüttelte die ihm dargebotene Hand, und Brady schaute von seinem Telefon auf – und erschrak. Er schaute schnell zur Seite.

»Hey, Brady«, sagte sie.

»Hi«, sagte er, ohne sie anzusehen. »Ich habe einen Arzttermin, Jerry. Hatte ich ganz vergessen. Dauert nicht lange.« Er wandte sich um und eilte nach draußen.

Nessa schaute ihm nach. Warum hatte er sie nicht angesehen?

Plötzlich kam ihr ein Gedanke und nahm ihr den Atem. Der Schlüssel, den der Beinahevergewaltiger ihr gezeigt hatte, gehörte zu den neuen Schlössern, die Brady eingebaut hatte. In der Aufgeregtheit des Augenblicks hatte sie überhaupt nicht daran gedacht.

»Entschuldigen Sie bitte, bin gleich zurück«, sagte sie zum Chef. »Ich möchte mich bei Brady für die erstklassige Arbeit bedanken, die er bei mir geleistet hat.«

Sie folgte Brady, der mit schnellen Schritten auf seinen Truck zuging, nach draußen.

»Hey«, rief sie.

Er blieb nicht stehen, drehte sich nicht um. Er erreichte den Wagen und war im Begriff, den Schlüssel ins Schloss zu schieben, und sie rannte auf ihn zu, verspürte den überwältigenden Drang, ihm ins Kreuz zu treten. Er hatte ihren verdammten Hausschlüssel einem verdammten Vergewaltiger verkauft!

»Hey, Brady«, sagte sie.

Er antwortete nicht.

»Bist du derjenige, der die Annonce ins Netz gestellt hat?«

Endlich wandte er sich um, sein Gesicht eine Maske der Verwirrtheit.

»Wie viel hast du dafür bekommen, du kleiner Scheißkerl?«, fauchte sie.

Er wandte sie wieder zum Truck um, versuchte verzweifelt, den Schlüssel ins Schloss zu schieben.

»Ich weiß nicht, wovon Sie sprechen, Lady«, sagte er.

Nessa musste sich zwingen, sich nicht brüllend auf ihn zu stürzen; sie musste ihm auf die mütterliche Tour kommen, nicht auf die Robocop-Tour. Sie trat zu ihm heran und legte eine Hand auf seine. »Ich kann dafür sorgen, dass man dich auf der Stelle feuert«, sagte sie. »Oder du verrätst mir, wem du den Schlüssel verkauft hast, dann wird dein Boss nichts davon erfahren.«

Sie riss ihm den Wagenschlüssel aus der Hand und steckte ihn ein. »Sieh mich an«, sagte sie im selben Tonfall, mit dem sie zu Daltrey sprach, wenn er unartig gewesen war. »Ich brauche deine Hilfe. Derjenige, dem du meinen Hausschlüssel verkauft hast, kam mitten in der Nacht in mein Haus und wollte mich vergewaltigen.«

Brady sah weiter zu Boden.

»Ich habe einen kleinen Sohn«, sagte sie flehend. »Du bist ihm begegnet. Du hast ihn und mich in Gefahr gebracht. Ist dir das scheißegal?«

Der Junge fing an zu weinen.

»Hör zu. Sag einfach die Wahrheit, und ich schwöre, ich werde deinem Chef nichts erzählen. Ich muss nur wissen, wer es war.«

Er konnte nicht mehr aufhören zu weinen.

»Wie viel hat er dir gezahlt?«

»Hundert Dollar«, sagte der Junge und wischte sich mit dem Unterarm über die Nase. »Beide Male.«

»Moment mal … was? *Beide Male?*«

Brady fing wieder an zu weinen. »Ich brauchte das Geld.«

Nessa versuchte sich zu beruhigen. Sie benötigte die Bestätigung, dass Nathan der Käufer der Schlüssel war. »War der Kerl ungefähr eins neunzig? Strohblond?«

»Nein«, sagte Brady.

Natürlich war Nathan nicht mehr strohblond, nachdem er dreiundzwanzig Stunden am Tag in einer Gefängniszelle verbracht hatte.

»Also nicht blond«, sagte Nessa.

»Auch nicht eins neunzig«, fuhr Brady fort. Er hatte aufgehört zu weinen, sah aber immer noch völlig aufgelöst aus. »Er war …«

»Kleiner oder größer?«

»Viel kleiner. Ungefähr meine Größe.«

Brady war etwa eins achtzig. Es verwirrte sie. »Wissen Sie etwa nicht, wie groß Ihr Mann ist? Oder meinetwegen Ihr Exmann?«

»Junge«, sagte Nessa. »Der Käufer war nicht mein Ex. Der ist nämlich …«

»War er wohl«, beharrte Brady. »Er hat mir seinen Führerschein gezeigt.«

»Seinen …«

»Ja! Ich weiß, dass er es war, weil er denselben Nachnamen hatte wie Sie. Donati. John Donati.«

16. KAPITEL

Dann lag Nessa mit dem Rücken auf dem Gehsteig und starrte zum Himmel auf; neben ihr kniete Brady und heulte wieder. Sie wusste nicht, wie lange sie bewusstlos gewesen war, ob sie mit dem Kopf aufgeschlagen war, ob sie einen epileptischen Anfall gehabt hatte oder einfach nur ohnmächtig geworden war.

»Mrs. Donati?« Brady klopfte mit seiner schweißnassen Handfläche auf ihre. Sie riss die Hand weg und setzte sich auf. »Geht es Ihnen gut?«, fragte er.

Ihre Hände waren vom Sturz auf den rauen Gehsteig aufgeschürft.

John lebte.

»Wann ist das passiert?«, fragte sie. »Wann hat … Mr. Donati dir den Schlüssel abgekauft?«

»Sind Sie sicher, dass es Ihnen gut geht?«

»Beantworte einfach meine Frage«, schnappte sie. »Wann war das?«

Brady erschrak, dann schaute er auf, versuchte offenbar, sich zu erinnern. »Ungefähr vor einer Woche. Er sagte, Sie hätten ihn rausgeworfen und er wolle nur ins Haus, um seine Sachen zu holen. Er hatte denselben Nachnamen wie Sie, deshalb hielt ich es für rechtmäßig, verstehen Sie?«

Sie bekam keine Luft, fühlte sich, als würde sie gleich wieder umkippen. Die Welt war nicht real, ganz und gar nicht, es *konnte nicht sein.*

John lebte.

Brady machte den vulkanischen Handgruß »Lebe lang und in Frieden«. »Ich schwöre bei Gott«, sagte er und schniefte wieder, »ich hätte nie im Leben gedacht, dass so was passiert. Ich schwöre es Ihnen.«

Sie versuchte aufzustehen.

Ihre Knie verwandelten sich in Pudding, und sie fiel wieder zu Boden; ihre Knochen und Muskeln waren nicht mehr fähig, ihr Gewicht zu tragen, ihr Hirn konnte die Tatsache nicht verarbeiten:

John lebte.

Brady schnatterte wie ein Affe, aber sie verstand nichts von dem, was er sagte, denn sie versuchte, Ordnung in ihre Gedanken zu bringen.

»Ich hole Ihnen Wasser. Bleiben Sie, wo Sie sind.«

Er rannte zurück in die Schlosserei, während sie im Schatten des Trucks an einen Reifen gelehnt dasaß.

Sie hatte John gar nicht richtig gekannt, und er war so viel kränker, als ihr jemals klar gewesen war.

Sie vergegenwärtigte sich noch einmal die Ereignisse der letzten drei Wochen, und plötzlich war alles so offenkundig. Natürlich steckte John hinter allem. Er bestrafte sie, weil sie ihn von *seinen* Sachen fernhielt, von *seiner* Frau, von *seinem* Haus, von *seinem* Sohn. Er hatte sein eigenes Blut auf den Truck geschmiert, hatte mit ihrer Waffe auf die Ladefläche geschossen, hatte die Polizei gerufen … all das war sein Werk, und dann hatte er sie mit Dingen aus ihrer Vergangenheit gequält.

Warum hatte er im Job nicht den gleichen Ehrgeiz an den Tag gelegt?

Brady kehrte mit einem Pappbecher voll Wasser zurück. Sie kippte es in einem Zug hinunter.

»Du kannst es wiedergutmachen«, sagte sie zu dem zitternden Schlosser. »Schick mir eine SMS, wenn er wieder an dich herantritt, nachdem ich noch mal die Schlösser habe austauschen lassen. Sag ihm, er bekommt den neuen Schlüssel, vereinbare ein Treffen mit ihm und gibt mir Bescheid. Es ist wirklich wichtig. John ist cracksüchtig. Er will mir und meinem dreijährigen Sohn wehtun. Keine Ahnung, ob du dich mit Cracksüchtigen auskennst, aber sie denken an nichts anderes als an die nächste Pfeife. Das Crack zerfrisst ihr Gehirn, und sie verlieren die Verbindung zu den Menschen, die sie mal geliebt haben. Es ist wie der Tollwutvirus, der nichts anderes will, als sich auszubreiten, ohne Rücksicht auf den Wirt. Genau das geschieht hier. Tust du das für mich?«

Schniefend wischte Brady sich über das verheulte Gesicht und nickte.

»Mach ich«, sagte er. »Es tut mir echt leid. Ich dachte wirklich, er will nur seine Sachen rausholen. Den Rest habe ich nicht gewusst.«

Sie versuchte erneut aufzustehen, und diesmal gelang es ihr. Sie stieg in den Pacifica und fuhr nach Hause.

Sie dachte an das temporäre Foto von Daltrey mit den durchgekreuzten Augen. *Er wird sterben* hatte darauf gestanden. John hatte gemeint, was er sagte – er würde Daltrey lieber tot sehen als bei ihr.

Weinend fuhr sie durch die Straßen und dachte an all das, was verloren war. Der einzige Mann, den sie je geliebt hatte, der Einzige, dem sie sich vorbehaltlos geöffnet hatte, hatte sie nicht nur nicht genug geliebt, um mit den Drogen aufzuhören, sondern versuchte jetzt sogar, sie in den Wahnsinn oder in den Tod zu treiben. Oder zurück in ihre eigene

Sucht. Wie hatte sie sich nur so gründlich täuschen lassen können?

Nach und nach würde John alles nutzen, was er über sie wusste, als würde er sie bei vollem Bewusstsein häuten, Zentimeter für Zentimeter. Was bedeutete, dass er sie irgendwann demnächst bei der Polizei anschwärzen würde.

Sie musste der Polizei mitteilen, dass John lebte und hinter all den Vorfällen steckte. Aber das musste bis morgen warten, denn sie wusste, dass Detective Treloar nicht am Wochenende arbeitete, und sie hatte keine Lust, sich womöglich mit Detective Dirksen herumschlagen zu müssen.

Als sie zu Hause eintraf, sah sie zu ihrem Erstaunen Marlon auf der obersten Sprosse ihrer zusammenschiebbaren Aluminiumleiter stehen, die voll ausgezogen am Haus lehnte.

Er trug Shorts und ein ärmelloses T-Shirt, dazu einen Werkzeuggürtel. Schweißüberströmt schraubte er etwas an der Fassade fest.

»Da bist du ja«, rief er herunter.

»Was machst du hier?«, fragte Nessa und schirmte mit der Hand ihre Augen vor dem blendenden Sonnenschein ab, plötzlich besorgt wegen des fürchterlichen Anblicks, den sie bot: übernächtigt, verheultes Gesicht, verschmiertes Make-up, fettiges Haar.

Vielen Dank, Joyce Gereben, für das wunderbare mütterliche Vermächtnis, das du mir aufgebürdet hast. Welche Rolle spielte es schon, wie sie aussah? Marlon war ihr Sponsor, nicht ihr … was auch immer …

Auch er wirkte unbehaglich, wie er da mit dem Schraubenzieher in der Hand oben auf der Leiter stand; es sah fast so aus, als hätte sie ihn dabei ertappt, wie er ihr Haus mit Eiern bewarf.

»Hör mal«, sagte er, »ich wollte nicht, dass du hier noch einen ganzen Tag ohne Überwachungsanlage verbringen musst. Ich habe einfach etwas gekauft und hoffe, du hast nichts dagegen einzuwenden. Ich dachte mir, du …«

»Kannst du bitte runterkommen? Ich will dir erzählen, was heute Morgen passiert ist. Wo sind Isabeau und Daltrey?«

»Drinnen«, sagte er und zog eine Schraube fest. »Kleinen Moment.«

»Was sind das für Dinger?«, fragte Nessa und deutete nach oben.

»Videokameras«, sagte er. »Damit jeder Bereich deines Hauses überwacht wird. Ich habe auch ein schlüsselloses, computergesteuertes Zutrittssystem besorgt. Isabeau baut es gerade zusammen. Das Ganze ist einfach zu krass geworden. So was darf nie wieder passieren.«

Nessa setzte zu einer Erwiderung an, sagte dann aber nur: »Danke.«

Marlon stieg die Leiter herunter und ließ sich erschöpft auf einen Gartenstuhl fallen. Isabeau kam aus dem Haus, in der Hand eine Bedienungsanleitung.

»Ich erkläre dir jetzt deine neue Alarmanlage«, sagte sie.

Nessa hob eine Hand und sagte: »Erst erzähle ich euch, was ich gerade herausgefunden habe.«

Isabeau und Nessa setzten sich, dann hörten Marlon und Isabeau mit wachsender Verblüffung zu, was Nessa über Brady, den Schlosser, zu berichten hatte.

»Dann steckt also hinter alldem …«

»John«, sagte Marlon leise.

Nessa nickte und fing wieder zu weinen an. Isabeau stand auf und kauerte sich neben Nessas Stuhl, umarmte sie.

»Es tut mir so leid für dich«, sagte sie.

»Was soll ich jetzt tun?«, fragte Nessa.

»Als Erstes flamen wir die verdammte Schlosserei auf Yelp«, sagte Marlon.

Das kam so unerwartet, dass Nessa in schallendes, aus Hysterie und Furcht geborenes Gelächter ausbrach.

Marlon sah zufrieden aus. »Dann musst du zur Polizei gehen«, sagte er. »Du musst sie informieren.«

»Aber ich habe dem Jungen versprochen, ihn nicht in Schwierigkeiten zu bringen.«

»Ohne seine Aussage würde die Polizei dir nicht glauben«, sagte Marlon.

»John muss das Haus beobachten«, sagte Nessa. »Brady kommt morgen wieder her, um noch mal die Schlösser auszutauschen, und dann wird John an ihn herantreten, um den neuen Schlüssel zu bekommen.«

Isabeau und Marlon sahen einander verwirrt an.

»Und dann was?«, fragte Isabeau.

»Ich werde der Polizei sagen, ich hätte Grund zu der Annahme, dass John lebt«, sagte Nessa, »und hinter alledem steckt. Aber ich will ihn selbst auf frischer Tat ertappen.«

»Das ist lächerlich«, sagte Marlon.

Nessa konnte ihm nicht erklären, warum sie versuchen wollte, sich die Polizei weitgehend vom Leib zu halten, und gleichzeitig deren Hilfe in Anspruch zu nehmen gedachte – aber eben zu ihren Bedingungen. Sie durfte nicht zulassen, dass man ihre Fingerabdrücke nahm, weil sonst herauskäme, wer sie wirklich war, und dies zöge einen ganzen Rattenschwanz verhängnisvoller Konsequenzen nach sich. Sie würde Daltrey verlieren. Aber all das konnte sie Marlon und Isabeau nicht erzählen. John hingegen wusste das alles. Und sie würde nicht zulassen, dass er sie zerstörte. Sie würde alles dafür tun, um ihn aufzuhalten. Alles.

»Bitte, Leute«, sagte Nessa. »Ich möchte das einfach auf meine Weise erledigen. Mit den Videokameras werden wir ihn auf frischer Tat ertappen. Dann spiele ich die Aufnahmen der Polizei vor und muss keine Angst mehr haben, dass man mich für verrückt hält. Das tut die Polizei nämlich allmählich.«

Erneut wechselten Marlon und Isabeau einen Blick.

»Meine Schwiegereltern nehmen Daltrey eine Weile zu sich, sodass ich mich darauf konzentrieren kann, John zu stellen, ohne Angst um Daltrey haben zu müssen.«

»Meinst du nicht, seine Eltern helfen John?«, gab Marlon zu bedenken. »Vielleicht stecken alle drei hinter der Sache.«

»Auf keinen Fall«, sagte Nessa. »Sie schlagen sich schon viel länger mit Johns Wahnsinn herum als ich, und ich garantiere euch, dass sie nichts tun würden, was ihren Enkel in Gefahr bringen würde.«

Das war das Einzige, dessen sie sich sicher war.

»Na ja«, sagte Marlon langsam. »Das Überwachungssystem sollte John – und alle anderen potenziellen Eindringlinge – aus dem Haus fernhalten, ungeachtet der Schlüsselsituation.«

»Du bist die Chefin, Chefin«, meinte Isabeau.

»Halte mich bitte auf dem Laufenden, Nessa«, sagte Marlon. »Denn falls etwas schiefgeht, schalte ich sofort die Polizei ein und liefere diesen Brady ans Messer.«

»John ist vor allem daran interessiert, mir emotional, finanziell und reputationell zu schaden.«

»Das Wort gibt es gar nicht«, sagte Marlon.

»Mir körperlichen Schaden zuzufügen ist für ihn nur ein Bonus«, sagte sie.

Isabeau schaute von Marlon zu Nessa und dann auf die Bedienungsanleitung, die sie schon die ganze Zeit in der Hand hielt. »So, jetzt hören wir uns mal an, was es über das Überwachungssystem zu sagen gibt.«

Nessa merkte ihr die freudige Erregung an, endlich ihr Wissen teilen zu können.

Sie las aus der Bedienungsanleitung vor. »›Die passwortgeschützte Arretier-Technologie funktioniert ohne Schlüssel und Code – Sie benötigen nur Ihr Smartphone und die App. Sobald Sie das Haus verlassen, verschließt die Tür sich automatisch. Kompatibel mit allen gängigen Zylinderschlössern, darunter Locktite, bla, bla, bla. Falls Sie Ihr Smartphone nicht zur Hand haben, funktioniert weiterhin der reguläre Hausschlüssel.‹«

Marlon schien beruhigt von dem, was er da hörte. »Es war das am höchsten bewertete System, das ich finden konnte«, sagte er.

Isabeau las weiter vor. »›Mit der Freunde-und-Familie-Sonderfunktion gewähren Sie ausgesuchten Personen exklusiven Zugang in Ihr Haus.‹«

Freunde und Familie. Zählten die beiden jetzt dazu? Nessa war es mehr als unangenehm, dass Isabeau und Marlon so viel für sie taten, dass sie so viel Arbeit in ihre Sicherheit investierten.

»Ich wusste gar nicht, dass du handwerklich begabt bist«,

sagte Nessa zu ihrem Sponsor, um ihr Unbehagen darüber zu verschleiern, Subjekt so großer Anteilnahme zu sein.

Marlon stand auf, bereit, sich wieder an die Arbeit zu machen. »Wir alle haben unsere Geheimnisse.«

Montag, 20. Juni

Brady, der Schlosser, war am Sonntag nur allzu bereitwillig vorbeigekommen, um die Türschlösser auszutauschen. Er hatte sich derart unterwürfig und reuevoll gegeben, dass er ihr beinahe schon leidgetan hatte.

»Vergiss nicht«, hatte sie ihm eingeschärft, »du rufst mich an, sobald er versucht, dir einen Schlüssel abzukaufen. Verstanden?«

Brady hatte geschworen, sich daran zu halten.

Ehe Nessas Schwiegereltern eintrafen, schaute sie sich die nächtlichen Aufnahmen der Videokameras an, um zu sehen, ob John um das Haus herumscharwenzelt war. Sie las in der Bedienungsanleitung nach, wie man das Video abspielte, dann sah sie sich die Aufnahmen im Schnelldurchlauf an.

Es war schwierig, die ganze Zeit auf den Bildschirm zu schauen, denn es geschah nicht das Geringste.

Als sie fertig war, rief sie Lauren an, um den für den nächsten Tag geplanten Besuch im Wasserpark abzusagen, weil Daltreys Großeltern mit ihm nach Kansas City führen. Lauren war natürlich enttäuscht, aber wenigstens musste Nessa sie nicht anlügen.

Sie setzte sich nach draußen, um ihre Schwiegereltern abzufangen, ehe Daltrey sie sah. Um Punkt acht fuhren Linda und Tony Donati vor und stiegen aus. Beide waren Ende sechzig und gekleidet wie Touristen.

Linda hauchte Nessa flüchtige Küsse links und rechts auf die Wange, Toni umarmte sie kurz, wich ihrem Blick aus.

»Bevor ich Daltrey Bescheid gebe, dass ihr hier seid, muss ich euch erzählen, was passiert ist«, sagte sie.

Linda und Tony sahen einander unbehaglich an.

»In Ordnung«, sagte Linda.

Nessa erzählte ihnen von den Online-Belästigungen, vom verlassenen Truck, vom vergifteten Hund; sie erzählte ihnen alles. Mit jedem neuen Punkt in ihrer Aufzählung schienen Tony und Linda weiter zusammenzuschrumpfen, erdrückt von der Last dessen, was ihr Sohn angerichtet hatte. Als Nessa am Ende die Geschichte von der Beinahevergewaltigung erzählte, schlug Linda die Hand vor den Mund.

»Es tut mir leid, euch all das mitteilen zu müssen«, sagte Nessa, »aber das alles ist der Grund, warum ich Daltrey für eine Weile zu euch gebe. Ich habe am Haus ein Überwachungssystem installiert, aber ich möchte meinen Sohn in Sicherheit wissen.«

Tony nickte und starrte zu Boden, die Hände in den Taschen seiner Bermudashorts vergraben. Linda strich sich über das Haar und straffte den Rücken.

»Er kann bei uns bleiben, solange du willst«, erklärte sie mit bebender Stimme.

»Danke«, sagte Nessa. »Dann holen wir ihn jetzt.«

Sie gingen hinein, und Linda wischte sich die feuchten Augen.

»Wo bist du, Daltrey?«, rief sie. »Wo ist mein kleiner Enkel?«

Lächelnd kam Daltrey herangestiefelt, die Ärmchen nach seiner Großmutter ausgestreckt.

»Hallo, Kleiner«, sagte sie laut und gedehnt, in einem Tonfall, in dem man normalerweise Greise und geistig Minderbemittelte ansprach. »Grandma und Grandpa sind hier, um dich abzuholen. Bist du bereit, zum Worlds of Fun zu fahren? Kannst du das sagen, Worlds of Fun?«

Tony wandte sich vom Fernseher ab und fing zu weinen an, als er seinen Enkel sah. Zu Nessa gewandt, sagte er: »Er sieht seinem Daddy so ähnlich, so ähnlich.« Er zog ein Taschentuch heraus, wischte sich damit über die Augen und schnäuzte sich. Dann hob er Daltrey hoch und drückte ihn an sich.

Daltrey tätschelte die Wangen seines Großvaters, worauf dieser noch mehr weinte. Dies mit anzusehen zerriss Nessa das Herz. Hätte Tony in diesem Moment John in die Finger bekommen, er hätte ihn entzweigebrochen.

Linda hingegen wandte ihr Gesicht Nessa zu, ein breites, falsches Lächeln auf den rosafarben angemalten Lippen, die Augenbrauen weit hochgezogen; mit einem Mal war die Harmonie der kurzen Plauderei im Garten dahin. »Hast du schon angefangen zu sprechen, Liebling? Hat Mama dir das schon beigebracht?«

Dies war ihre Methode, Nessa zu verhören – indem sie Daltrey Fragen stellte, die er unmöglich beantworten konnte. Nun aber war Nessa dankbar für Lindas unangenehme Angewohnheit. Denn ihre Verärgerung half Nessa, die Dinge als ganz normal zu empfinden, wenn auch nur für einen Moment.

Unter ihrem gezwungenen Lächeln knirschte Nessa mit

den Zähnen. »Seine Sachen sind gepackt, er kann auf der Stelle losfahren.«

»Hast du gestern Abend gebadet?«, fragte Linda Daltrey, ihre manikürte Hand an seinem Kopf. »Hast du gebadet?«

»Ja, Linda, er hat gebadet. Und ja, ehe du ihn danach fragst, ich habe alle seine Sachen gewaschen, ehe ich sie in den Koffer legte.«

»Stimmt das?«, fragte Linda Daltrey. »Hat Mama deine Sachen gewaschen? Ich wette, sie hat sie nicht gebügelt!« Sie drückte ihm den Daumen in den Bauch wie dem Knack-und-Back-Männchen von Pillsbury, und genau wie die Werbefigur kicherte Daltrey.

Je schneller sie verschwanden, desto besser. Es würde noch viele Jahre dauern, ehe Daltrey die Spannung zwischen ihr und seinen Großeltern spürte. Hoffentlich war Linda bis dahin längst gestorben.

»Kann ich euch einen Kaffee anbieten?«, fragte Nessa und betete, dass sie Nein sagen würden.

»Nein«, sagte Linda, »Grandma, Grandpa und der große Junge Daltrey müssen aufbrechen! So, wie Grandpa fährt, dauert es zwei Stunden bis Kansas City. Wir müssen los. Musst du noch mal Pipi machen, Daltrey?«

Er schüttelte den Kopf.

»Vielleicht versuchst du es wenigstens«, sagte sie. »Wäre doch blöd, wenn wir unterwegs anhalten müssten, oder, Dolly?«

Erneut knirschte Nessa mit den Zähnen und sagte leise: »Bitte, nenne ihn nicht so.«

»Himmelherrgott, Linda«, sagte Tony, dessen Verärgerung seine Tränen versiegen ließ.

»Wie soll ich dich nicht nennen?«, fragte Linda Daltrey. »Ich habe dich doch nur mit einem süßen altmodischen Spitznamen angesprochen!«

»Linda«, sagte Tony. »Sein Name ist Daltrey, nicht Dolly.«

»Das weiß ich doch! So, und jetzt gehst du noch mal Pipi machen.«

Tony drückte Daltrey noch einmal an sich, ehe er ihn herunterließ. Der Junge rannte ins Bad und schloss die Tür hinter sich.

Linda zog ein liniertes Blatt aus der Handtasche und reichte es Nessa. »Hier steht unsere Hoteladresse in Kansas City und die Telefonnummer.« Sie deutete auf das Papier. »Folgendes haben wir vor: Nachher gehen wir zum Spiel der Royals gegen die Cardinals, und am Dienstag geht es in den Vergnügungspark. Am Mittwoch steht das Spielzeugmuseum auf dem Plan, und abends essen wir im Plaza. Donnerstag fahren wir dann zu uns nach Russell. Was für ein Spaß!«

Tony legte den Arm um Nessa. »Sollen wir Daltrey bis Ende des Monats bei uns behalten? Hältst du es so lange ohne ihn aus?«

Zehn Tage. Nessa war sich nicht sicher. »Warum entscheiden wir es nicht spontan? Sagen wir bis zum Dreißigsten, aber vielleicht komme ich ihn einfach vorher holen.«

Er nickte und gab ihr einen Kuss auf die Stirn. »So machen wir es, Süße.«

Daltrey kehrte zurück, und Linda beugte sich zu ihm hinunter. »Hast du dir die Hände gewaschen? Man muss sich die Hände waschen, wenn man auf der Toilette war. Sonst gibt man seine Bakterien an andere Leute weiter. Und das möchtest du doch nicht, oder?«

Daltrey hielt zur Überprüfung seine Hände hoch, und Linda küsste sie. Daltrey signalisierte »sauber«, doch Linda wandte sich ab. Ihre Schwiegereltern waren nicht daran interessiert, die Gebärdensprache zu lernen, um mit ihrem Enkel kommunizieren zu können.

»Dadurch wirst du nur ermutigt, nicht zu sprechen«, hatte Linda einmal zu Daltrey gesagt, der damals zwei war. »Sie wollen einfach nicht, dass du sprechen lernst!«

Daltrey streckte Nessa die Arme entgegen, und sie nahm ihn hoch und vergrub ihr Gesicht an seinem samtweichen Hals, küsste und knuddelte ihn, bis er quiekte. »Ich habe dich lieb, Daltrey.«

Er legte ihr die Hände an die Wangen und drückte seine Stirn an ihre, schaute ihr unter seinen langen Wimpern in die Augen. Dann hob er seine kleine Hand und machte das Ich-habe-dich-lieb-Zeichen. Sie wiederholte die Geste mit der rechten Hand. Dann küsste und umarmte sie ihn ein letztes Mal und stellte ihn auf dem Boden ab.

»Sei schön artig, kleiner Mann«, sagte sie, und er schaute über die Schulter und warf ihr einen »Na logo«-Blick zu, der sie auflachen ließ.

»Viel Spaß euch«, sagte sie zu ihren Schwiegereltern und umarmte beide. »Danke, dass ihr einspringt. Ich habe zwei schwierige Wochen hinter mir.«

Linda überraschte sie, als sie ihr eine Hand an die Wange legte und sie mit einem aufrichtigen mitfühlenden Blick bedachte.

»Kann ich mir vorstellen«, sagte sie. »Es tut mir so leid.«

Dann drückte sie Nessa fest an sich, und Nessa fing wieder zu weinen an.

Nachdem sie losgefahren waren, ging Nessa in die Küche, um sich einen Kaffee zu holen, und Isabeau kam herein, noch im Schlafanzug, die Haare ganz verstrubbelt.

»Warum bist du nicht runtergekommen, um meine Schwiegereltern zu begrüßen?«, fragte Nessa lächelnd.

»Ich habe sie gehört«, sagte Isabeau und nahm Saft aus dem Kühlschrank. »Ich habe mich fast übergeben, als ich hörte, in welchem Tonfall die alte Dame mit deinem Sohn spricht.«

»Geht mir genauso. Aber eigentlich sind es nette Leute. Sie sind nur ein bisschen komisch und neurotisch. Aber das bin ich auch. Neurotisch, meine ich.«

»Nun, du bist eine bessere Frau als ich«, sagte Isabeau.

Nessa fragte sich, wie ihre eigene Mom wohl als Großmutter wäre. Ihre Schwiegereltern machten sie zwar wahnsinnig, aber wenigstens waren sie nicht wie Joyce.

Während sie an ihre Mutter dachte, fielen ihr die Parallelen zwischen John und Joyce auf – wie weit zu gehen er gewillt war, um sie zu bestrafen, weil sie ihn bestraft hatte. Wenn er der Meinung war, ihm geschehe Unrecht, hielt er an seiner Entrüstung fest wie an einem kostbaren Schatz und funkelte Nessa mit verletztem Blick an, forderte sie heraus nachzufragen, was denn los sei. Genauso war ihre Mutter.

Wenn sie nachgefragt hatte, hatte ihre Mutter geantwortet: »Nichts. Alles in Ordnung.«

John machte es genauso, und dann hob er beleidigt, aber tapfer das Kinn, ganz so wie ihre Mutter.

Der Unterschied? Wenn John diese Dinge tat, wehrte sich Nessa, indem sie vorgab, nicht zu bemerken, dass irgendetwas im Argen lag. Um ihn zu reizen, tat sie extra gut gelaunt und verhielt sich so, als wären sie nie glücklicher miteinander gewesen. Er wurde dann frostiger und eisiger und spielte noch mehr den Leidenden, bis sie ihm irgendwann nur noch eine scheuern wollte. Und schließlich verlor sie die Contenance und schrie ihn an, und dann endlich spuckte er aus, was sein verdammtes Problem war, und am Ende fingen sie an zu lachen und landeten für eine Versöhnungsnummer im Bett – falls er einen hochbekam. Die Medikamente hatten seine Erektionsfähigkeit beeinflusst, aber Tatsache war, dass es sie nicht sonderlich störte.

Mit ihrer Mutter waren die Phasen des Schweigens gefährlicher gewesen. Furchteinflößender. Denn wenn ihre Mutter einen mit Liebesentzug bestraft hatte, wusste man als Kind, dass man verloren war. Man wusste, dass man nicht mehr existierte. Mit ihrem Zorn und ihrer Enttäuschung hatte Joyce einen verschwinden lassen.

Aber genug der Nabelschau. Sie hatte einiges zu erledigen. Nessa setzte sich mit ihrem Laptop an den Tisch und öffnete ihr Mail-Account. Sie hatte mehrere Google-Alert-Meldungen. DeadJohnDonati war ziemlich fleißig gewesen.

Sie hatte Isabeau auszureden versucht, sich den Mist weiterhin anzuschauen, aber vergebens. Isabeau stand hinter ihr und las mit, was DeadJohnDonati heute auf Nessas Blog gepostet hatte:

Quizfrage über Nessa: Was war ihr zweitliebstes Hobby als Teenager? A) In einer Band zu spielen oder B) An der Santa Monica Ecke Highland Avenue zu stehen und fünf Dollar für Blasen und zehn Dollar für einen Fick zu verlangen?

Isabeau hatte es über ihre Schulter gelesen, ehe Nessa den Browser schließen konnte.

»Langsam wird es lächerlich«, sagte Isabeau. »Ich frage mich, ob all diese Sachen nicht das Gegenteil von dem bewirken, was John bezweckt. Oh, Nessa Donati stammt aus dem Weltraum! Sie hat drei Köpfe! Sie war eine Nutte!«

Ach, wäre es doch wirklich nur lächerlich.

Nessa musste ihn finden und aufhalten, bevor *alles* herauskam. Nachdem ihr Sohn nun bei den Schwiegereltern war, hatte Nessa eine Menge zu erledigen. Sie würde John finden, und sie würde dem Albtraum ein Ende setzen.

17. KAPITEL

Sie wartete eine Stunde, bevor sie zur Polizei fuhr. Sie wollte sichergehen, dass Linda und Tony nicht aus irgendeinem Grund zurückkehrten, ehe sie losfuhr.

Auf dem Revier fragte sie den Sergeant am Empfang: »Kann ich Detective Treloar sprechen?«

»Er ist nicht da.«

Sie hatte keine Lust, nach Dirksen zu fragen, aber ihr blieb nichts anderes übrig. Sie setzte sich in den Wartebereich und starrte fünfzehn Minuten lang Löcher in die Luft, bis Dirksen erschien.

Sie stand auf. Ihre Stimme bebte. »Können wir irgendwo hingehen und uns in Ruhe unterhalten?«

»Sicher«, sagte er und führte sie durch den Gang in ein Verhörzimmer. Er zog ihr einen Stuhl unter dem Tisch hervor und setzte sich ihr gegenüber.

»Ich glaube, mein Mann lebt noch«, sagte Nessa.

Das hatte er nicht erwartet; die Überraschung stand ihm ins Gesicht geschrieben. »Was sagen Sie da?«

»Ich habe Grund zu der Annahme, dass John sein Verschwinden vorgetäuscht hat.«

Es klang noch verrückter, als sie es laut aussprach, und Detective Dirksens zuckender Mundwinkel zeigte, dass er das auch so empfand.

»Wirklich«, sagte Dirksen. »Wie kommen Sie darauf?«

Sie schluckte. »Ich glaube, er hat die Annonce auf FantasyIslandXXX.com geschaltet. Ich denke, Sie wissen Bescheid über diese widerliche Internetseite.«

»Ja«, sagte er und sah tatsächlich mitfühlend aus, aber

vielleicht war da auch der Wunsch der Vater des Gedankens.

Nessa schilderte ihm fast alles, was sich zugetragen hatte, aber sie hatte Wortfindungsstörungen, faselte zu viel herum, klang wie eine aufgeregte Hausfrau aus der Provinz. Es war demütigend und frustrierend.

Sie übergab dem Detective ihren Ordner mit den Screenshots: die Kommentare, die gefälschte Website (natürlich ohne die Nacktfotos), die Posts in den sozialen Medien – alles, was sie und Isabeau online gefunden hatten. Sie hoffte, die Sachen würden für sie sprechen.

Als der Papierstapel auf den Tisch knallte und das Eis in der Cola klappern ließ, die sich der Detective aus dem Getränkeautomaten geholt hatte, klappte ihm die Kinnlade herunter. »Machen Sie Scherze?«, fragte er.

»Das ist noch nicht alles«, sagte Nessa.

Ohne richtig hinzuschauen, blätterte er die Unterlagen durch, schob sie schließlich zur Seite. Wahrscheinlich würden sie in einer Schublade landen und der Vergessenheit anheimfallen.

»Gibt es eine Abteilung bei Ihnen, die sich mit Cyber-Kriminalität beschäftigt?«

Er lachte. »Nein.«

»Können Sie das FBI kontaktieren und sich von denen Hilfe holen? Wahrscheinlich hat das FBI mehr Ressourcen für diese Untersuchungen als Sie, oder?«

»Wir werden es in Betracht ziehen.«

Nessa starrte ihn an. »Werden Sie nicht. Ich sehe es an Ihrem Gesicht. Sie werden gar nichts tun.«

»Wir haben alle Hände voll mit richtigen Verbrechen zu tun, Mrs. Donati.«

»Zum Beispiel mit versuchten Vergewaltigungen?«, sagte sie. »Dinge in der Art?«

»Es gibt keinen Hinweis, dass Ihr Mann dahintersteckt«, sagte Dirksen.

»Aber *irgendjemand* steckt dahinter. Ein Mann ist in mein Haus eingedrungen und hat mich mit einer Waffe bedroht, und im Nebenzimmer lag mein dreijähriger Sohn.« Den letzten Teil hätte sie nicht sagen sollen, denn sie hatte Angst, gleich losheulen zu müssen, und vor diesem Arschloch wollte sie nicht weinen.

»Lady, das ist nicht mein Fall. Mein Fall ist das Verschwinden Ihres Mannes.«

Lady. Baby. Kleine. Abfällige Bezeichnungen für hysterische Frauen wie sie.

Sie hatte versprochen, Brady nicht zu verraten, aber wenn es einen Zeitpunkt gab, das Versprechen zu brechen, dann war es dieser.

»Hören Sie«, sagte sie, »ich habe herausgefunden, dass der Schlosser, der meine Türschlösser ausgetauscht hat, John den Hausschlüssel verkauft hat. Zweimal.«

Dirksen lehnte sich zurück und verschränkte die Arme vor der Brust, sagte aber nichts.

Er glaubte ihr nicht. Oder vielleicht *wollte* er ihr nicht glauben.

»Detective Dirksen«, sagte sie und versuchte ganz ruhig und vernünftig zu klingen. »Haben Sie ein Problem mit mir?«

Er betrachtete sie. »Hören Sie, Mrs. Donati, ich habe ein bisschen in Ihrem Blog gelesen, und ich kann nachvollziehen, warum Sie einige Leute verärgern.«

»Wie bitte?«, sagte sie. »Was?«

»Sie sind ziemlich sarkastisch. Einige Leute mögen das nicht.«

Sarkastisch wie Howard Stern? Wie Perez Hilton? Wäre sie ein Mann, könnte sie mit dieser Eigenschaft ein Vermögen verdienen. Aber weil sie eine Frau war, galt sie als schrill, aggressiv, rechthaberisch, streitbar und aufmerksamkeitsheischend. Diesen Köder würde Nessa nicht schlucken. Sie würde beim Thema bleiben. Sie würde die Vernünftige sein. »Aber was hat das mit …«

»Was ich sagen will«, unterbrach Dirksen sie, »ist, dass man, wenn man sich mit einem gewissen Überlegenheitsgefühl im öffentlichen Raum bewegt, einige negative Reaktionen auslöst. Wenn Sie ein bisschen netter wären, wäre all das bestimmt kein Thema.«

»Netter.«

»Ja«, sagte Dirksen und verzog die Lippen zu einem Lächeln. »Damenhafter.«

Ein heißes Kribbeln breitete sich auf ihrer Haut aus. Wut brodelte in ihr. Nein. Sie würde das nicht einfach so hinnehmen. Er war zu weit gegangen. »Wissen Sie, jemandem einen zu blasen ist auch nicht besonders damenhaft, aber ich wette, darüber beschweren Sie sich nie.«

Sie genoss seine schockierte Miene. Aber dann war der Moment vorüber, und er holte zum Gegenschlag aus. Er beugte sich zu ihr vor, die Hände auf der Tischplatte. »Genau deshalb wird man Ihnen niemals Respekt zollen. Sie geben sich hart und sarkastisch, aber sobald jemand etwas sagt, das Ihnen gegen den Strich geht, wenden Sie sich heulend an die starken Männer.«

»Wow«, sagte sie und wurde vor lauter Wut plötzlich ganz ruhig. »Ich weiß nicht einmal mehr, was ich noch sagen soll, außer dass ich von Ihnen vermutlich keine Hilfe erwarten kann.«

Er hob die Hände. »Wenn Sie den Schlosser anzeigen wollen, müssen Sie mit Detective Treloar reden, nicht mit mir.«

»Sie werden nicht nach John suchen?«

»Haben wir doch. Im See. Seine Leiche hat sich vermutlich irgendwo im Gestrüpp an der Bucht verfangen«, sagte er. »Wir können da keine Taucher reinschicken. Ist zu gefährlich. Aber ich kann Ihnen mit ziemlicher Sicherheit garantieren, dass Mr. Donati tot ist. Keine Kreditkartenaktivität, keine Telefonaktivität. Er ist mausetot.« Er musterte sie mit zusammengezogenen Augen. »Könnte es sein, Mrs. Donati, dass Sie allen möglichen Mist an die Wand werfen und schauen, was kleben bleibt, weil Sie versuchen … etwas ganz anderes zu vertuschen?«

»Was denn zum Beispiel?«, fragte Nessa.

»Zum Beispiel … wenn wir endlich das Ergebnis der DNA-Analyse erhalten, wissen Sie, was wir dann erfahren werden? Wir werden erfahren, dass die DNA Ihres Sohnes eine familiäre Entsprechung der DNA in dem Blut und Gewebe ist, das wir zusammen mit den aus Ihrer Pistole abgefeuerten Kugeln in der Seitenwand des Trucks fanden.«

Er lehnte sich zurück und beobachtete ihr Gesicht, wartete, dass sie zusammenbrach, irgendeine Reaktion zeigte. Aber sie rührte sich nicht. Zitterte nicht, weinte nicht, schwitzte nicht. Denn sie hatte John nicht erschossen.

Dirksen beugte sich wieder vor und senkte die Stimme. »Wir werden herausfinden, dass Sie Ihren cracksüchtigen Mann getötet haben, und selbst wenn Sie der Welt damit einen Gefallen getan haben, werden Sie für sehr lange Zeit im Gefängnis landen.«

Sie stand auf, zwang sich, nicht zu schlucken oder zu schwanken. »John ist am Leben, Detective Dirksen, und wie es aussieht, muss ich ihn selbst finden. Ich werde alle Crackhäuser in Manhattan und Junction City auf den Kopf stellen, und wenn ich ihn gefunden habe, werde ich darüber bloggen, dass das Riley County Police Department sich weigerte, einer verzweifelten alleinerziehenden Mutter zu helfen.« Sie wandte sich um und stolzierte aus dem Verhörzimmer.

Sie war eine Verdächtige, das wusste sie nun mit letzter Gewissheit, aber da die Polizei keine Leiche finden würde, würde es schwierig werden, ihr wegen Mordes den Prozess zu machen. Wenn dieser Dirksen aber über Einfluss verfügte, würden sie ein Großes Geschworenengericht einberufen, das sie womöglich doch unter Anklage stellte und trotz der fehlenden Leiche verurteilte. Nessa würde nicht nur das Sorgerecht für ihren Sohn verlieren, sondern den Rest ihres Lebens im Gefängnis verbringen für eine Tat, die sie nicht begangen hatte.

Oh, welche Ironie.

Dienstag, 21. Juni

Nessa erhielt eine E-Mail von Ella, der Empfangsdame bei KCMA:

> *Haben ein Päckchen für dich erhalten ... soll ich es für dich verwahren, oder kommst du es abholen?*

Normalerweise hätte Nessa bis zur nächsten Sendung gewartet, aber sie fragte sich, ob das Paket eine weitere Botschaft von John enthielt. Falls ja, waren vielleicht seine Fingerabdrücke darauf; dadurch könnte sie der Polizei beweisen, dass das Paket tatsächlich von ihm stammte.

Seit ihrer Einstellung war sie nicht mehr tagsüber im Sender gewesen, deshalb kam es ihr merkwürdig vor, am Nachmittag dorthin zu fahren. Im Tageslicht sah das Gebäude ganz anders aus – kleiner und schäbiger. Drinnen linste sie durch die Scheibe in den Studioraum und sah einen kleinen rundlichen Mann mit *ihren* Kopfhörern auf den Ohren auf *ihrem* Stuhl sitzen und auf *ihr* Mikrofon sabbern.

War sie zu vereinnahmend?

Sie wandte sich zur höchstens achtzehnjährigen Ella, die vehement ihre Tastatur bearbeitete.

»Hi, Nessa«, sagte sie und schrieb schnell etwas zu Ende, ehe sie unter den Tisch griff und einen wattierten Umschlag hervorholte. Sie reichte ihn Nessa.

»Kein Absender«, sagte Nessa. »Steht nur drauf ›Ein Fan‹.« Sie drehte den Umschlag um und sah, dass es keinen Poststempel gab. »Ist das mit der Post gekommen?«

»Nein«, sagte Ella. »Als ich heute Morgen zur Arbeit kam, lehnte der Umschlag an der Tür.«

Nessa überlegte, ob sie ihn draußen öffnen sollte. Aber andererseits war es vielleicht nicht verkehrt, einen Zeugen zu haben.

Sie setzte sich auf den Stuhl am Empfang und tastete den Umschlag ab, aber was immer sich darin befand, spürte man nicht unter der Wattierung. War es zu klein, um eine Bombe zu sein?

Sie riss den Umschlag auf und wollte ihn auskippen, aber der Inhalt ließ sich nicht bewegen. Sie schickte sich an, hineinzufassen. Aber dann hatte sie die Vision einer Giftschlange. Völlig ausgeschlossen war es nicht.

»Hast du mal eine Schere für mich?«, fragte Nessa.

Ohne aufzuschauen, griff Ella in eine Schublade, nahm eine Schere heraus und reichte sie Nessa.

Nessa schnitt die drei verbliebenen Ränder auf und nahm die Vorderseite des Umschlags ab.

»Was zum Teufel …?«, rief Nessa.

Eine gefüllte Subkutanspritze war mit Klebeband an der Wattierung befestigt.

Ella schaute auf. »Was ist drin?«

Ehe Nessa antworten konnte, stand Ella auf und sah es sich selbst an.

»Oh, mein Gott«, sagte sie.

Mit entsetzter Faszination starrte Nessa auf die Spritze. John hatte sie so befestigt, dass die Nadel nach oben zeigte. Hätte Nessa einfach hineingegriffen, hätte sie sich gestochen und sich womöglich einen Teil der Flüssigkeit injiziert, die sich in der Kammer befand.

Wollte John sie wirklich tot sehen? Beklommen starrte sie auf die Spritze.

Ella griff zum Telefon. »Ich rufe die Polizei.«

Noch immer blickte Nessa auf die Spritze. Es hätte ihr Ende sein können. Sie hätte sterben können, und Daltrey wäre …

Nessa schreckte aus ihrer Trance hoch. »Nein«, sagte sie. »Musst du nicht. Ich bringe das Ding sofort hin.«

»Wenn du mich brauchst, ich kann alles bezeugen«, sagte Ella.

»Danke«, sagte Nessa. »Hast du Klebeband?«

Ella reichte ihr eine Rolle, und Nessa klebte den Umschlag wieder zusammen.

Sie hätte sich sonst etwas holen können. Irgendeinen Krankheitserreger. Hepatitis. Tollwut. HIV. Oh, Gott. Das Ganze war Wahnsinn, schierer Wahnsinn.

»Das solltest du sofort auf Instagram posten«, sagte Ella. »So was bekommt man nicht jeden Tag zu sehen.«

»Wirklich, Ella?«

»Tut mir leid«, sagte sie verlegen.

Was war das nur für eine Generation, die alles, was sie sah, dokumentieren wollte, von blutigen Autounfällen bis hin zur eigenen Frisur? Natürlich war sie selbst längst Teil dieser Cloud-Kultur. Sie war Teil des Problems. Aber ihr würde nie einfallen, das Foto einer Waffe ins Netz zu stellen.

Nessa verstaute den Umschlag sorgfältig in ihrer Handtasche. Die Spritze hatte sie nicht angefasst und hoffte nun, dass man darauf Johns Fingerabdrücke finden würde.

Sobald sie im Wagen saß, nahm sie den Weg zur Polizei, um dort die Spritze und deren Inhalt untersuchen zu lassen.

Doch plötzlich wurde ihr klar, dass man bei der Polizei dann auch ihre eigenen Fingerabdrücke nehmen würde. Es ließ sich dann nicht mehr vermeiden.

Nessa fuhr auf den Parkplatz einer verlassenen Lagerhalle, um in Ruhe nachzudenken. Könnte sie den Inhalt der Spritze nicht auch bei ihrem Arzt untersuchen lassen? Wahrscheinlich schon.

Sie zog den Umschlag aus der Handtasche, öffnete ihn und betrachtete die Spritze.

Da sie innen am Umschlag klebte, konnte man die Farbe der Flüssigkeit in der Spritze nur schwer erkennen, aber sie kam ihr bekannt vor, und sie glaubte zu wissen, was es war: Heroin.

Ihr fiel eine Szene aus *Nightmare III: Freddy Krueger lebt* ein, die Szene, in der die Fußspuren eines ehemaligen Junkie-Mädchens aufbrachen wie hungrige verzweifelte Mäuler, die am Verdursten waren.

Speichel quoll über Nessas Lippen, sie sabberte. Ihre Augen wurden wässrig. Die Spritze schien ein eigenes Gravitationsfeld zu besitzen. Sie versuchte ihm zu widerstehen. Sie wusste nicht genau, ob es tatsächlich Heroin war. *Natürlich ist es Heroin,* sagte die leise Stimme in ihrem Kopf. *Ein kleiner Schuss ist doch nicht so schlimm. Nur dieses eine Mal und dann nie wieder.*

Die Stimme hatte viele Male zu ihr gesprochen, beharrlich, verführerisch, teuflisch überzeugend.

Nur dieses eine Mal.

Nessa riss ihr Handy aus der Tasche und drückte die Kurzwahl für Marlon. Es klingelte, während sie geifernd auf die Spritze starrte.

»Hier ist Marlon. Ich rufe so schnell wie möglich zurück.«

Piep.

Scheiße.

Sie ließ das Handy fallen, hechelnd, angespannt, beinahe wie kurz vor dem Orgasmus. Alle Härchen an ihrem Körper hatten sich aufgerichtet.

Nur dieses eine Mal.

Die Stimme in ihrem Kopf schrie jetzt, und vor ihrem inneren Auge sah sie sich schon nach der Spritze greifen.

Sie wühlte in ihrer Handtasche, um irgendetwas zu finden, womit sie ihre Hände fesseln konnte, war nur noch ein verhungerndes Tier, das verzweifelt zu überleben versuchte. Denn sonst, sonst …

Dann fiel ihr Blick plötzlich auf das Portemonnaie, auf das durchsichtige Fach, aus dem sie Daltrey anlächelte.

Aller Sauerstoff entwich ihrem Körper. Sie war gelähmt vor Entsetzen.

Oh, Gott. Allmächtiger. Was hätte sie beinahe getan?

In ihrem Telefon erklangen die Dickies.

Sie drückte auf die Empfangstaste und brüllte hinein: »Wieso bist du nicht rangegangen, verdammt noch mal? Wo warst du?« Sie schluchzte.

»Whoa, immer mit der Ruhe«, sagte Marlon. »Was ist los? Wo bist du?«

Einen Moment lang konnte Nessa nichts sagen, weinte so sehr, dass sie keine Luft bekam.

»Ich habe sofort zurückgerufen, Nessa«, sagte er ruhig. »Wo bist du?«

»Ich hätte beinahe – beinahe …« Sie konnte es nicht aussprechen. Sie konnte es nicht sagen, denn Marlon wusste es nicht.

Er glaubte, sie sei Alkoholiker wie er. Sie hatte ihm nie erzählt, was ihr wirkliches Problem war, und sie wusste, dass es total falsch war, es zu verheimlichen. Sie wollte es ihm erzählen, konnte es aber nicht.

»Beinahe«, sagte Marlon. »Aber du hast es nicht getan.«

»Nein, habe ich nicht.« Ihr Blick war auf das Foto von Daltrey geheftet.

»Das wird schon wieder«, sagte Marlon. »Heute ist eben ein schwieriger Tag für dich. Du musst ihn einfach durchstehen.«

»Ja«, sagte sie.

»Soll ich zu dir kommen? Ich kann meine Seminare absagen.«

Sie atmete tief durch, sah weiter Daltrey an. »Nein«, sagte sie. »Geh unterrichten. Es geht mir schon besser.«

»Geh zu einem Treffen. Ich rufe dich heute Abend an. Mit Gottes Hilfe schaffst du es. Erwarte das Wunder. Erwarte es.«

»Mache ich«, sagte sie. »Dank dir, Marlon. Wir reden heute Abend.«

Nachdem Nessa die Verbindung unterbrochen hatte, legte sie den Umschlag mit der Spritze wieder in die Handtasche. Sie legte den Gang ein und fuhr zur Praxis ihres Arztes.

Sie sollte zu einem Treffen gehen, unbedingt. Aber sie hatte keine Zeit dafür.

Sie parkte vor dem Ärztehaus. Drinnen fragte sie die Arzthelferin: »Können Sie mich irgendwie dazwischenschieben und mir heute noch einen Termin geben?«

»Was ist denn das Problem?«, fragte die Arzthelferin.

»Ich muss eine persönliche Angelegenheit mit ihr besprechen.«

»Sie können es mir ruhig sagen.«

»Das möchte ich nicht, danke.«

»Ich werde mal im Kalender nachsehen. Wie ist noch gleich Ihr Name?«

»Nessa Donati.«

»Setzen Sie sich bitte.«

Nessa tat, wie ihr geheißen, und rief Isabeau an, bekam aber nur die Mailbox.

Sie versuchte, so locker wie möglich zu klingen. »Hi, Mädel, bei mir wird es später. Ich versuche, zum Abendessen zu Hause zu sein. Ich rufe noch mal an, falls ich auch das nicht schaffe.« Sie legte auf.

Es dauerte etwas über eine Stunde, in der sie mehrfach das Gelassenheitsgebet aufsagte, bis man sie endlich aufrief. Nessa erhob sich und folgte der Arzthelferin ins Behandlungszimmer.

Die Ärztin, Kelley, rauschte herein, ein Klemmbrett in der Hand. »Hallo, Mrs. Donati«, sagte sie. »Was kann ich für Sie tun?«

Sie schilderte, was geschehen war, und fragte dann: »Können Sie die Substanz untersuchen und herausfinden, ob es das ist, was ich glaube?«

Nessa zog den Umschlag aus der Tasche und öffnete ihn für die Ärztin.

Kelley streifte Latexhandschuhe über und nahm vorsichtig die Spritze heraus. Sie hielt sie ins Licht. »Damit müssen Sie zur Polizei gehen.«

Wie sollte Nessa es ihr erklären? Nach dem aufreibenden Vormittag schien es ihr unmöglich. War es irrational zu glauben, Dirksen würde einen Weg finden, die Sache gegen sie zu verwenden? Oder würde es der Polizei beweisen, dass John am Leben war und ihr nachstellte? Nessa war unschlüssig, fühlte sich hin und her gerissen.

»Hören Sie«, sagte Nessa. »Ich hatte in der letzten Zeit viel mit der Polizei zu tun – und man arbeitet dort nicht besonders schnell. Und wenn ich in Kontakt mit einer toxischen Substanz komme, dann möchte ich nicht in sechs Wochen erfahren, worum es sich handelt, sondern sofort.«

Die Ärztin setzte sich. Ihr nachdenklicher Blick wanderte zwischen der Spritze und Nessas flehendem Blick hin und her.

»Ich bin für Sie da«, sagte Kelley schließlich. »Nicht für die Polizei. Ihre Gesundheit ist für mich das einzig Wichtige. Ich glaube, wir haben Herosol da. Ich schaue mal nach.«

»Danke«, sagte Nessa.

Kelley verließ mit der Spritze das Behandlungszimmer, und Nessa blieb reglos sitzen. Nachdem die Gefahr eines Rückfalls nun gebannt war, funktionierte ihr Gehirn wieder normal. Und sie fragte sich, was John beabsichtigte. Glaubte er etwa in seinem Wahn, dass es ihm irgendwie helfen würde, wenn er sie zum Heroin zurückbrachte? Aber es war sinnlos, die Gedankengänge eines bipolaren Cracksüchtigen verstehen zu wollen.

Kelley kehrte ohne Spritze, aber mit einem kleinen, purpurn gefärbten Stück Papier zurück. Sie zeigte es Nessa.

»Es ist Heroin«, sagte Kelley.

»Habe ich mir gedacht«, sagte Nessa. »Ich kann Ihnen gar nicht genug danken.«

»Ich hoffe, ich werde es nicht bereuen«, sagte Kelley. »Bitte, enttäuschen Sie mich nicht.«

»Werde ich nicht.«

Zitternd und erschöpft verließ Nessa die Praxis. Noch immer fragte sie sich, was John bezweckte. Wollte er sie wieder heroinsüchtig machen?

Oder wollte er sie umbringen?

18. KAPITEL

21. 6.
Hi, ich bin Nessa, und ich bin Alkoholikerin. Okay, das stimmt nicht. Warum lüge ich sogar in meinem persönlichen Tagebuch? Halte ich es etwa für besser, nach Alkohol süchtig zu sein statt nach Heroin? Ein bisschen wahrscheinlich schon, denn mit Alkohol braucht man normalerweise länger, um sich umzubringen.

Ich bin seit sechs Jahren, fünf Monaten und zwei Tagen clean.

Es war ein Versehen, als ich das erste Mal Heroin nahm. Das ist besonders bedauerlich.

Als ich siebzehn war, arbeitete meine Mutter in einer schäbigen Bar als Kellnerin. Candy und ich hingen dort öfters ab und versuchten, alte Kerle dazu zu bringen, uns Drinks zu spendieren. Mom ignorierte das, tat so, als tränken wir Kirschsaft und machten unsere Hausaufgaben.

Candy tat das wirklich, aber ich für meinen Teil hatte den Schulbesuch weitgehend eingestellt. Aber es war Sommer, und eines Abends war ich ohne Candy in der Bar. Sie hatte etwas anderes zu tun, ich weiß nicht mehr, was. Spät am Abend forderte mich ein Typ mit hüftlangem glänzendem schwarzem Haar zum Tanzen auf. Er hatte einen Schnurrbart und große braune Augen. Er trug ein Muskelshirt und verwaschene Jeans und war wohl Ende zwanzig.

Wortlos nahm er meine Hand und führte mich auf die Tanzfläche.

Das erste Lied war irgendein harter Rocksong – ich weiß nicht mehr welcher –, und der Typ sprang wild herum.

Als Nächstes folgte eine ruhige Nummer, und er legte die Arme um mich, fummelte aber überraschenderweise nicht an mir herum.

Er flüsterte mir ins Ohr. »Möchtest du ...?«

»Was?«, flüsterte ich zurück.

»Na das ...« Er hob die Hand und legte den Daumen und Zeigefinger so an die Nase, dass es aussah, als hielte er einen Strohhalm, dann sniffte er theatralisch.

Kokain.

Ja, ich hatte definitiv Lust auf Koks.

Ich war schon betrunken und bekifft, aber lächelte und nickte. Er nahm mich bei der Hand, und wir gingen zusammen nach draußen zu einem gelben Sportwagen. Er machte die Beifahrertür auf, die sich nach oben öffnete, und half mir hinein. Dann ging er um den Wagen herum und stieg auf der anderen Seite ein.

Ich sank in den butterweichen Ledersitz und roch Geld. Ich hatte noch nie in einem so teuren Auto gesessen.

Wer war der Kerl?

»Wie heißt du?«, fragte ich.

»Hoover«, sagte er augenzwinkernd.

Er nahm einen kleinen Spiegel vom Armaturenbrett, faltete einen winzigen Papierumschlag auf und rieselte etwas Pulver auf den Spiegel. Mit einer American-Express-Platin-Karte teilte er es in mehrere Linien auf und lächelte mich an, entblößte sein strahlend weißes Ge-

biss. Dann zog er hinter dem Ohr einen zusammengerollten Hundertdollarschein hervor und reichte ihn mir. Ich verspürte ein aufgeregtes Kribbeln, während ich mir ein Nasenloch zuhielt und den Geldschein in das andere schob und eine der Lines wegzog.

Das Zeug schoss mir mitten ins Hirn, noch während ich durch das andere Nasenloch eine zweite Line zog. Ich gab ihm den Schein zurück und schmiegte mich in das Sitzpolster. Per Knopfdruck öffnete er das Wagendach, dann langte er über mich hinweg und stellte meinen Sitz in Liegeposition. Ich fiel durch die Nacht, meine Augen verdrehten sich, mein Körper schauderte in seidenen euphorischen Wellen. Ich blinzelte, und dann beobachtete ich, wie sich am Nachthimmel ein Stern nach dem anderen zeigte, bis ich die winzigsten Details erkannte, Ringe und Sternenstaub und Nebel und Supernovas.

»Wie fühlst du dich?«, schnurrte Hoover mir ins Ohr. Ich rechnete damit, dass er mich gleich anfassen würde, aber er behielt die Hände bei sich.

»Soooooo fantastisch«, sagte ich.

Er stellte seinen Sitz ebenfalls zurück, und dann betrachteten wir schweigend die Sterne. Ich hatte mich noch nie so verbunden gefühlt – mit dem Universum, mit der Menschheit, mit Gott.

Was, zum Teufel, war das für ein Zeug?

Nach etwa einer halben Stunde schloss Hoover das Schiebedach und stellte meinen Sitz in die aufrechte Position.

»Du musst jetzt gehen«, sagte er.

Ich strich mein Haar zurück und sagte völlig sinnfrei: »Ich auch.«

»Wann sehe ich dich wieder?«, fragte Hoover.

»Was ist heute?«

»Donnerstag.«

»Morgen Abend«, sagte ich träumerisch.

»Bis dann.«

Er stupste mich an die Nase und half mir aus dem Wagen.

Ich schwebte in die Bar zurück, und was immer das für ein Zeug war, ich wollte mehr davon, denn ich hatte kein einziges Mal an Nathan, ans Gericht oder an die anstehende Fernsehserie, die meine Mutter auf den Weg gebracht hatte, gedacht.

Ich wollte mehr, und ich bekam mehr. Viel mehr.

Aber nicht von Hoover. Ich hatte nicht ahnen können, dass Mom kurz nach dieser ersten Nacht eine Affäre mit ihm beginnen würde. Sie fragte ihn nie, womit er seinen Lebensunterhalt verdiente, woher das Geld für einen schicken Sportwagen, für teure Restaurantbesuche und für Urlaubsreisen in die Tropen kam. Sie lehnte Drogen rundheraus ab, aber wenn das Zeug ihr all diesen Luxus ermöglichte, dann sei's drum. Sie schaute einfach weg und tat so, als wüsste sie von nichts.

Ich fand erst später heraus, dass es Heroin gewesen war. Ich wollte natürlich, dass meine beste Freundin die gleichen tollen Gefühle hatte wie ich – und so kam es dann auch.

Freitag, 24. Juni

Gleich nach dem Aufstehen fuhr Nessa rasch zum Lebensmittelladen. Der Himmel hing tief, war voller schwerer, dunkel brodelnder Wolken, die Gewitter und eine noch höhere Luftfeuchtigkeit versprachen.

Bei ihrer Rückkehr regnete es.

Eine blaue Limousine stand mit laufendem Motor vor dem Haus.

Was jetzt?

Nessa parkte den Pacifica in der Garage und betrat das Haus durch die Hintertür. Sie hörte es an der Haustür klingeln und vermisste Declans freudiges »Freunde sind hier!«-Gebell.

In den letzten vier Wochen hatte sie mehr sonderbare Besucher gehabt als in der ganzen Zeit davor, die sie hier wohnten.

Nessa öffnete die Haustür. Vor ihr stand eine Frau in Rock und Bluse; in einer Hand hielt sie einen tropfenden roten Regenschirm, in der anderen einen ledernen Aktenkoffer.

»Mrs. Donati?«, fragte sie.

»Ja.«

»Ich bin Shanae Klerkse vom Jugendamt.«

»Jugendamt …?«

»Ganz genau.«

»Was kann ich für Sie tun?«, fragte Nessa. Einen Moment lang versuchte sie sich einzureden, Shanae Klerkse sei hier, um mit ihr über Lauren zu sprechen, die Mutter, die es ablehnte, ihre Kinder mit Sonnenmilch einzucremen, und keine Klimaanlage hatte. Aber inzwischen wusste Nessa es besser. Hier ging es um sie selbst.

»Darf ich reinkommen?«, fragte Shanae.

»Worum geht es denn?«, fragte Nessa.

»Nun, Mrs. Donati, ein Anrufer hat uns informiert, dass Ihr Haus womöglich eine unsichere Umgebung für Ihren dreijährigen Sohn darstellt.«

»Wer war dieser Anrufer?«, fragte Nessa.

»Es war ein anonymer Anruf.«

»Natürlich«, sagte Nessa.

»Wir sind per Gesetz verpflichtet, jeder Meldung nachzugehen. Ist Ihr Sohn zu Hause, Mrs. Donati? Ich würde mich gern mit ihm unterhalten.«

»Beherrschen Sie Gebärdensprache?«

»Nein«, sagte Shanae. »Ist Ihr Sohn taub?«

»Nein. Er spricht nicht.«

»Ist er da?«

»Nein«, sagte Nessa. »Er ist bei seinen Großeltern in Kansas City.«

»Wann kommt er zurück?«

»In einigen Tagen.«

Der Regen wurde stärker, ein Blitz zerriss den Himmel. Die Frau vom Jugendamt zuckte zusammen. »Darf ich reinkommen, Mrs. Donati?«

Nessa war hin und her gerissen. Die Höflichkeit gebot es, jemanden ins Haus zu bitten, wenn es regnete, aber wozu würde das führen? War es besser zu kooperieren? Sollte sie einen Anwalt anrufen?

Als es erneut blitzte und ein heftiger Donnerschlag die Erde erbeben ließ, bat Nessa die Frau schließlich herein. Sie hatte nichts zu verbergen, also würde sie die Sache kurz und schmerzlos hinter sich bringen.

»Danke«, sagte ihr Gast, trat ein und stellte den Regenschirm ab.

»Möchten Sie ein Wasser?«, fragte Nessa. »Ich hole mir auch eins.«

»Gern«, sagte Shanae.

»Setzen Sie sich doch ins Wohnzimmer, ich bin gleich wieder da.«

Nessa nahm zwei Wasserflaschen aus dem Kühlschrank und fragte sich, ob man dies als ökologisch verwerflich betrachten und gegen sie verwenden könnte. Lächerliche Gedanken in einer lächerlichen Situation.

Shanae hatte sich in den Ohrensessel gesetzt, auf ihrem Schoß lagen einen Klemmbrett mit einem Fragebogen und ein Kugelschreiber. »Was bauen Sie da draußen an?« Sie trug etwas in das Formular ein, während Nessa ihr erklärte, was es mit dem Hopfen auf sich hatte.

Nessa setzte sich auf die Couch, schraubte die Wasserflasche auf und trank einen Schluck, den Blick auf den Sturzregen gerichtet, der hinter Shanae an die Fensterscheibe prasselte. Der Himmel war düster, und im spärlichen Restlicht war das Gesicht ihrer Besucherin schwer zu erkennen. Während die Frau ihr die üblichen Fragen stellte, versuchte Nessa möglichst höflich und unverfänglich zu antworten, ohne jede Gereiztheit, ohne Sarkasmus.

»Sie waren also wegen der verspäteten Sprachentwicklung mit Daltrey beim Arzt.«

»Ja«, sagte Nessa. »Unsere Kinderärztin, Dr. Blatter, meint, es bestehe kein Grund zur Sorge.«

»Sagt sie auch, was die Ursache sein könnte?«

»Da sie keinen Anlass zur Sorge sieht, haben wir nicht über die möglichen Ursachen gesprochen.«

»Lesen Sie ihm vor? Bringen Sie ihm das Abc bei?«

Nessa musste sich schwer zusammenreißen. »Natürlich.«

»Vielleicht sollten Sie sein Gehör testen lassen.«

»Haben wir«, sagte Nessa. »Mehrfach.«

»Sie sollten ihm regelmäßig etwas vorlesen.«

Nessa nickte nur.

Dann kamen die wirklich lustigen Fragen:

»Haben Sie Pornografie im Haus?«

»Trinken Sie? Nehmen Sie Drogen?«

»Haben Sie viele Sexpartner?«

»Keinen einzigen, seit mein Mann nicht mehr hier wohnt.«

»Wie viele Abtreibungen hatten Sie?«

Die Frage überraschte sie. Wieso war das relevant? Wieso ging es irgendwen etwas an? Die Fragestellung war auch interessant. Nicht *ob* sie schon mal abgetrieben hatte, sondern *wie oft*. Nessa überlegte, ob die Fragen in einer bestimmten Reihenfolge gestellt wurden, um den Befragten wütend zu machen.

»Keine«, sagte sie.

Nessa sah nicht das Gesicht der Frau, während diese die Antwort in das Formular eintrug, deshalb stand Nessa kurzerhand auf und ging zum Fenster, zog den Vorhang zu und schaltete die Stehlampe neben Shanae ein. Dann wandte Nessa sich zur Couch, und ihr Blick fiel auf ein winziges, in Transparentpapier gewickeltes Kügelchen, das zwischen zwei Zeitschriften auf dem Beistelltisch lag, neben ihrer Wasserflasche. Weiß, oval, zwei Zentimeter breit.

Weißes chinesisches Heroin.

Der Anblick lähmte sie, ließ sie abrupt innehalten. Augenblicklich war ihre Stirn schweißnass. Das Kügelchen übte eine magnetische Anziehungskraft aus, und ihre Augen tränten, als sie mit Gewalt ihren Blick davon losriss.

Shanae schaute zu Nessa auf, offenkundig verwundert über deren verzerrtes Gesicht. »Mrs. Donati? Alles in Ordnung mit Ihnen?« Ihr Blick wanderte zum Beistelltisch.

Nessa ließ sich zu Boden fallen und fasste sich an die linke Wade. »Ich habe einen Krampf«, sagte sie und zog Shanaes Aufmerksamkeit wieder auf sich. Sie musste die Frau ablenken und sie so schnell wie möglich loswerden. Aber wie?

Was war hier wohl noch alles versteckt, was die Frau vom Jugendamt versehentlich entdecken könnte?

Nessa stöhnte laut.

»Ich gebe Ihnen Ihr Wasser«, sagte Shanae. Sie erhob sich aus dem Sessel und wandte sich zum Beistelltisch. Nessa schrie auf.

Shanae richtete ihr Augenmerk wieder auf Nessa.

»Ich weiß, es klingt seltsam, aber ob Sie mir wohl … mein Bein massieren könnten?«, fragte Nessa.

»Klar«, sagte Shanae. Sie setzte sich auf den Boden und massierte behutsam Nessas Wade.

Nessa schaute sich nach einem schweren Gegenstand um, mit dem sie der Sozialarbeiterin den Schädel einschlagen konnte. Wäre das schlimmer, als wenn das Jugendamt Heroin in ihrem Haus fände?

Draußen blitzte es grell, dann erklang ein ohrenbetäubender Donnerschlag, und für einen Moment wurde das Stehlampenlicht heller, dann ging es aus.

»Oh, es geht schon besser«, sagte Nessa. Sie stand auf und ging zum Beistelltisch. Sie setzte sich darauf und hoffte, nicht das Kügelchen zu zerdrücken und eine Pulverwolke aus Heroin in die Luft zu jagen. Mit zitternden Händen nahm sie ihre Wasserflasche und trank einen Schluck. »Ich glaube, mein Bein ist wieder okay. Danke.«

»Gerne«, sagte Shanae und setzte sich wieder in den Ohrensessel.

Die Stehlampe ging wieder an.

»Ich habe nur noch einige wenige Fragen an Sie«, sagte die Sozialarbeiterin.

»Gut«, sagte Nessa. Sie hatte das Gefühl, auf glühenden Kohlen zu sitzen, die ihr durch das Kleid die Haut verbrannten. Während der letzten Fragen konnte sie an nichts anderes als an das Kügelchen denken, und sie war nicht sicher, ob ihre Antworten Sinn ergaben. Endlich erhob sich Shanae und wandte sich zum Sessel, um das Klemmbrett mit dem Fragebogen einzupacken. Nessa schob schnell die Zeitschriften über das unbeschädigte Heroinkügelchen, dann drehte sie sich um.

Shanae betrachtete sie reglos.

Nessa versuchte, freundlich zu lächeln.

»Wahrscheinlich müssen Sie mehr magnesiumhaltige Lebensmittel essen«, sagte Shanae.

»Ja«, sagte Nessa.

»Ich komme noch einmal vorbei, wenn Ihr Sohn wieder da ist, um ihn zu befragen«, sagte Shanae. »Wann erwarten Sie ihn zurück?«

»Am Dreißigsten«, sagte Nessa.

Shanae machte eine Notiz auf dem Fragebogen. »Diesmal rufe ich an, ehe ich vorbeikomme.« Sie zog den Vorhang zurück und schaute aus dem Fenster. »Der Regen lässt nach«, sagte sie. »Ich setze mich besser schnell ins Auto, ehe ich hier nicht mehr wegkomme und bei Ihnen übernachten muss.«

»In Ordnung. Vielen Dank«, sagte Nessa. Ihr verzweifelt schlagendes Herz ließ ihre Sicht verschwimmen.

»Machen Sie sich keine Umstände. Ich finde schon raus.«

Nessa rührte sich nicht, bis sie den Wagen losfahren hörte. Sie spähte aus dem Fenster, um ganz sicher zu sein, dass Shanae verschwunden war; erst dann hob sie die Zeitschriften hoch. Das platt gedrückte Kügelchen schien lebendig zu werden, schien sich auszudehnen. Nessa nahm es und sah nun, dass sich auf dem Transparentpapier ein kleiner Aufdruck befand, eine rote Sonnenblume.

In Großstädten versahen stolze Dealer ihre Ware mit einem Zeichen. Es überraschte sie, dass diese Praxis offenbar auch im ländlichen Amerika Einzug gehalten hatte. Aber anhand des Aufdrucks konnte sie versuchen herauszufinden, woher das Heroin stammte und wer es gekauft hatte.

Mit ihrem Handy schoss Nessa ein Foto von dem Kügelchen, dann, ehe sie auf dumme Gedanken kommen konnte, warf sie es in die Toilette und spülte es hinunter. Am Dienstag wäre sie um ein Haar schwach geworden, und diese Beinahekatastrophe durfte sich keinesfalls wiederholen.

Wie lange hatte das Heroin dort gelegen und auf seine Entdeckung gewartet? Sie hatte sich das Bildmaterial der Überwachungskameras genau angesehen und nichts Verdächtiges bemerkt.

Es wurde Zeit, dass sie John fand, und wenn sie ihn gefunden hatte, würde sie ihn dafür umbringen, dass er dieses Scheißzeug in ihr Haus gebracht hatte.

19. KAPITEL

Samstag, 25. Juni

Da Daltrey nicht da war, ging Isabeau am Abend in Aggieville mit Freunden aus. »Warte nicht auf mich, könnte spät werden«, sagte Isabeau zu ihr.

Nessa war sich nicht sicher, ob sie früher als Isabeau zu Hause sein würde. Sie hatte eigene Pläne.

Nachdem sie John im Haus beim Crackrauchen erwischt hatte, war klar gewesen, dass irgendwo ein Zettel mit dem Namen und der Telefonnummer des Dealers herumliegen musste. Sie hatte seine Hosentaschen durchsucht, das Gesuchte gefunden und den Zettel wie ein Souvenir aufbewahrt, wie ein kostbares Erinnerungsstück. Sie hatte ihn in der Schatulle mit Johns Zopf – den sie in den Fluss geworfen hatte – und den Tickets für ihr erstes gemeinsames Konzert aufbewahrt, Rodrigo y Gabriela im Red Rocks.

Nun nahm sie diesen Zettel aus der Schatulle. Der Dealer hieß Tyler.

Zum ersten Mal seit Langem trug Nessa keine langen Ärmel, sondern ein Tanktop, das ihre Tattoo-Narben am linken Arm offenbarte. Das blonde Haar hatte sie sich braun getönt und nicht gebürstet, sodass es wild über ihre nackten Schultern fiel. Sie benötigte einige Versuche, um den Totenkopf-Nasenstecker hineinzubekommen, denn das Loch war fast zugewachsen.

Nach dem Anziehen umrandete sie ihre Augen dick mit schwarzem Kajal, dann nahm sie Daltreys Halloween-Gesichtsfarben und schmierte sich die weiße Grundierung und dazu etwas Grün ins Gesicht, damit sie aussah wie eine Drogenkranke. Einige ihrer hinteren Zähne schwärzte sie, auf die Arme und Wangen malte sie einige falsche Narben. Der letzte Teil war am schwierigsten – sich die Nägel abzukauen. Nachdem das geschafft war, steckte sie die Finger in die Erde ihres Topffarns und wühlte ein bisschen darin herum, damit die abgeknabberten Fingernägel schön dreckig aussahen.

Diesmal sah ihr Spiegelbild nicht aus wie ihre Mutter, aber eine Verbesserung war es nicht. Nessa hatte sich in weniger als einer Stunde von einer braven Hausfrau in eine Junkiebraut verwandelt.

Um dreiundzwanzig Uhr verließ Nessa das Haus und fuhr zur Conoco-Tankstelle, um dort das Münztelefon zu benutzen.

Mit klopfendem Herzen ging sie auf das Telefon zu. Sie hob den Hörer ab, steckte eine Vierteldollarmünze in den Schlitz und gab auf den alten Metalltasten die Nummer ein.

»Ja?«, fragte eine Männerstimme.

»Ich brauche was Gutes«, sagte sie leise, obwohl niemand in der Nähe war.

Es folgte eine Pause. »Wer spricht da?«

»Nessa Donati. Johns Frau.«

»Wir treffen uns vorm McDonald's in der Sixth Street in JC«, sagte er. »Ich fahre den blauen Toyota.«

Die Leitung war tot.

Sie erwog, nicht hinzufahren, aber sie musste John finden und alldem ein Ende setzen. Wenn die Polizei nichts unternahm, dann musste sie es selbst tun.

Um dreiundzwanzig Uhr dreißig erreichte sie den McDonald's in Junction City. Es war ziemlich viel los, der

Parkplatz rappelvoll. Sie fuhr daran vorbei, parkte eine Straße weiter und ging zu Fuß zurück. Am Horizont sah sie einen aufflammenden Blitz, der die dunkle Straße erhellte. Wie würde es mit Tyler laufen?

Vertraute Gefühle kamen in ihr hoch. Sie erinnerte sich, wie sie mit Candy in L. A.s heruntergekommenen Vierteln durch die Straßen gezogen war, auf der Suche nach Stoff, immer die Furcht im Nacken, dass irgendwer mit einem Messer aus einer Gasse sprang und sie überfiel. Damals hatte sie gelernt, hart auszusehen, so, als gehörte sie in diese Welt, und die Leute hatten es ihr abgenommen.

Sie hoffte, dass sie es nach sieben Jahren Kleinstadt noch draufhatte.

Als sie den McDonald's erreichte, setzte sie sich auf dem Parkplatz auf den Bordstein, holte ihre E-Zigarette aus der Tasche und rauchte. Aus einigen der parkenden Wagen drang laute Musik, und ihr war klar, dass sie sich gedulden musste.

Sie wartete fünfundzwanzig Minuten, beobachtete die vorbeifahrenden Autos, versuchte, mit niemandem Blickkontakt aufzunehmen, hielt aber Ausschau nach dem Toyota. Sie hatte die Hoffnung fast schon aufgegeben, als ein blauer Toyota auf den Parkplatz fuhr und vor ihr anhielt. Das Beifahrerfenster glitt herunter, und sie hörte eine Stimme, konnte aber nicht das dazugehörige Gesicht erkennen.

»Suchst du jemanden?«

Nessa stand auf und ging zu dem Auto, stieg sofort ein, ohne sich vorzubeugen und hineinzulinsen. Für jemanden, der sie zufällig beobachtete, wollte sie nicht wie eine Straßennutte aussehen.

Der Dealer war nicht das, was sie erwartet hatte, obwohl es durchaus nahelag, dass Drogendealer aus Kansas nicht ihren Kollegen aus South Central glichen. Der Bursche war ein Jugendlicher, höchstens einundzwanzig. Es würde sie überraschen, falls er sich schon rasierte oder schon mal eine feste Freundin gehabt hatte.

»Hi, Tyler«, sagte sie.

»Zigarette?«, fragte er sie.

Nessa kratzte sich an den Armen und brachte sich dazu zu schaudern. Sie hustete. »Ich dachte schon, du fragst nie.«

Er hielt ihr die Packung hin, und Nessa zögerte nur einen Sekundenbruchteil, ehe sie eine Zigarette herausfischte und sich Feuer geben ließ. Sie sog den Rauch in die Lunge, und in ihrem Kopf schrillten die Alarmsirenen wegen des ungefilterten Teers und Nikotins, die in ihren Körper fluteten. Diesmal hustete sie tatsächlich, und einen Moment lang glaubte sie, sich übergeben zu müssen. Gerade als sie den Drang unter Kontrolle bekam, wurde ihr bewusst, dass es eigentlich perfekt wäre abzureihern – es hätte den Deal besiegelt und sie noch mehr wie ein Junkie erscheinen lassen.

Tyler fuhr vom Parkplatz, und Nessa sehnte sich jetzt schon in ihr eigenes Auto zurück.

»Bist du ein Bulle?«, fragte er. »Du musst es mir sagen, falls du einer bist.«

Nessa hätte beinahe aufgelacht. Sie konnte nicht glauben, dass Leute diesen urbanen Mythos immer noch für bare Münze nahmen. Bullen mussten sich nicht ausweisen.

»Ich hab's dir doch erzählt«, sagte sie. »Ich bin Johns Frau.«

Er sah sie von der Seite an.

»Wusste gar nicht, dass er verheiratet ist.«

Sie sah aus dem Fenster und sagte: »Das überrascht mich nicht.«

»Mich hat dein Anruf überrascht«, sagte er. »Ich habe John schon ein paar Wochen nicht gesehen.«

»Wirklich?«, fragte sie. »Wie viele Wochen genau?«

Er starrte sie an. »Über so was führe ich nicht gerade Tagebuch.«

Nessa versuchte nachzurechnen, versuchte, sich darüber klarzuwerden, wann John das Heroin bei ihr deponiert hatte. Hatte es wirklich die ganze Zeit dort gelegen? Das konnte nicht sein. Oder etwa doch?

Nessa bekam eine Gänsehaut, als sie darüber nachdachte.

Nahm John etwa gar kein Crack? Versuchte hier jemand, sie reinzulegen?

Das Gefühl, das sie überkam, war fast wie eine Halluzination. Sie erinnerte sich, wie sie als Kind, lange vor den Drogen, manchmal plötzlich grundlos keine Ahnung mehr gehabt hatte, was für ein Tag, welche Jahreszeit gerade oder wie alt sie war. Es war immer, als hätte sie durch den Schleier zwischen dieser Dimension, und was auch immer jenseits lag, geschaut. Jetzt fühlte sie sich wieder so.

»Er ist wahrscheinlich zu einem meiner Konkurrenten gewechselt«, sagte Tyler bedauernd.

Natürlich nahm John Crack. Sie hatte ihn in flagranti erwischt. So war es gewesen.

Denn an die Alternative durfte sie gar nicht erst denken.

Sie richtete den Blick auf Tyler. »Ich hatte gehofft, du könntest mir sagen, wo er steckt.«

»Keine Ahnung.«

»Kannst du mir die Kontaktinfos deiner Konkurrenten geben?«

Er sah sie ungläubig an. »Meinst du das ernst? Ich bin doch nicht Macy's in *Das Wunder von Manhattan.* Ich schicke unzufriedene Kunden nicht zur Konkurrenz.« Einen Moment lang fuhr er schweigend, dann sagte er: »Kaufst du jetzt was von mir oder nicht?«

»Eigentlich«, sagte sie, »suche ich jemanden, der das hier verkauft.«

Sie hielt ihm ihr Handy mit dem Foto des Heroinkügelchens entgegen.

Er riss die Hände vom Steuer, als hätte sie ihm einen Haufen Hundekacke gezeigt.

»Ah, jetzt kapiere ich«, sagte er kopfschüttelnd. »Das Zeug ist nicht in meinem Portfolio. John ist auf das harte Zeug umgestiegen.«

»Du findest Heroin schlimmer als Crack?«, fragte sie rhetorisch. »Das meinst du doch nicht im Ernst. Weißt du, wer diese Marke vertickt?«

»Könnte sein«, sagte er. »Mal sehen, ob er zu Hause ist.«

»Großartig«, sagte sie.

»Sonnenblume.«

»Ja.«

Er schüttelte den Kopf.

Tyler fuhr zu einem kleinen gelben Haus und hielt davor an, stellte aber nicht den Motor ab.

»Bitte schön«, sagte er.

»Du kommst nicht mit rein?«

»Auf keinen Fall. Ich will mit dem Scheiß nichts zu tun haben.«

Das war nicht gut. Nessa erinnerte sich noch an die alten Tage und mit welcher Nonchalance sie in Apartments und Parks gegangen war, um sich Dope zu besorgen. Damals hatte sie noch kein Kind gehabt. Heute hatte sie eins. Aber sie musste John finden und ihn aufhalten.

»Könntest du den Typen anrufen, mich ankündigen und ihm sagen, dass du für mich bürgst?«

Seufzend zog der Dealer sein Handy aus der Tasche und rief an. Mit zusammengezogenen Augen beobachtete er das Haus; hinter dem Fenster brannte ein schwaches Licht.

Das Telefon klingelte mehrmals.

Schließlich meldete sich jemand. Nessa hörte die Person am anderen Ende der Leitung. Die Stimme klang rau.

»Ja, hallo«, sagte Tyler. »Ich hab hier eine Freundin, die etwas braucht. Meinst du, du kannst ihr weiterhelfen?«

Stille trat ein. Nessa nahm an, der Kerl sei eingenickt oder hatte einfach keine Lust zu »helfen«.

»In Ordnung«, sagte die Stimme. »Schick sie rüber.«

»Wir sind vor dem Haus. Sie kommt gleich rein, also erschieß sie nicht.«

»Vor dem Haus? Verschwinde, Mann! Man steht nicht mit laufendem Motor vor meinem Haus.«

»Tut mir leid. Sie kommt jetzt.« Er kappte die Verbindung.

»Danke, Tyler«, sagte sie und verspürte ein Schwindelgefühl.

»Hör zu«, sagte er. »Mach dich auf etwas gefasst. Starre ihn auf keinen Fall an. Er hasst es, wenn man ihn anstarrt.«

»Wovon sprichst du? Was meinst du damit? Warum sollte ich ihn anstarren?«

»Tu einfach, was ich sage. Du wirst verstehen, was ich meine, wenn du ihn siehst. Ich muss jetzt los.«

Sie stieg aus, schnippte die Zigarette auf den Boden und zermalmte sie unter ihrer Schuhsohle. Sie ging rasch den Gehsteig hinauf, öffnete das Fliegengitter und klopfte leicht an.

Die Haustür öffnete sich, und vor ihr stand eine Frau von Anfang oder Mitte sechzig, mit langem, dünnem, fettigem Haar, das die Farbe von ranziger Erdnussbutter hatte. Sie trug eine Drahtgestellbrille und hatte die Gestalt einer riesigen Bowlingkugel mit abstehenden Armen und Beinen.

Nessa hatte die Person am Telefon für einen Mann gehalten, wegen der tiefen rauen Stimme.

»Du bist Tylers Bekannte?«, fragte die Frau. Es war nicht die Stimme, die Nessa am Telefon gehört hatte.

»Ja«, sagte Nessa.

»Dann rein mit dir. Du lässt die ganze kühle Luft aus dem Haus.«

Nessa trat ein, und augenblicklich schlug ihr der Gestank ungewaschener Körper, gemischt mit schalem Zigarettenrauch und dem Aroma verfaulten Essens, entgegen. Es verlieh dem Ganzen ein besonderes Ambiente. Die Bakterienkolonien in dem Haus hätten die ganze Welt überrennen können.

Nessa rieb sich die Arme. »Siehst schlecht aus«, sagte die Frau und legte ihre eisigen, spinnenartigen Hände auf Nessas Schultern und schüttelte sie leicht. Dann lachte sie krächzend mit brechender Stimme, die sie einer vierzigjährigen Drei-Packungen-am-Tag-Angewohnheit verdankte.

Das einzige Licht im Wohnzimmer kam aus einem Flachbildfernseher. Davor saß ein Mann auf einem Stuhl und sah sich eine Werbesendung an. Das rechte Knie zum Kinn hochgezogen, schaukelte er vor und zurück wie ein Insasse einer Irrenanstalt. Nessa beachtete er nicht, er schien sie überhaupt nicht zu bemerken.

Nessa folgte der Frau in die Küche.

Dort saßen zwei Männer am Tisch und spielten Karten, vor ihnen ein überquellender Aschenbecher, Bierdosen und eine halb volle Whiskyflasche. Einer der Männer saß ihr gegenüber, der andere saß mit dem Rücken zu ihr. Er wandte sich nicht um, als sie hereinkam.

»Willste ’n Bier?«, fragte die alte Frau.

Nessa überlegte, ob sie ablehnen sollte, ob sie sagen sollte, sie sei allergisch gegen Hopfen, aber sie hielt es für eine schlechte Idee. Sie wollte keinen Verdacht erregen. »Klar«, sagte sie betont heiser.

Die Frau nahm ein Pabst Blue Ribbon aus dem versifften Kühlschrank und reichte es ihr. Wer hätte das gedacht? PBR, das Lieblingsbier aller Hipster und Drogendealer. Otto wäre beeindruckt. Jedenfalls soweit sich ein Hipster beeindrucken ließ. Er hätte sich vor lauter Angst in die Hosen gemacht, wenn er mit ihr hier gewesen wäre.

Sie öffnete die Dose und nahm einen tiefen Schluck. Es schmeckte so lecker und lief ihr derart gut ein, dass sie nicht umhinkam zu denken: *Hmm, daran könnte ich mich doch glatt wieder gewöhnen.*

Der Mann, der ihr gegenüber am Tisch saß, klemmte sich die Zigarette zwischen die Zähne und reichte ihr die Hand. »Ich bin Allen«, sagte er, und Nessa erkannte die Stimme als die in Tylers Telefon. Vorsichtig griff sie nach seiner Hand, und im nächsten Moment riss er sie nach vorne und drehte sie seinem Tischgenossen zu. »Das da ist Smearface.«

Sie unterdrückte einen Aufschrei. Allen lachte rau.

»Wie, du hast noch nie jemanden mit einem weggeschossenen Gesicht gesehen?«

»Allen«, sagte die dicke alte Frau. »Hör auf damit.«

Smearfaces untere Gesichtshälfte war wie abgeschnitten, seine Nase bestand aus zwei Schlitzen in einem Voldemort-Schädel. Er trug eine verspiegelte Sonnenbrille, und jedes Mal, wenn er atmete, pfiff und röchelte es in seinem Hals.

»Hi«, sagte er, und Nessa sah nun, dass ihm auch die halbe Zunge fehlte und er kaum noch Zähne im Mund hatte. Es war, als schaute man auf eine scheußliche Halloween-Maske.

Allen ließ sie los, und sie taumelte zum Küchentresen, lehnte sich dagegen, schlang sich die Arme um den Leib, fürchtete, sich übergeben zu müssen.

»So, also …«, sagte Allen zu Smearface, »dieser Wachmann in der Schule kam mit einer verkrüppelten Hand zur Welt, und sie mussten ihm den ganzen Unterarm bis zum Ellbogen amputieren. Danach lief er immer mit einem zugenähten Ärmel herum, und wir nannten ihn ›Langer Arm des Gesetzes‹.«

Smearface lachte, oder zumindest nahm sie es an – die röchelnden Grunzlaute schienen jedenfalls zu bedeuten, dass er sich amüsierte. »Langer Arm des Gesetzes!«, wiederholte er. Er konnte erstaunlich gut sprechen dafür, dass sein Mund nur ein kleines lippenloses Loch war; wegen der fehlenden Nase klang er allerdings ziemlich nasal.

In dem Moment trat Allen mit dem Stiefel auf den Boden

und schrak zusammen. »Habt ihr das gehört?« Er sah Nessa an. »Du hast es doch gehört, oder?«

Sie schüttelte den Kopf.

Er sprang auf, stieß den Stuhl um und zog eine Schrotflinte vom Kühlschrank. Er trat ans Fenster und schaute nach draußen, das Gewehr hing an seiner Seite. Nessas Herz schlug wie das eines Nagetiers, flach und schnell.

»Wenn die Wichser noch mal zurückkommen«, sagte Allen, »puste ich sie um.«

Er setzte sich wieder, legte die Flinte über die Knie.

»Mom, schaust du noch mal vorne nach?«

Kurz darauf trat die Frau in den Türeingang, nun ebenfalls mit einer Schrotflinte bewaffnet. »Nichts zu sehen«, sagte sie.

Es war also ein Familienbetrieb.

»Guck noch mal!«

»He«, sagte Nessa.

Alle drei richteten ihre paranoiden Blicke auf sie.

»Seid ihr die Typen, die Sonnenblumen verkaufen?«

Sie sahen einander an.

Sie griff nach ihrem Handy, und sofort wurden die Gewehre auf sie gerichtet.

»Ich hol nur mein Handy raus«, sagte sie und fischte es mit der Linken aus der Tasche, die leere rechte Hand gehoben. Sie hatte das Gefühl, gleich ohnmächtig zu werden, während sie mit zitternden Händen zu dem Foto des Heroinkügelchens wischte.

»Das da?« Sie zeigte Allen das Foto, dann Smearface.

»Yeah«, sagte Allen.

Aber Smearface sagte: »Ich will es genauer sehen.«

Nessa erstarrte, brachte es nicht über sich, ihm das Handy zu geben.

Er schnippte mit den Fingern, und sie gab es ihm. Mit den Fingern zog er das Foto auseinander, vergrößerte den Bildausschnitt.

»Habt ihr an einen Typen namens John verkauft?«

Sie sahen einander wieder an.

»John«, sagte Smearface.

»Ich kenne viele Johns«, sagte der andere.

»Er gehörte nicht zu euren Stammkunden. Er steht mehr auf Crack. Er ist um die eins achtzig, hat dunkelbraunes Haar und blaue Augen.«

»Ja, so ein Typ war hier – erinnert ihr euch an den Kerl vor fünf Tagen oder vielleicht vor einer Woche? Ganz hibbelig war er.«

»Bart?«, fragte Smearface.

Als sie ihn rausgeworfen hatte, hatte er keinen getragen, aber seitdem hatte er keinen Grund gehabt, sich zu rasieren.

»Kann ich euch ein Foto von ihm zeigen?« Sie streckte die Hand aus. Smearface gab ihr das Handy zurück, und sie scrollte durch die Fotos, bis sie eins von John und Daltrey fand. Sie zeigte es ihnen.

»Ist das der hibbelige Kerl?«

Smearface bedeckte Johns untere Gesichtshälfte mit dem Daumen. »Könnte sein, schätze ich.«

Allen nickte, verlor das Interesse.

»Wie meint ihr das, er sei ganz hibbelig gewesen?«, fragte sie.

Die Männer sahen einander zum dritten Mal an.

»Na ja, hibbelig eben«, sagte Allen achselzuckend. »Du

meinst, er steht mehr auf Crack, und das hat man ihm angemerkt. Er war total nervös, sah nicht aus wie jemand, der Sonnenblumen kauft. Es sei denn, er war Fan von John Belushi.«

Sie hatte nicht vor, ihnen zu erklären, dass er das Zeug nicht für sich selbst gekauft hatte. »Ihr erinnert euch also an ihn. Das war vor etwa einer Woche?«

Die beiden nickten enthusiastisch.

Sie steckte das Handy ein und trank ihr Bier aus. »Danke«, sagte sie und wandte sich ab, um zu gehen. Mom versperrte ihr den Weg aus der Küche.

»Du willst nichts kaufen?«

Nessa stammelte: »Nein. Ich wollte nur herausfinden, ob John hier war. Ich suche ihn.«

»Du hast eins unserer Biere getrunken.«

»Ja«, sagte sie. »Danke.« Nessa versuchte, sich an Mom vorbeizuschieben, aber die Frau hielt sie am Ellbogen fest.

»So läuft das nicht.«

Alles Blut wich aus Nessas Gesicht, ihr wurde mulmig.

»Wie meinst du das?«, fragte sie schwach.

»Kommst hier rein und willst nix kaufen, da müssen wir doch denken, du bist ein Spitzel oder so was«, sagte Mom. »Vielleicht trägst du ja 'ne Wanze.«

Sie packte die Vorderseite von Nessas Tanktop und zog. Nessa packte ihre Handgelenke, aber die alte Frau war überraschend stark und riss Nessas Top locker in der Mitte auseinander.

»Keine Wanze«, sagte Mom und drehte Nessa zu den Männern um. Nessa versuchte, ihre Blöße zu bedecken, aber Mom hielt ihre Arme fest.

»Könnte woanders stecken«, sagte Allen mit leuchtenden Augen.

»Vielleicht solltet ihr nachschauen«, sagte Mom. »Aber erst mal leerst du deine Taschen, Kleine. Portemonnaie, Telefon, Schlüssel, alles auf den Tisch. Wir müssen sicher sein, dass du kein Pfefferspray dabeihast oder so.«

»Bitte nicht«, sagte Nessa.

»Auf den Tisch«, wiederholte Mom.

Nessa leerte ihre Taschen, und Smearface schnappte sich das Portemonnaie, während Allen aufstand und sich lüstern die Lippen leckte.

Oh Scheiße.

Während Mom von hinten Nessas Arme festhielt, ging Allen vor ihr auf die Knie und öffnete ihren Gürtel. Am liebsten hätte sie ihm ihr Knie ins Gesicht gerammt, aber im Zimmer waren zwei Gewehre, und wer wusste schon, was sonst noch alles in Reichweite war.

»Was haben wir denn hier«, sagte Smearface und öffnete Nessas Portemonnaie. »Siebenundsechzig Dollar in bar.«

Allen schaute zu ihr auf, während er langsam ihre Levi's aufknöpfte.

Nessa begann zu hyperventilieren.

»Eine Platinkarte von Amex«, sagte Smearface. »Wie viele Junkies kennt ihr, die so was besitzen?«

Allen zog ihr die Jeans über die Hüften.

»Bitte«, sagte sie. Sie wandte den Kopf zu Mom, aber die alte Frau war unnachgiebig.

»Führerschein, ausgestellt in Kansas. Donati, Nessa«, sagte Smearface. »Visitenkarte von …«

Allen rieb sich die Hände, ehe er in ihre Hosenbeine griff,

ihre Waden abtastete und sich langsam zu den Oberschenkeln und zwischen die Beine hocharbeitete. Mit der anderen Hand schickte er sich an, ihren Slip herunterzuziehen.

»Altair Satellite Radio?«, las Smearface von der Visitenkarte ab. »Du bist – heiliger Strohsack! Du bist Nessa von *Unknown Legends*!«

Allen erstarrte. Sein Finger steckte im Bund ihres Slips, während er Smearface das Gesicht zuwandte. »Verarschst du mich?« Dann schaute er zu ihr auf. »Bist du das wirklich?«

Sie wusste nicht, was für sie schlimmer wäre. Vielleicht hassten sie die Sendung. Vielleicht hielten sie sie für eine aufgeblasene Besserwisserin. Vielleicht waren sie Beatles-Fans.

Doch sie sagte: »Ja. Das bin ich.«

Allen ließ von ihr ab und schlug sich auf die Schenkel. »Das darf ja nicht wahr sein. Wir hören regelmäßig deine Sendung.«

Mom ließ Nessa los. Sie sank schmerzerfüllt auf die Knie. Dann zupfte sie ihren Slip zurecht.

»Es tut mir schrecklich leid«, sagte Allen, half ihr vom Boden auf und zog ihr die Jeans hoch. Sie knöpfte sie zu, schloss ihren Gürtel und schluckte das Erbrochene herunter, das ihr in der Kehle aufstieg.

»Mom, hol ihr ein T-Shirt«, sagte Allen. »Aber ein sauberes.«

Mom verließ die Küche, und Nessa zog die Überreste ihres Tanktops zusammen.

»Ich fasse's nicht«, sagte Smearface. »Du bist es wirklich.«

»Ja, ich bin es wirklich«, sagte sie und spürte, wie das Blut in ihren Adern rauschte. Gerade noch hatte sie geglaubt, ihr letztes Stündlein hätte geschlagen, und nun das.

Mom kehrte mit einem übergroßen T-Shirt zurück, das aussah wie aus den Achtzigern.

»Nicht das, Mom«, sagte Allen.

Wortlos reichte sie es Nessa, die es hochhielt und betrachtete. Auf dem T-Shirt stand *Harley's best, fuck the rest.* Sie zog es an.

»Wir machen es wieder gut, ja?«, sagte Smearface zu ihr. »Du kriegst von uns einen Schuss umsonst, aber du musst es hier spritzen.«

Gott schenke mir den Gleichmut, Dinge zu akzeptieren, an denen ich nichts ändern kann, den Mut, die Dinge zu ändern, die ich ändern kann, und die Weisheit, das eine vom anderen zu unterscheiden.

Sie stellte sich Daltreys Gesicht vor.

»Nein danke«, sagte sie. »Könnt ihr mich zum McDonald's fahren? Dort steht mein Wagen.«

Allen fuhr sie und sprach die ganze Zeit über seine Lieblingsband. Die Beatles. Ihr war nicht ganz klar, ob er das alles ironisch meinte, aber sie nahm an, dass ihm der dazu nötige Grips fehlte. Als er bei McDonald's vorfuhr, sagte er: »He, dieser Typ, den du suchst – dein Mann oder was immer –, hat der seltsame Augen? Einen total stechenden Blick?«

»Wenn er auf Crack ist, dann auf jeden Fall«, sagte Nessa und entsann sich, wie seine Lider zu verschwinden schienen, wenn er high war. Die blutunterlaufene Lederhaut rund um seine Iris schimmerte dann dermaßen, dass er beinahe dement aussah.

»Ja. Dann war er's.« Allen kratzte sich am Kopf.

»Falls John sich noch mal bei euch meldet, könntet ihr mich dann während der Sendung anrufen?«

»Klar«, sagte er und ließ den Blick über ihren Körper wandern. »Hast du Lust, irgendwann mal mit mir auszugehen?«

»Ich bin noch verheiratet«, sagte sie und verkniff es sich, angewidert das Gesicht zu verziehen. »Aber danke.«

Nessa stieg aus und ließ den Wagen hinter sich zurück. Nun hielten Brady, der Schlosser, und der Dealer für sie nach John Ausschau. Nicht schlecht für einige Stunden Arbeit.

Dann fand sie ein Gebüsch und erbrach ihr Abendessen. Sie war seit sechs Jahren, sechs Monaten und sechs Tagen clean. Das Bier floss ihr nicht ganz so geschmeidig aus dem Rachen, wie es hineingeflossen war.

20. KAPITEL

Als Nessa um Viertel nach eins in die Garage fuhr, stürmte Isabeau aus dem Haus und rannte ihr entgegen.

»Wo zum Teufel warst du?«, fragte Isabeau, die Arme vor der Brust verschränkt.

Nessa schloss die Garagentür. »Nun, ich ...«

»Ich habe mir solche Sorgen gemacht! Ich habe versucht, dich anzurufen, habe dir mehrere SMS geschickt. Fast hätte ich dir auch Rauchzeichen gegeben. Wo warst du?«

Nessa hob beschwichtigend die Hände. Es schmerzte sie, ihr Kindermädchen derart aufgelöst zu sehen. »Beruhige dich, Isabeau.«

»Ich soll mich beruhigen? Ich bin fast gestorben vor Angst! Wo warst du?«

Sie schaute in Isabeaus niedliches Gesicht, das erfüllt war von Furcht und Sorge – und daran war nur Nessa schuld, und zwar nicht nur, weil sie Isabeau Angst gemacht hatte, sondern auch, weil sie sich ihr gegenüber immer so unnahbar gab.

Isabeau wollte nichts von ihr. Nessa lag ihr wirklich am Herzen.

Plötzlich empfand Nessa tiefe, aufrichtige Zuneigung für ihr Kindermädchen.

»Ist eine lange Geschichte. Lass uns reingehen.«

Als sie das hell erleuchtete Wohnzimmer betraten, klappte Isabeau die Kinnlade herunter.

»Was ist denn mit deinem Gesicht passiert?«

Nessa fasste sich an die Wangen und erinnerte sich an das Junkie-Make-up. »Ich musste mich als Drogenbraut zurechtmachen.«

»Was?«, fragte Isabeau ungläubig.

»Setz dich«, sagte Nessa.

Steifbeinig ließ Isabeau sich auf der Couch nieder, mit einer Miene, die eine Erklärung forderte. Nessa erzählte ihr alles über den nächtlichen Ausflug, ließ nichts aus, auch nicht den Besuch der Frau vom Jugendamt, den Isabeau verpasst hatte.

»Wow! Ich fasse es nicht«, sagte Isabeau. »Ich hätte dich begleiten können. Wäre viel sicherer gewesen.«

»Tja, jetzt ist die Sache erledigt, und ich weiß, dass John das Heroin gekauft hat.«

Isabeau presste einen Finger auf die Lippen und starrte kopfschüttelnd ins Leere. Dann sah sie Nessa an. »He«, sagte sie, »mir fällt gerade auf, dass du keine langen Ärmel trägst. Das tust du sonst immer.«

Nessa blickte in Isabeaus ehrliche Augen und dachte an alles, was Isabeau für sie getan hatte. Sie hatte Daltrey aufrichtige Zuneigung entgegengebracht. Hatte Nessa vor dem Vergewaltiger gerettet. Hatte geholfen, das Überwachungssystem zu installieren. Hatte absolut alles getan, was Nessa ihr auftrug, hatte ihr nie einen Wunsch verwehrt.

Isabeau verhielt sich wie eine echte Freundin. Wie würde es wohl sein, sich einem anderen Menschen zu öffnen? Wie würde es sein, eine richtige Freundin zu haben? Aber was, wenn Isabeau sie in irgendeiner Weise enttäuschte? Richtig sicher konnte man sich nicht sein. Dieses Risiko musste sie eingehen. Mit einiger Beklommenheit hielt Nessa den Atem an, wappnete sich und sprang ins kalte Wasser.

»Ja, um die Narben der Tattoos zu verdecken, die ich weglasern ließ«, sagte sie.

»Sieht aus, als wäre der ganze Arm tätowiert gewesen«, sagte Isabeau.

»War er auch«, sagte Nessa.

»Tut mir leid, aber ich bin ein bisschen betrunken.« Isabeau sah Nessa schuldbewusst an. »Ist bestimmt schwierig, unter Leuten zu sein, die trinken.«

»Nein«, sagte Nessa und lehnte sich ins Couchpolster zurück, überwältigt von ihrer Erschöpfung. »Alkohol war nie mein wirkliches Problem.«

»Wie meinst du das?«

Selbst Marlon wusste nichts davon. Aber in dieser Nacht war etwas Sonderbares geschehen. Sie hatte Johns Dealer ausfindig gemacht und es heil überstanden. Sie hatte etwas äußerst Mutiges, wenn auch Dummes, getan, und es machte sie stolz.

»Ich meine, Alkohol war für mich nur eine Einstiegsdroge«, sagte Nessa. »Ich konnte jederzeit damit aufhören, war nicht süchtig danach. Aber es hat zu etwas anderem geführt.«

»Wie, dann bist du gar nicht süchtig?«

»Das habe ich nicht gesagt.«

»Crack?«, fragte Isabeau.

»Um Gottes willen, nein«, sagte Nessa. Sie schluckte. Wenn sie es jetzt erzählte, ließ es sich nicht mehr zurücknehmen. Aber es war so erschöpfend, das Geheimnis mit sich herumzutragen, sich niemandem anzuvertrauen, ganz allein mit diesem Wissen zu leben. Es machte sie fertig, wie sie nun erkannte.

»Heroin«, sagte sie leise.

Isabeau sah schockiert aus, Tränen schossen ihr in die Augen. »Oh Nessa«, sagte sie.

»In meinem Drogenwahn ließ ich mir all die Tattoos stechen.« Sie deutete auf die Stelle am linken Arm, wo einst in Blau das Sternbild des Phönix tätowiert gewesen war. »Um die Einstichstellen zu überdecken.«

»Wahnsinn«, sagte Isabeau. »Wie lange ist das her?«

»Das war in einem anderen Leben«, sagte Nessa und dachte an das Mädchen, das sie einst gewesen war, das jede Droge nahm, die es in die Finger bekam, das Mädchen, das niemals heiraten und keine Kinder wollte. Das Mädchen, das sich ohne Rücksicht auf Verluste in jede noch so aberwitzige Situation stürzte, nur um an den nächsten Schuss zu gelangen.

Heutzutage las sie im Internet die Ratschläge, die andere Frauen an ihr jüngeres Ich schrieben.

Liebes Ich, schrieben die Frauen, *fahre nie betrunken Auto. Lass dir Zeit mit dem Erwachsenwerden. Halte dich nicht für unbesiegbar, denn das bist du nicht. Verwechsle nicht achtlos mit cool.*

Geh nicht auf diese Party.

Isabeau rutschte näher heran und betrachtete Nessas linken Arm, strich mit dem Finger über die Narben. Nessa ließ es geschehen, gestattete ihr, die verblassten Überreste, ihre Geheimnisse, ihre Codes, Nessas Leben in Tinte zu enträtseln.

»Okay«, sagte Isabeau. »Wie ich dich kenne, hatte jedes einzelne Tattoo eine Geschichte. Erzählst du sie mir?«

Wie ich dich kenne. Der Satz ließ Nessa aufhorchen, denn seit John war Isabeau der erste Mensch, der das mit Fug und Recht behaupten konnte. Nessa war klar, dass Isabeau getrunken hatte und es nur deshalb wagte, ihr so persönliche Fragen zu stellen.

»Einige Teile erkennt man noch«, sagte sie und deutete auf ihre Schulter, wo noch die hellgrünen Farbpigmente eines Blumenstängels sichtbar waren. »Das war mal eine Rose, meine Lieblingsblume«, sagte sie.

»Das da«, fuhr sie fort und zeigte auf eine verblasste, gelbliche Stelle unter der Rose, »waren zwei Steinzeitfrauen, die auf einem Thron saßen und steinerne Zepter hielten.«

»Warum?«, fragte Isabeau. »Was hat es bedeutet?«

»Es war der Name meiner Lieblingsband auf der Highschool.«

Isabeau überlegte. »Hanson?«, fragte sie und bekam einen Kicheranfall.

»Was hat das Tattoo bitte schön mit Hanson zu tun?«, fragte Nessa lachend.

»Keine Ahnung«, sagte Isabeau. »Du bist die Musikexpertin, nicht ich.«

»Gemeint waren die Queens of the Stone Age«, sagte sie.

Isabeau deutete wieder auf Nessas Arm. »Das da sieht aus, als wäre es ein Graffito gewesen.«

»Stimmt«, sagte Nessa. »Es befand sich unter einer Brücke, in deren Nähe ich mal gewohnt habe.«

»Was bedeutete es?«

»Wer weiß? Es war nur willkürliches Geschmiere eines Sprayers. Es sollte mich an etwas erinnern …«

»Woran?«

»Wie weit ich es geschafft habe und dass ich nie mehr umkehren würde.«

»War das der Grund, warum du versucht hast, die anderen Tattoos loszuwerden?«

»Wie meinst du das?«

»Weil du nicht mehr dieses Mädchen bist.«

Wow. Das war klüger, als Isabeau selbst ahnte.

Nessa holte tief Luft, dann streckte sie den linken Arm aus, damit Isabeau das einzige verbliebene Tattoo sehen konnte. In violetter Schrift geschrieben, stand *Candy*, daneben zwei Daten.

»Was bedeutet das? Wer ist Candy?«

Isabeaus Blick wanderte von dem Tattoo zu Nessas Augen, die sich mit Tränen füllten. »Ist das ein Geburts- und ein Sterbedatum?«, fragte Isabeau. »Wie auf einem Grabstein?«

Nessa ließ den Kopf auf das Couchpolster zurücksinken und schloss die Augen. Ja, es war eine Art Grabstein. Wenn Candy gewusst hätte, dass Nessa diese erdrückende Schuld mit sich herumschleppen würde, wo immer sie auch hinging, hätte sie Nessa eine sanfte Ohrfeige gegeben, wie immer, wenn diese Dummheiten machte. Irgendwie hatte Nessa Candy nicht daran hindern können, hatte immer darüber lachen müssen. Sie hatte es gleichzeitig gehasst und geliebt.

»Oh. Candy war deine beste Freundin, oder?«, sagte Isabeau.

»Ja«, sagte Nessa.

»Sie ist vor sieben Jahren gestorben«, sagte Isabeau mit Blick auf das Datum. »Es tut mir so leid.«

»Solche Sachen geschehen eben«, sagte Nessa, öffnete die Augen und sah Isabeau an. »Man kann nichts dagegen tun. Man kann die Zeit nicht zurückdrehen und es verhindern.«

Isabeau schlang die Arme um sie, und Nessa ließ es zu. »Es tut mir so leid«, wiederholte Isabeau.

Isabeau betrachtete das Schrifttattoo unter Nessas Arm näher. Unter *Candy* und den Daten standen zwei weitere Wörter und ein drittes Datum. »Glimmer Twins«, las sie laut vor.

»Candy und ich ließen uns exakt das gleiche Tattoo stechen, an der gleichen Stelle in der gleichen Größe«, sagte Nessa und wischte sich die Augen.

»Was ist das dritte Datum hier?«

»Mein Jubiläum.«

»Ich dachte, du hättest John erst vor fünf Jahren geheiratet.«

»Das stimmt auch. Das Datum markiert den Tag, seitdem ich clean bin.« Trotz allem war Nessa stolz auf dieses Tattoo. Sie hatte sich aus der Sucht herausgekämpft, war clean geblieben, ganz gleich, welchem Stress sie ausgesetzt gewesen war.

Isabeau erschrak. »He, das ist ja das gleiche Datum wie Candys Todestag.«

»Da habe ich einen kalten Entzug begonnen«, sagte Nessa und zitterte, als die Erinnerungen sie überkamen. »Das ist das absolut Schlimmste. Schlimmer als eine Geburt, aber bei beidem gewinnt man am Ende einen Preis.«

»Oh«, sagte Isabeau, fragte aber nicht weiter nach.

Sie saßen eine Weile einvernehmlich schweigend auf der Couch, dann sagte Isabeau: »Das Heroin-Geständnis war ganz schön heftig, deshalb verrate ich dir jetzt auch mein großes Geheimnis.«

»Das brauchst du nicht«, sagte Nessa, die nicht sicher war, ob sie es erfahren wollte. Anderer Leute Geheimnisse zu kennen, kostete einen Preis, und sie wusste nicht, ob sie ihn zu zahlen bereit war.

»Aber deshalb hat man doch Freunde«, sagte Isabeau. »Oder?«

Nessa war gerührt. Sie nickte.

»Auf der Highschool«, sagte Isabeau, »hatte ich eine Affäre mit dem besten Freund meines Dads.«

»Das ist schrecklich«, sagte Nessa.

»Ich weiß«, sagte Isabeau. »Ich habe es mir nie verziehen.«

Nessa erschrak darüber, wie falsch Isabeau ihre Bemerkung verstanden hatte. »Ich meinte nicht schrecklich von dir, sondern *für dich*. Du warst noch ein Kind. Der Mann gehört erschossen. So etwas nennt man Unzucht mit Minderjährigen.«

»Sein Name war Dusty Matthiasen. Ich schrieb in meinem Tagebuch über ihn, und zurückblickend glaube ich, ich wollte, dass meine Mom es findet und liest. Ich glaubte, ich wollte, dass sie der Geschichte ein Ende macht. Ich wünschte, sie hätte es getan.«

»Mein Problem war genau andersherum«, sagte Nessa.

»Wie meinst du das?«

»Meine Mom hat ständig in meinen Sachen geschnüffelt. Ich hatte keine Privatsphäre. Aber das war nicht mal das Schlimmste.«

»Wie meinst du das?«, wiederholte Isabeau.

Nessa überlegte einen Moment. Sie hatte es nie in Worte gefasst, es war eine Offenbarung. »Ich habe alles in mein Tagebuch geschrieben – über Sex, Drogen, Ladendiebstähle und so weiter. Aber das interessierte meine Mutter gar nicht. Nein. Sie schnüffelte herum, weil sie herausfinden wollte, was ich von ihr hielt, was ich über sie dachte, wie ich sie fand.«

»Das ist bizarr.«

»Ich habe sogar von meinem Selbstmordversuch geschrieben«, sagte Nessa. »Noch etwas, das Marlon und ich gemeinsam haben.«

»Marlon wollte sich umbringen? Ich dachte immer, er liebt sich zu sehr!«

Nessa schlug sich die Hand vor den Mund. Oh, das war schlimm. Sie hatte gerade gegen die wichtigste Regel im Zwölf-Schritte-Programm verstoßen. Etwas, das man im Vertrauen erfährt, behält man für sich, und sie hatte eben total leichtfertig von Marlons Selbstmordversuch erzählt, so, als hätte sie ihr seine Lieblingseissorte verraten.

»Oh, Scheiße«, sagte sie. »Ich dachte, du wüsstest es. Keine Ahnung, wie ich darauf kam. Tut mir leid, dich damit belastet zu haben.«

Isabeau machte eine pantomimische Geste, als würde sie ihren Mund abschließen und den Schlüssel fortwerfen. »Ich würde ihm nie wehtun. Er ist mir so ein guter Mentor.«

»Mir auch«, sagte Nessa.

Ein leises Ächzen ließ Nessa zusammenfahren. Ihr Herzschlag beschleunigte. Aber es war nur der Wind, der draußen ums Haus pfiff.

Isabeau schaute zur Decke auf. »Gespenster«, sagte sie und wackelte mit den Augenbrauen.

»Oder Leichen im Keller?«, grinste Nessa.

Plötzlich wurde der Wind stärker, und ein greller Blitz zerriss die Dunkelheit hinter dem Fenster. »Ein Sturm zieht auf«, sagte Isabeau während des nachfolgenden Donnerschlags. »Für heute Nacht ist ein Unwetter angesagt.« Sie streckte sich. »Wie hast du Marlon eigentlich kennengelernt?«

»Bei den Anonymen Alkoholikern natürlich«, sagte Nessa.

Isabeau machte ein überraschtes Gesicht.

»Das wusstest du auch nicht«, sagte Nessa.

Isabeau schüttelte den Kopf.

»Oh, Scheiße. Ich bin vielleicht ein Plappermaul.«

Genau deshalb sollte sie keine Freunde haben – Menschen nahezukommen verursachte Schmerz. Andererseits schmerzte ihre Einsamkeit sie auch. Hier zu sitzen und mit Isabeau zu reden, schien den Schmerz der letzten Wochen ein wenig zu lindern.

»Du bist kein Plappermaul«, sagte Isabeau. »Du hast noch nie so viel mit mir gesprochen wie heute Abend.« Einen Moment lang verfielen sie in Schweigen. »Wie kommt man als junges Mädchen eigentlich zum Heroin?«

»Ist eine lange Geschichte.«

»Ich habe heute nichts mehr vor.«

Nessa betrachtete sie. *Dafür sind Freunde da.* Dann erzählte sie Isabeau die ganze Geschichte.

»Dann dachtest du also, du würdest Koks nehmen«, sagte Isabeau.

»Ja«, sagte Nessa. »Heroin war so was von geil, dass ich meine beste Freundin es auch versuchen lassen musste.« Sie machte eine Pause, ehe sie fortfuhr. »Nach einer Weile begannen wir, uns das Zeug zu spritzen. Bescheuert. Echt bescheuert. Ich habe allen möglichen Scheiß gebaut, um meine Sucht zu finanzieren.«

Die Empörung, die Fremdheit und die Abscheu, die sie auf Isabeaus Gesicht zu sehen erwartet hatte, kamen nicht. Die Enge in Nessas Brust lockerte sich weiter.

Isabeau lehnte den Kopf gegen die Couch und bedachte Nessa mit einem traurigen Lächeln. »Es tut mir so leid, dass du das alles durchmachen musstest.«

»Und mir tut leid, dass der beste Freund deines Vaters ein sexuell übergriffiges Arschloch war.«

»Und mir tut leid, dass deine beste Freundin gestorben ist. So etwas habe ich noch nie erlebt. Ich kann es mir gar nicht vorstellen.«

Wahrscheinlich konnte sie sich auch nicht vorstellen, wie es war, am Tod der besten Freundin schuld zu sein.

21. KAPITEL

Sonntag, 26. Juni

Am nächsten Morgen rief Nessa Laurens Mann Mac an. Bisher hatten sie immer nur kurz miteinander gesprochen, wenn sie Daltrey hinübergebracht hatte, damit er mit Ziggy und Tosh spielen konnte. Entsprechend überrascht war Mac über ihren Anruf.

»Sag mal, könntest du wohl für mich ein paar IP-Adressen zurückverfolgen?« Sie verkniff es sich, ihm Geld für seine Hilfe anzubieten. »Auf meiner Blog-Seite gibt es einen hartnäckigen Troll, der widerwärtige Kommentare schreibt.«

»Glaubst du, der Kerl kommt hier aus der Gegend?«

»Es wäre möglich«, sagte Nessa. »Kannst du eine IP-Adresse zurückverfolgen? Herausfinden, wo der Absender steckt?«

»Sicher«, sagte Mac. »Ist nicht mal illegal. Maile mir einfach diese IP-Adressen, dann sollte ich mit einer Toleranz von einer Meile den ungefähren Aufenthaltsort des Kerls bestimmen können. Es sei denn, er verschickt die Kommentare von unterschiedlichen Orten.«

»Danke, Mac«, sagte Nessa.

Er gab ihr seine E-Mail-Adresse und versprach ihr, sich schnellstmöglich bei ihr zu melden. Sie legte auf und schickte ihm die IP-Adressen, die Isabeau fein säuberlich auf einem Zettel notiert hatte.

Dienstag, 28. Juni

Am Morgen nach der Montagssendung schaltete Nessa ihren Wecker aus. Sie war hundemüde und dachte nicht mehr groß darüber nach, dass Otto während der Sendung ungewöhnlich freundlich und hilfsbereit gewesen war. Es hatte sie mit Argwohn erfüllt, aber sie hatte einfach nur die Sendung hinter sich bringen wollen.

Daltrey würde erst am Donnerstag nach Hause zurückkommen, genau wie Isabeau. Während der zurückliegenden Woche hatte Nessa das Gefühl gehabt, dass ein Teil von ihr fehlen würde, und sie konnte es kaum erwarten, ihren Sohn wiederzusehen. Und wer weiß? Vielleicht hatte Linda ihn ja wirklich zum Sprechen gebracht.

Nessa ging nach oben in Daltreys Zimmer, um die Bettwäsche zu wechseln. Danach starrte sie auf das Bücherbrett mit all den kleinen Schätzen, die John für ihren Sohn versteckt hatte. Am liebsten hätte sie die Sachen mit dem Hammer zerschlagen, um die letzten positiven Gefühle zu zerstören, die sie noch für ihren kranken, zunehmend gestörten Mann hegte. Aber es würde Daltrey schwer treffen, wenn die Sachen plötzlich verschwunden waren, und ihr würde es rein gar nichts nutzen.

Als sie nach unten ging, meldete das Telefon eine SMS. Sie stammte von Mac.

Habe den Ursprung der IP-Adressen gefunden. Genau genommen sind es zwei. Die öffentliche Bücherei in Manhattan und das Hilton Garden Inn in der Third Street.

Nessa starrte auf die SMS. John war im Hilton Garden Inn abgestiegen? Sie dachte noch einmal an Macs Worte und fragte sich, ob ein Cracksüchtiger wirklich all die Dinge tun konnte, die der Troll getan hatte – und wenn ja, woher hatte John das Geld für so ein teures Hotel? Sie hoffte, es in weniger als einer Stunde herauszufinden. Sie schnappte sich ihre Handtasche und fuhr zum Hilton. Als sie davor parkte und aus dem Pacifica stieg, blieb sie auf dem Gehsteig stehen, um sich zu sammeln. Seltsame Gedanken schwappten durch ihr Hirn.

Wie sehe ich aus? Sehe ich gut aus?

Welche Rolle spielte das schon? Nessa hatte wichtigere Probleme als ihr Aussehen.

Sie betrat das Hotel und ging zur Rezeption. »Können Sie mir sagen, ob bei Ihnen ein Mann namens John Donati wohnt?«

Die Hotelangestellte bearbeitete ihren Computer. »Nein, Ma'am«, sagte sie. »Wir haben keinen Gast unter diesem Namen.«

Auf ihrem Telefon öffnete Nessa die Fotos von John und zeigte sie der Frau. »Erkennen Sie diesen Mann?«

Die Empfangsdame schüttelte den Kopf.

»Tut mir leid, ich habe ihn nie gesehen«, sagte sie.

»Danke.«

Sie ging zur Portiersloge und fragte die beiden dort tätigen Frauen, ob sie John gesehen hätten. Wieder ein Kopfschütteln. Im Restaurant und in der Bar erhielt sie die gleiche Auskunft. Niemand hatte ihn gesehen. Nachdem sie durch die Hotelflure marschiert war und sich überall umgesehen hatte, fuhr sie zur Bibliothek, wo die Fragerei von

Neuem begann. Niemand erkannte John auf den Fotos, aber wie genau sahen die Bibliotheksangestellten hin an diesem Ort, wo tagtäglich ein Heer wildfremder Leute an ihnen vorbeihuschte wie lebendige Schatten? Dennoch, es war frustrierend. Sie hatte geglaubt, nach der Lokalisierung der IP-Adressen John gegenübertreten zu können, aber es kam ihr vor, als jagte sie einem Geist hinterher.

Als sie zum Ausgang ging, rief jemand ihren Namen. Sie wandte sich um und erblickte ein bekanntes Gesicht, einen Mann mit zwei Grundschulmädchen im Schlepptau. Es war Kevin, ihr ehemaliger Produzent. Das mussten die Kinder sein, mit denen er fortan seine Abende verbringen wollte.

»Hi, Kevin«, sagte sie. »Wie geht's?«

»Super«, sagte er. »Mädchen, das ist Nessa Donati. Wir sind Kollegen.«

Sie winkten ihr desinteressiert zu, beide mit Büchern beladen.

»Wir *waren* Arbeitskollegen«, sagte Nessa. »Was hat dir Otto eigentlich angeboten, dafür dass du neulich Nacht für ihn einspringen solltest? Wie ich ihn kenne, vermutlich gar nichts.«

Kevin sah verwirrt aus. »Für Otto einspringen? Wann?«

»Vorletzten Donnerstag, glaube ich.«

»Otto hat mich nicht gebeten, für ihn einzuspringen«, sagte Kevin.

»Dad«, sagte eines der Mädchen.

»Kleinen Moment, Liebling«, sagte Kevin und wandte seine Aufmerksamkeit wieder Nessa zu. »Du meinst, er kam nicht zur Arbeit?«

»Richtig«, sagte Nessa, nun ihrerseits verwirrt. »Er

sagte …« Nun fiel es ihr nicht mehr ein – hatte er wirklich gesagt, dass Kevin nicht kommen könne oder …

»Nun«, sagte Kevin. »Ich werde auf seiner Stechkarte nachschauen, denn wenn er nicht zur angegebenen Zeit auf der Arbeit war, dann …«

»Ich glaube, es war nur ein Missverständnis«, sagte Nessa. Aber war es das wirklich? Oder hatte Otto sie absichtlich im Sender allein gelassen?

Während der Heimfahrt dachte sie über Otto nach. Ja, er war ein Neidhammel. Ja, er war ein quengeliger Hipster. Aber trotzdem, es passte einfach nicht.

Bei ihrer Rückkehr stand ein Polizeiauto vor dem Haus. Das wurde allmählich zur Regel. Nessa parkte in der Garage und ging von hinten ins Haus, ein beklommenes Gefühl im Bauch. Die Klingel ertönte, und sie öffnete die Haustür. Vor ihr stand Detective Treloar, der sie ernst und wortlos musterte.

Sie hatten am Truck ihre Fingerabdrücke genommen und vom NCIC überprüfen lassen. Sie wussten, wer sie wirklich war, was sie getan hatte. Jetzt würde er sie verhaften.

Es verschnürte ihr die Kehle. Aber sie trat zu Detective Treloar hinaus auf die Veranda.

»Wie geht es Ihnen, Detective?«, fragte sie und verschränkte die Arme vor der Brust.

»Danke, gut, Mrs. Donati«, sagte er. »Wollen wir nicht hineingehen? Ich würde gern einige Dinge mit Ihnen besprechen.«

Er wollte sie anscheinend doch nicht verhaften. Es ging um etwas anderes.

»Sicher«, sagte sie. »Gehen wir ins Haus.«

Sie gingen ins Wohnzimmer. Nessa setzte sich in den Ohrensessel, Treloar auf die Couch.

»Ich muss Sie darüber informieren, dass wir im Tuttle Creek Lake eine Leiche gefunden haben, auf die die Beschreibung Ihres Mannes passt.«

Nessa krümmte sich. Es war, als hätte er ihr einen Ziegelstein in den Bauch gerammt und ihr die Luft aus dem Leib gepresst.

John konnte nicht tot sein. Er war zu real. Die Spuren, die er in ihrem Leben und in der Welt hinterlassen hatte, waren zu tief, reichten bis in ihre DNA. Sie wusste, dass viele Witwen einen Phantomschmerz wie diesen verspürten, eine juckende Stelle, die man nicht kratzen konnte, weil ein Körperteil fehlte, der dennoch weiterhin da zu sein schien, mit ihr verbunden durch Fasern und Sehnen, Knochen und Geist, Leib und Seele.

Sie stand auf, versuchte, sich zu erinnern, wie man atmete, marschierte im Kreis durchs Wohnzimmer. Sie wollte, dass Treloar eine Hand nach ihr ausstreckte, um sie zu trösten, damit sie ihm die Finger brechen und ihm die Augen ausreißen konnte. Sie wollte sich selbst und jemand anderem Schmerz zufügen, denn wenn sie zuließ, dass ihr Hirn den Gedanken, um den es kreiste, verinnerlichte, würde sie in einen Abgrund stürzen und ewig fallen.

Als hätte der Gedanke eine Handlung ausgelöst, fiel sie zu Boden und schlug ihren Kopf gegen den Couchtisch. Der süße Schmerz, den sie dabei verspürte, war eine Verkörperung dessen, was sie nicht in Worte zu fassen vermochte.

Sie erhob sich auf Hände und Knie und schlug mit dem Kopf erneut gegen den Couchtisch.

Treloars Hände lagen auf ihren Schultern, er versuchte, sie festzuhalten, sie davon abzuhalten, sich den Schädel einzuschlagen.

John war tot, und das Wissen darum bedeutete, dass auch sie tot war. Man hatte ihn aus dem See gezogen, aber sie war immer noch dort unten, hatte sich in den Bäumen unter Wasser verfangen und würde nie wieder auftauchen.

Es war, als hätte sie schon immer gewusst, dass er tot war, von Anfang an, und all die Wutausbrüche und Streitereien mit ihm hatten einzig dem Zweck gedient, die Wahrheit zu verdrängen und den Moment der Erkenntnis zu verschieben, dass sie ohne ihn nicht leben konnte.

Sie konnte es einfach nicht.

Sie konnte es nicht, und sie wollte es nicht. Sie wollte nur noch die Augen schließen und für immer im See versinken.

»Mrs. Donati«, sagte Treloar aus weiter Ferne, von der anderen Seite des Abgrunds, der sich in der Welt aufgetan hatte und den sie nie wieder würde überqueren können.

Stunden schienen vergangen zu sein, doch es waren wahrscheinlich nur einige Minuten, als Nessa in ihren Körper zurückkehrte. Mit pochendem Schädel kam sie wieder zu Sinnen und merkte, dass das, was Detective Treloar erzählte, in ihr Bewusstsein drang.

»Der Sturm Samstagnacht riss einige der vertäuten Boote los«, sagte er, »und schleuderte sie mächtig in der Bucht herum. Der Wind war so stark, dass sie gegen die Bäume unter Wasser stießen und einige Äste abbrachen, denn die Leiche stieg an die Oberfläche. Sie muss sich verfangen haben.«

Sie holte tief Luft. Sie kehrte von einem LSD-Trip zurück, einem Horrortrip sondergleichen, und nun war sie wieder die biedere Hausfrau und Mutter, ruhig, gefasst, normal.

Dann kam ihr ein Gedanke. Es war gar nicht John.

Sie sah Treloar an, und plötzlich tat er ihr leid. »Sie sagen also, John sei tot«, sagte sie und verspürte den Drang zu lachen. Armer Kerl. Er wusste es einfach nicht besser.

»Falls es sich bei der Leiche um ihn handelt, dann, ja«, sagte Treloar. »Gemäß den Vorschriften muss ich Ihnen zum Zweck der Identifikation nun das Foto des Verstorbenen vorlegen, aber … die Leiche lag geraume Zeit unter Wasser und ist völlig unkenntlich.«

Sie kam noch mehr zu sich, und der Drang zu lachen verebbte. »Wurde er … erschossen?«

Sein Blick flackerte. »Die Autopsie läuft. Wir werden die Todesursache bald kennen. Wir benötigen die Röntgenaufnahmen von Mr. Donatis Zahnarzt.«

»Sie haben doch seine DNA«, sagte Nessa.

»Schon, aber es dauert viel länger, ihn auf diese Weise zu identifizieren. Mit dem Gebiss geht es schneller.«

Sie nickte und versuchte Atem zu schöpfen, fasste sich unwillkürlich ans Herz, das ihr beinahe aus der Brust zu springen schien.

»Können Sie veranlassen, dass man uns die Aufnahmen per Kurier bringt?«

»Ja«, sagte sie nach kurzem Zögern.

Ihr Weltbild hatte sich abermals verschoben. Wieder galt es, sich einer neuen Realität anzupassen. Wie oft konnte das einem Menschen gelingen, ohne dass er dabei den Verstand verlor?

»Mrs. Donati«, sagte Treloar. »Sie sollten wissen, dass man die Sache als Mordfall behandelt. Wie es aussieht, wird man Sie in Kürze verhaften. Wahrscheinlich am Freitag.«

Ihr drehte sich der Magen um. »Dürfen Sie mir das denn mitteilen?«

»Nein«, sagte er und wich ihrem Blick aus. »Aber Sie haben in letzter Zeit einiges durchgemacht, und ich möchte, dass Sie vor Ihrer Verhaftung Gelegenheit haben, ein Arrangement für Ihren Sohn zu treffen. Verstehen Sie, was ich meine?«

Sie nickte. »Danke, Detective.«

»Haben Sie einen Anwalt?«

»Nein. Aber ich nehme mir einen.«

Treloar stand auf, wandte sich zum Gehen.

Nessa stand ebenfalls auf und wankte. Sie hielt sich am Sessel fest. Der Detective trat auf sie zu, um zu helfen, doch sie winkte ab. »Geht schon, danke.«

Nun funktionierte ihr Verstand endgültig wieder normal, als hätte es die letzten Minuten nicht gegeben.

Hatte man John erschossen? Mit ihrer Pistole?

Sie war sich beinahe sicher, dass es so gewesen war.

Aber *wer* hatte ihn erschossen?

Erneut begann sie zu grübeln, aber diesmal war es anders. Nichts war mehr wichtig. Nichts spielte noch eine Rolle.

Als sie Treloars Wagen davonfahren hörte, rief Nessa den Zahnarzt an und bat darum, Johns Unterlagen zum Riley County Police Department zu schicken.

Dann setzte sie sich in den Sessel und starrte ins Leere.

Wer immer du bist, dachte sie, *du gewinnst.*

Als sie erwachte, wusste sie nicht, wo sie war. Es war dunkel und still Haus, und ihr Kopf schmerzte, was Erinnerungen an Treloars Besuch weckte. Sie knipste die Lampe an; das Licht stach ihr schmerzhaft in die Augen.

John war tot.

Es war nun eine Tatsache, in Granit gemeißelt.

Wie spät war es eigentlich? Sie schaute auf dem Telefon nach und sah, dass es halb zwölf war. Sie musste mit jemandem reden und rief Marlon an.

»Ich habe Neuigkeiten«, sagte sie. »Vorhin war der Detective hier, um mir mitzuteilen …«

»Hast du mit John über mich gesprochen?« Er sagte das, als hätte er auf ihren Anruf gewartet, um ihr diese Frage an den Kopf werfen zu können.

Verwirrt schaute sie auf ihr Handy, um sich zu vergewissern, dass sie die richtige Nummer gewählt hatte. »Marlon?«

»Hast du?« Sein vorwurfsvoller Ton machte ihr Angst.

»Sorry, bin gerade aufgewacht«, sagte sie gedehnt. »Klar haben wir über dich gesprochen. Ich habe John oft erzählt, zu welch klugen Erkenntnissen ich durch dich gelange und wie oft du mich davor bewahrt hast zu …«

»Heute Nachmittag hat mich nämlich eine Reporterin der Campus-Zeitung angerufen und erklärt, sie wolle eine Story schreiben über meinen Selbstmordversuch 2002 und wie ich mithilfe der Anonymen Alkoholiker mein Suchtproblem überwand.«

Das riss Nessa aus ihrer Trägheit. Sie war schockiert. Wieso glaubte er, sie hätte die Reporterin angerufen? »Ich glaube nicht, dass ich jemals auch nur ein – ich kann doch nicht die einzige Person sein, die …«

»*Anonym.* Es steht schon im Namen. *Anonyme* Alkoholiker. Sie sollen anonym bleiben. Ist das so schwer zu verstehen?«

»Marlon, ich …«

»Die Reporterin meinte, es wäre schön, einen Kommentar von mir zu erhalten, aber die Story erscheine so oder so.«

Nessa versuchte sich zu erinnern. Hatte sie John von Marlons Selbstmordversuch erzählt?

John.

Sie hatte ihm nichts erzählt.

John ist tot.

Aber selbst wenn sie es ihm erzählt hatte, warum sollte John es einer Studentenzeitung ausplaudern?

»Marlon, John ist …«

»Die Reporterin hat eine Mail von NessaDonati@gmail.com erhalten.«

»Das ist nicht meine E-Mail-Adresse, Marlon. Das weißt du.«

»Ich weiß. Dahinter verbirgt sich John. Aber du hast es ihm verraten. Du hast einen Vertrauensbruch begangen.«

»Aber John ist …« Ihre Stimme verklang. »Ich glaube nicht, dass ich ihm etwas erzählt habe. Das muss jemand anders sein.«

»Kann nicht sein«, sagte Marlon. »Du bist die Einzige weit und breit, die über mich Bescheid weiß.«

Sie war baff. Warum hatte er ausgerechnet sie ins Vertrauen gezogen, von all den Leuten, die er kannte?

»Und was ist mit den anderen Sachen?«, sagte Marlon. »Die Kommentare, die neuerdings in deinem Blog stehen.«

»Ich will dir …«

»Prostitution, Autodiebstahl.« Er machte eine Pause. »Heroin.«

Konnte er sie nicht hören? War sie vielleicht wirklich schon ein Geist?

Sie sagte nichts mehr.

»Bist du heroinabhängig?«

Sie zögerte. »Ja, das war ich.«

»*War* gibt es nicht, das weißt du ganz genau«, sagte er. »Einmal abhängig, immer abhängig. Du magst clean sein. Geheilt bist du nicht.«

Ihr war klar, was sie jetzt sagen musste, und sie sagte es, denn nichts spielte noch eine Rolle. »Ich rühre das Zeug nie wieder an.«

»Diese Art von übermäßigem Selbstvertrauen wird dich zu Fall bringen, dich rückfällig werden lassen. So ist es mir auch ergangen.«

»Ich rühre es nie wieder an«, wiederholte sie.

»Grundgütiger. Du klingst, als wärst du drauf. Da du nicht mal zu dir selbst ehrlich bist, *weiß* ich, dass du rückfällig werden wirst. Unser Selbsthilfeprogramm funktioniert nur mit totaler Ehrlichkeit. Das weißt du.«

Sie spürte, wie ein Funke in ihr aufstieg, ein Hauch ihres früheren aufsässigen Ichs. »Das ist doch reine Semantik. Welchen Unterschied macht es, als was ich mich bezeichne, alkohol- oder heroinabhängig?«

»Es ist ein riesiger Unterschied. Wenn man sagt, man sei alkoholabhängig, obwohl man heroinabhängig ist, dann ist man ein Lügner. Ich habe dir alles von mir erzählt. Du hast mir *gar nichts* erzählt.«

Ihr fehlten die Worte.

»Schritt Nummer vier: Eine gründliche und furchtlose Inventur von sich selbst machen. Dieser Schritt erfordert eine Art der Selbstbetrachtung, die schmerzhaft sein kann, aber Ehrlichkeit ist *unerlässlich* bei diesem Prozess.«

»Ich weiß«, sagte sie.

»Schritt Nummer fünf: Vor Gott, sich selbst und einem anderen Menschen sein begangenes Fehlverhalten eingestehen.«

Tränen traten ihr in die Augen. Sie weinte leise.

»Hast du dich daran gehalten?«

Sie konnte es nicht laut aussprechen. Nein, hatte sie nicht.

Aber das spielte keine Rolle.

»Bei mir hast du dich jedenfalls nicht daran gehalten. Bis du es tust, Nessa, bis du dich mir vorbehaltlos offenbarst, haben wir einander nichts mehr zu sagen.«

Er legte auf.

Ja. Perfekt. So musste es sein. Alles wurde ihr genommen.

Aber nicht von John, denn John war tot.

In ihr wallte Zorn auf, und er überwog das Nichts, das ihre Seele gekapert hatte.

Wer immer ihr das antat, er würde ihr nicht noch etwas nehmen. Nicht noch einen weiteren Menschen. Sie musste es wieder hinbiegen mit Marlon, denn sie wollte nicht ohne ihn leben.

Nicht noch einen weiteren.

Sie musste es in Ordnung bringen. Auf der Stelle.

Sie rannte aus dem Haus und durch den Garten zur Garage. Während sie im Pacifica Richtung Stadt raste, pochten ihr Herz und ihr Kopf, und sie spielte bei voller Lautstärke

»Use Once and Destroy« von Hole und brüllte aus voller Kehle mit Courtney Love mit, obwohl sie glaubte, es würde ihr gleich den Schädel zersprengen.

Es war fast Mitternacht, und die Straße, in der Marlon wohnte, war dunkel und still. Sie trat vor seine Haustür und klingelte. Keine Antwort. Sie klingelte erneut. Nichts.

Sie ging nach hinten zum Wohnzimmerfenster und schaute hinein. Es war zu dunkel, um etwas zu erkennen. Sie ging zur Tür zurück und klingelte noch vier Mal, dann begann sie, gegen die Tür zu hämmern.

»Marlon! Ich weiß, dass du da bist. Ich klingele und klopfe so lange, bis du mich reinlässt oder bis die Polizei kommt. Mach auf! Marlon!«

Als er noch immer nicht aufmachte, trat sie einige Schritte zurück und scrollte durch die Musik auf ihrem iPhone, bis sie den gewünschten Song fand – »Animals« von Nickelback –, und spielte ihn bei voller Lautstärke.

»Dein Lieblingssong, Marlon«, brüllte sie.

Hunde bellten, und im Nachbarhaus ging das Licht an, gefolgt von Marlons Außenbeleuchtung. Im nächsten Moment flog seine Tür auf, und da stand er mit zornentbrannter Miene.

»Rein mit dir!«, zischte er sie an.

Sie trat ein, und er warf die Tür hinter ihr zu.

»Was zum Teufel ist los mit dir?«, brüllte er.

Nessa war außer sich, völlig außer Atem. »Ich bin hier«, sagte sie, »um Schritt Nummer fünf zu machen. Ich bin hier, um vor Gott, mir selbst und einem anderen Menschen gegenüber mein begangenes Fehlverhalten einzugestehen.«

»Dafür ist es zu spät«, sagte er.

»Warum?«, fragte sie, die Fäuste an den Seiten geballt. »Warum ist es zu spät?«

»Weil ich die Nase voll habe von dem Chaos, das dich auf Schritt und Tritt begleitet. Ich habe deine Lügen satt. Ich bin es leid, dass du mich auf Abstand hältst.«

»Hast du nicht verstanden, was ich gesagt habe? Ich bin hier, um …«

»Ich habe dich verstanden. Ich glaube nur nicht, dass …«

»John ist tot.«

Die Zeit blieb stehen, während sie einander anstarrten und Marlons Zorn sich in Bestürzung verwandelte.

Nessa warf sich auf die Couch und weinte bittere Tränen.

Vor lauter Verzweiflung bekam sie nur verschwommen mit, dass Marlon sich an sie schmiegte, die Arme um sie legte, das Gesicht in ihrem Haar vergrub und ihr tröstende Worte ins Ohr murmelte, als wäre sie ein kleines Kind.

Nach einer Weile wurde ihr Schluchzen zu leisem Wimmern, und sie erzählte ihm stockend von der Nachricht, die Detective Treloar ihr überbracht hatte.

Als sie fertig war, fühlte sie sich leicht wie Luft, und eine gnadenvolle Stille umschloss ihre schmerzende Seele.

»Sind sie sicher, dass es seine Leiche ist?«, fragte Marlon.

»*Ich* bin sicher, dass er es ist.«

Er nickte. »Ich weiß, was du meinst. Ich habe es auch sofort gespürt, als Lori starb. Bauchgefühl.«

Er strich ihr das Haar aus dem Gesicht und wischte ihr die Tränen ab. »Soll ich dir ein Glas Wasser bringen?«, fragte er.

»Das wäre lieb«, sagte sie, plötzlich verlegen, weil sie in seinen Armen lag.

Er ging in die Küche, und sie hörte, wie er Eiswürfel in zwei Gläser fallen und Leitungswasser hineinlaufen ließ. Sie blickte sich im spärlich möblierten Wohnzimmer um. Bis auf ein gerahmtes Porträt von Marlons verstorbener Frau waren die Wände kahl.

Er kehrte mit den Gläsern zurück und reichte ihr eins, dann setzte er sich neben sie auf die Couch.

Sie nahm einen tiefen Schluck und räusperte sich. »Okay«, sagte sie. »Schritt Nummer fünf.«

»Oh nein«, sagte er. »Das musst du jetzt nicht tun. Nicht nachdem …«

»Ich tue es *jetzt*.«

Er widersprach nicht.

»Mit sechzehn wurde ich von einem Footballspieler meiner Highschool vergewaltigt.«

Marlons Gesichtszüge erschlafften, aber sie ließ ihn nicht zu Wort kommen.

»An der Schule war Candy meine beste Freundin. Wir hätten Zwillinge sein können. Das ist wichtig. Selbe Augenfarbe. Selbe Haarfarbe, selbe Frisur, selbe Statur. Man nannte uns die Glimmer Twins, frei nach …«

»Mick Jagger und Keith Richards«, sagte Marlon und nickte. »Sprich weiter.«

»Candy und ich gingen auf eine Party, auf der ich mich so was von abschoss, dass Candy mich nach oben in eines der Zimmer bugsieren musste, damit ich mich ablegen konnte, bis sie wieder nüchtern genug war, um uns nach Hause fahren zu können. Ich lag da wie im Delirium – Wodka, Ecstasy, Gras und wer weiß, was ich sonst noch alles reingepfiffen hatte.

Irgendwann ist Nathan, der Footballspieler, ins Zimmer gekommen, hat die Tür abgeschlossen und ist zu mir aufs Bett gestiegen.« Nessa schauderte bei der Erinnerung an den kranken Gedanken, der ihr in dem Augenblick durch den Kopf gegangen war – dass sie bestimmt völlig beschissen aussah. Nathan war nämlich der heißeste Typ an der Schule, und sie war in ihn verknallt gewesen, wie alle anderen auch.

»Ich habe versucht, etwas zu sagen, aber mein Mund hat nicht funktioniert. Zu dem Zeitpunkt hat nichts an mir funktioniert, aber das schien ihn nicht zu stören. Denn er hat sich komplett ausgezogen und auf mich gelegt.«

Nessa atmete stoßweise und konnte nicht weiterreden, sie kniff die Augen zu und schlang die Arme um sich, als geschähe alles in diesem Augenblick.

Der einzige andere Mensch in ihrem jetzigen Leben, dem sie diese Geschichte erzählt hatte, war John. Sie warf Marlon einen Blick zu, und er sah sie genauso erschüttert an wie John damals.

Nessa räusperte sich und gab sich einen Ruck. »Also, ich war damals keine Jungfrau mehr. Das Verrückte ist, dass ich gern mit Nathan geschlafen hätte. Dies aber war etwas anderes. Hätte er irgendetwas zu mir gesagt oder mich wenigstens angesehen, das wäre schon mal was gewesen. Aber ich war für ihn nichts weiter als ein Stück Fleisch, verstehst du?«

Marlon sagte keinen Ton, aber er sah aus, als wäre er bereit, aufzuspringen und Nathan bis ans Ende der Welt zu jagen.

»Ich habe ihm auf die Highschool-Jacke gekotzt«, sagte Nessa. »Darauf schlug er mir ins Gesicht und brach mir die

Nase.« Sie deutete auf den kleinen Höcker an ihrem Nasenrücken.

Marlon zuckte zusammen.

»Irgendwann haben Candy und ein anderer Typ die Tür aufbekommen. Um eine lange Geschichte abzukürzen: Nathan war achtzehn und wurde wegen Vergewaltigung verurteilt. Er bekam dreizehn Jahre und konnte sein College-Stipendium vergessen. Deshalb habe ich ihn bis vor neun Tagen für den Troll gehalten. Er kam vor einem Jahr auf Bewährung aus dem Gefängnis. Ich dachte, er hätte mich ausfindig gemacht und wolle sich rächen, weil ich sein Leben ruiniert habe.«

Marlon musste die Geschichte erst einmal verdauen, und Nessa ließ ihm die dafür nötige Zeit, während sie in der klimatisierten Zimmerluft fröstelte und von Neuem den vergangenen Schrecken durchlebte.

Was sie Marlon nicht erzählt hatte, war der Umstand, dass sie seit jener Nacht Probleme mit Sex hatte, selbst noch als verheiratete, cleane Frau. Es fiel ihr schwer, sich gehen zu lassen, weil sie vergessen hatte, wie es war, Sex zu haben, ohne sich dabei mal mehr, mal weniger deutlich an eine Vergewaltigung zu erinnern.

Marlon erhob sich. »Noch Wasser?«

Sie nickte, und er verließ das Zimmer. Er kehrte mit vollen Gläsern zurück und reichte ihr eins, dann tätschelte er ihre Schulter. Sie legte ihre Hand auf seine, drückte sie, dann zog sie ihre wieder weg.

»Was hat dich zu der Annahme geführt, er sei der Troll?«, fragte Marlon und setzte sich wieder.

»Verschiedene Dinge«, sagte Nessa, trank einen Schluck

und stellte das Glas auf den Tisch. »Bei mir im Bootshaus habe ich ein Plektrum gefunden, auf dem BIG stand.«

»Verstehe ich nicht.«

»Während er mich vergewaltigt hat, lief ›Dead Wrong‹ von Notorious B.I.G. Nathan hatte den Song auf Wiederholung gestellt. War zu der Zeit anscheinend sein Lieblingslied, wie bei allen weißen Jungs, die einen auf Gangsta-Rapper gemacht haben. Ich habe früher voll auf Rap gestanden, aber nach jener Nacht war es für mich damit vorbei. Wegen Nathan kann ich Tupac oder Biggie bis heute nicht mehr hören.«

»Du hast von ›verschiedenen Dingen‹ gesprochen.«

»Richtig. Das andere ist, dass der Troll mir auf meinem Blog eine Quizfrage gestellt hat, deren Antwort ›Rosie‹ war.«

»Was bedeutet das?«

»Das ist mein richtiger Name. Nun, mein richtiger Spitzname. Mein Geburtsname war Gipsy Rose Lee Gereben. Das ist auch etwas, das ich dir nicht erzählt habe, aber wenn ich dir gleich die genaue Art meines Fehlverhaltens erkläre, wirst du verstehen, warum ich nicht mehr so heiße. Aber zuerst muss ich kurz weinen.«

Genau das tat sie dann auch. Es war etwas, das John immer wahnsinnig gemacht hatte. Sie weinte nicht einfach nur – sie kündigte es vorher an. Erneut erhob sich Marlon und verließ das Zimmer, während Nessa abermals bittere Tränen vergoss. Er kehrte mit einer Schachtel Papiertücher zurück. Er hielt sie ihr hin, und sie zog mehrere Kleenex heraus, dann setzte er sich wieder.

Nessa vergoss weitere Tränen, während Marlon ihr still

über das Haar strich. Schließlich schnäuzte sich Nessa und trank einen Schluck.

»Okay«, sagte sie. »Candy war auch ein Spitzname. Aber ein coolerer als meiner. Sie hat ihn sich selbst ausgesucht, weil es, wie sie meinte, der ultimative Rock-Name sei. ›Candy Shop‹ von 50 Cent. ›Sex an Candy‹ von Marcy Playground.«

»›Candy-O‹ von den Cars«, ergänzte Marlon. »›In Candy's Room‹ von Bruce Springsteen.«

Ein kleines Lächeln zeigte sich hinter Nessas Tränen. »Stimmt. Na ja, jedenfalls kenne ich niemanden, der sich seinen Spitznamen selbst ausgesucht hat, und alle anderen haben ihn dann übernommen. Aber so war eben Candy.

Sie hat bei ihrer Großmutter gelebt, weil ihre Mutter sie verlassen hatte, als Candy noch ein Säugling war. Wenn wir nicht unterwegs waren, hingen wir bei ihrer Großmutter ab. Sie hatte in den Sechzigern all die legendären Bands gesehen, die Doors, die Byrds, Led Zeppelin, Janis Joplin, in berühmten Clubs wie Troubadour, Whisky a Go Go und Pandora's Box. Wir haben auf ihrer Couch gesessen und uns stundenlang ihre Geschichten angehört.«

Marlon konnte es sich nicht verkneifen zu lächeln. »Sie klingt klasse«, sagte er.

An Candys Oma zu denken, trieb Nessa erneut Tränen in die Augen. In ihrer Gesellschaft hatte Nessa zum ersten Mal erlebt, wie sich echte Mutterliebe anfühlt. Dank ihrer Großmutter und weil Candy selbst überaus ehrgeizig war, hatte sie ausgezeichnete Noten und wollte aufs College gehen, im Gegensatz zu ihr selbst, Nessa, denn sie war zu diesem Zeitpunkt bereits total verpeilt gewesen.

»Candy und ihre Oma waren mir eine große Stütze«, sagte Nessa. »Aber dann hatte die alte Dame einen Schlaganfall und starb. Kurz danach habe ich dann Candy auch zum Heroin gebracht.«

Mit tränenverschleierten Augen sah sie, wie Marlon darum rang, ihr keine neuen AA-Weisheiten vorzubeten.

»Es hat nicht lange gedauert, bis wir uns das Zeug jeden Tag gespritzt haben. Wir hatten Sommerferien, und Candy sagte, zum Schulbeginn würde sie wieder aufhören, denn das Abschlussjahr stand an, und sie wollte ihren Notenschnitt halten, um sich für ein Stipendium zu qualifizieren. Weil unser Drogenkonsum ein immer größeres Loch in Candys Ersparnisse fraß, redeten wir uns ein, wir würden es nur noch an den Wochenenden tun. Dann hieß es, *nur noch nach Sonnenuntergang* und schließlich *bis das College beginnt und danach tun wir es nie wieder.*«

Marlon nickte teilnahmsvoll. Er kannte dieses Suchtmuster.

»Aber dann war es das Erste, woran ich morgens gedacht habe«, sagte Nessa. »*Nur ein klitzekleines bisschen.* Es ging mir durch den Kopf wie ein einprägsamer, aber schrecklicher Song, in einer Endlosschleife, die sich nicht abstellen ließ.«

Weitere Tränen, weitere Kleenex, noch mehr Schlucke aus dem Wasserbecher.

»Dann kam mein achtzehnter Geburtstag, und Candy und ich nahmen uns fest vor, dass direkt danach Schluss sein würde. Nur noch ein einziges letztes Mal. Wir wollten an dem Abend losziehen und uns etwas besorgen. Aber an dem Morgen hat mein Bruder Brandon mir ein in Geschenkpapier gewickeltes Päckchen in die Hand gedrückt, das, wie er sagte, von Hoover stammte, dem Kerl, der mich zum Heroin gebracht hat. Danach hat Hoover mit meiner Mutter eine Affäre begonnen, aber das ist eine andere Geschichte. Wie auch immer, ich habe das Päckchen aufgemacht, um zu sehen, womit er mich diesmal bezirzen wollte. Er hatte einen Narren an mir gefressen, und das habe ich ausgenutzt, um durch ihn an Alkohol und Drogen zu gelangen, während Mom vorgab, nichts mitzubekommen.

Ich habe mich im Bad eingeschlossen und das Päckchen geöffnet. Darin lag ein Set mit einer brandneuen Spritze, Feuerzeug, Wattetupfer, Teelöffel und einem Tütchen mit wunderbarem Black-Tar-Heroin. Ich konnte es kaum erwarten, es Candy zu zeigen.

Wir hatten also unser Heroin und sind am Abend verbotenerweise unter die Brücke in der Seventh Street gegangen – ziemlich eklig dort, Müll, Graffiti, Unkraut. Aber für einen Junkie war es ein Wunderland. Wir waren im Begriff, uns zum letzten Mal einen Schuss zu setzen. Wir haben uns versprochen, dass danach Schluss sein würde. Wir waren fertig mit den Drogen.«

Wie bei der Schilderung der Vergewaltigung verspürte Nessa ein unangenehmes Kribbeln, als geschähe alles von Neuem. Sie konnte sich die Szene lebhaft vorstellen, den Müllgestank, das grelle Geschmiere an den Wänden, das Unkraut, das in den Rissen im Beton wucherte.

»Wir haben uns hingesetzt, ich habe mir selbst zum Geburtstag gratuliert, und Candy hat gesagt …« Plötzlich hatte Nessa einen Kloß im Hals, und sie räusperte sich und sprach weiter. »Sie sagte: ›Du zuerst. Es ist dein Geburtstag.‹« Eine

Weile weinte Nessa lautlos vor sich hin, zusammengekrümmt, der seelische Schmerz beinahe unerträglich. »Aber ich war immer als Erste dran gewesen. Ich habe dagesessen und gedacht: *Ich werde heute achtzehn. Ich darf nicht mehr so egoistisch sein. Ich muss mich erwachsener benehmen.* Und meine erste Handlung als offizielle Erwachsene bestand darin, meiner besten Freundin den Vortritt zu lassen.«

Vor ihrem inneren Auge sah sie Candy mit glänzenden Augen an der Betonmauer sitzen und sie voller Liebe anschauen, einer Liebe, wie sie sie bis dahin nicht gekannt hatte.

»Ich habe Candy den Arm abgebunden und nach einer brauchbaren Vene gesucht. Dann habe ich die Spritze aufgezogen, einen Tropfen der Flüssigkeit aus der Kanüle gedrückt und ihr die Nadel sanft in die Armbeuge geschoben.«

Nessa stand auf. Sie musste sich bewegen, damit die Flut ihrer Erinnerungen sie nicht fortriss. Sie ging zum Fenster und schaute hinaus, um Marlon nicht anschauen zu müssen.

»Candy hat die Augen verdreht und ist zurückgesunken. Ich habe ihr die Spritze aus der Armbeuge gezogen und mir selbst den Arm abgebunden. Plötzlich habe ich aus dem Augenwinkel bemerkt, dass Candy krampfte. Ich dachte, sie hätte vielleicht Bullen gesehen, aber ich habe mich umgeblickt und keine gesehen. Als ich zu Candy zurückschaute, quoll ihr Schaum aus Mund und Nase, und sie hatte sich in die Unterlippe gebissen.«

Nessa brüllte jetzt, spie die Worte aus. Ihr Speichel flog an die Fensterscheibe. »Mir fiel die Spritze aus der Hand. Candy hatte spastische Zuckungen und ist umgekippt, hat den Rücken durchgedrückt und immer wieder mit dem

Kopf auf den Boden geschlagen. Ich habe sie gepackt und mich nach etwas umgeschaut, das ich ihr in den Mund stopfen konnte, aber ich habe nichts gefunden. Candy biss sich auf die Lippen und die Zunge, und überall war Blut, überall.«

Nessa hatte nichts anderes tun können, als zuzusehen, bis Candys Zuckungen plötzlich aufhörten. Ihre Haut war aschgrau, ihre Lippen blau. Ihre Augen standen offen, aber sie sahen nichts mehr.

»Ich habe sie geohrfeigt. Sie hat ganz flach geatmet, und ich habe versucht, sie aufzusetzen. Candy musste herumlaufen, damit ihr Stoffwechsel das Zeug verarbeitete. Ich habe versucht, sie auf die Beine hochzuziehen. Ich habe es wirklich versucht. Ihre Atmung wurde immer langsamer, Schaum und Blut sind ihr aus dem Mund gespritzt.«

Nessa hatte Candy angeschrien, sie solle aufhören, so eine selbstsüchtige Zicke zu sein, und endlich aufwachen. Sie hatte Candy herumgezerrt, die Spitzen ihrer abgewetzten Tennisschuhe hatten über den rauen Zement geschabt.

Nessa stand weiterhin am Fenster, wischte sich über die Nase und schaute zu Marlon hinüber.

»Ich wusste nicht, was ich tun soll. Ich hätte die Polizei rufen müssen, aber ich besaß kein Handy. Ich hatte es verscheuert, um Stoff kaufen zu können. Außerdem war ich vorbestraft – Trunkenheit am Steuer, schwerer Diebstahl, Drogenbesitz … Prostitution. Ich war jetzt offiziell erwachsen. Wenn ich die Polizei rief, hätte man mich ins Gefängnis geworfen und nie mehr rausgelassen.

Ich habe nicht gewusst, wie das mit der Wiederbelebung funktioniert, aber ich musste es probieren. Ich habe Candys

Brustkorb bearbeitet, dann habe ich mein Ohr an ihren Mund gelegt. Nichts. Kein Hauch. Absolut nichts. Candy war tot.«

Nessa starrte ins Leere, fühlte sich wie ausgehöhlt, einsam, verlassen.

Sie wandte sich vom Fenster ab und setzte sich wieder und wischte sich Augen und Nase ab.

»Ich geriet in Panik. Ich konnte nicht mehr klar denken. Mir ist nur bewusst gewesen, dass ich kurz davor war, mir den schlimmsten Ärger meines Lebens einzuhandeln. Ich hatte jemanden getötet. Es ist zwar ein Unfall gewesen, aber selbst wenn man es als Totschlag bewertete, war mir das Gefängnis sicher. Das hätte ich nicht ausgehalten. Ich musste verschwinden. Candy war tot. Für sie war es vorbei, aber ich musste jetzt schauen, dass ich nicht ins Gefängnis kam.«

Dann war Nessa bewusst geworden, dass es für ihre Flucht noch einen weiteren Grund gab: Irgendwie würde Joyce aus Candys Tod Kapitel schlagen, ihn als Gelegenheit nutzen, wieder ins Fernsehen zu kommen. Aber plötzlich bot sich Nessa die Möglichkeit, Joyce und ihren Ränkespielen zu entkommen, ihren Liebhabern, die hinter ihr, Nessa, her waren, dem kranken Zuhause, dem sie niemals zu entkommen geglaubt hatte. Dies war ihr Ticket in die Freiheit.

»Ich habe unsere Portemonnaies getauscht«, sagte Nessa. »Ich habe meins neben Candys Leiche gelegt, in der Hoffnung, dass die Polizei sie für mich halten würde. An dem Tag hat sie tatsächlich Klamotten von mir getragen – wir haben oft Sachen getauscht –, und dann habe ich noch unsere Schmucksachen ausgetauscht. Wir haben die gleichen

Tattoos getragen.« Nessa schob den linken Ärmel hoch und zeigte Marlon die Glimmer-Twins-Tätowierung.

»Ich habe also ihr Portemonnaie an mich genommen, in dem ihr Führerschein gesteckt hat, und bin weggelaufen. Ich bin gar nicht mehr nach Hause gegangen, um mein Zeug zu holen. Ich habe mich in den nächsten Zug nach Osten gesetzt, voll auf Entzug, voll geschockt und traumatisiert, und wäre am liebsten gestorben. Aber ich bin nicht gestorben, sondern in Denver gelandet, in einer Obdachlosenunterkunft, in der es ein Entzugsprogramm gab. Das habe ich knallhart durchgezogen, denn ab da habe ich für uns beide gelebt, für Candy und mich.

Wegen ihrer ausgezeichneten Noten und weil sie kein Vorstrafenregister hatte, konnte ich die Schule zu Ende bringen und habe dann an der Metro State meinen Bachelor in Kommunikationswissenschaften gemacht. Wenn ich nicht Candys Identität angenommen hätte, hätte ich weiter gedrückt. Ich wäre längst tot.«

Stille trat ein.

»Dann hast du also nach der Vergewaltigung mit Heroin angefangen, ist das richtig?«, fragte Marlon.

Nessa nickte. »Nach dem Prozess. Während der Realityshow. Aber darüber erzähle ich dir ein anderes Mal mehr.«

»Das ist eine außergewöhnliche Geschichte«, sagte Marlon.

»Ich weiß. Danke fürs Zuhören.«

Sie schaute hinunter und sah, dass sie ihre Hände ineinander geschoben hatten. Marlon bemerkte es ebenfalls, ließ sie aber nicht los. Er lächelte.

»Wie war Candys richtiger Name?«

»Vanessa Angela Frye«, sagte sie. »So hieß ich dann bis zu meiner Hochzeit. Aber ich habe mich immer Nessa genannt.«

»Passt zu dir«, sagte Marlon.

»Jetzt weißt du alles«, sagte sie. »Es tut mir aufrichtig leid, dass ich mit John über dich geredet habe. Bitte, verzeih mir. Ich brauche dich als meinen Betreuer. Aber ich brauche dich auch als Freund.«

Marlon drückte ihre Hand. »Wie sich gezeigt hat, brauche ich dich auch«, sagte er. »Nach unserem Telefonat war ich völlig fertig, obwohl du eine gewaltige Nervensäge sein kannst.«

Nessa schlang die Arme um ihn und vergrub das Gesicht an seinem Hals. Er hielt sie fest.

»Danke«, sagte sie.

Sie sahen sich an, und Nessa verspürte den überwältigenden Drang, ihn zu küssen, mit ihm zu schlafen. In seinen Augen erkannte sie, dass er ebenso empfand. Aber es hätte alles kaputt gemacht. Selbst obwohl sie sich keinem anderen Menschen so nahe gefühlt hatte seit ... John, seit dem Anfang, als das ganze Leben noch vor ihnen gelegen hatte.

Stattdessen strich sie Marlon über die Wange, stand auf und verließ das Haus.

22. KAPITEL

Mittwoch, 29. Juni

Sie hatte über dieses Autopilotgefühl, das von einem Besitz ergreift, wenn ein geliebter Mensch gestorben ist, man aber trotzdem tausend Dinge zu erledigen hat, schon gelesen.

Nessa stand am nächsten Morgen auf, ging unter die Dusche, zog sich an und griff zum Telefon. Ein kurzer Anruf bei Lock It Up. Die Frau am anderen Ende sagte, Brady hätte heute frei, weshalb Nessa im Netz checkte, wo er wohnte, und anschließend in die Todd Road fuhr. Sie wollte in Erfahrung bringen, wann genau John die Schlüssel gekauft hatte, sichergehen, dass es *tatsächlich* John gewesen war.

Das Häuschen, in dem Brady wohnte, war hübscher, als sie es sich vorgestellt hatte. Aber wahrscheinlich machte man ein paar nette Extradollars, wenn man nebenbei Hausschlüssel an Kriminelle verkaufte.

Sie klopfte an, hoffte inständig, dass er zu Hause war. Dann öffnete er, mit nacktem Oberkörper, eine Flasche Pepsi in der Hand. Der Ausdruck freudiger Erwartung wich jäh aus seinem Gesicht, als er sie erkannte.

»Mrs. Donati«, sagte er. Anscheinend ging ihm die Muffe, dass sie es sich anders überlegt hatte und die Polizei einschalten wollte.

»Ich muss dich etwas fragen, Brady.«

»Was denn? Ich habe keine weiteren Schlüssel verkauft, Ehrenwort.«

»Nein«, gab sie zurück. »Darum geht's nicht. Kannst du mal kurz einen Blick auf ein Foto von meinem Mann werfen? Ich will bloß wissen, ob er derjenige war, dem du den Schlüssel verkauft hast. Einverstanden?«

Brady musterte sie argwöhnisch, als wollte sie ihm eine Falle stellen. »Warum nicht?« Er verschränkte die Arme und schob die Hände unter seine Achselhöhlen.

Sie rief ein Foto auf ihrem Smartphone auf, das John mit Daltrey auf den Schultern zeigte, bei Tageslicht aufgenommen und gestochen scharf.

Brady nahm ihr das Handy aus der Hand und betrachtete das Bild stirnrunzelnd. »Das ist Ihr Mann?«

»Ja.«

»Der war's nicht.«

Ihr Magen krampfte sich zusammen. »Sicher?«

»Absolut. Der war's definitiv nicht. Der Typ, mit dem ich gesprochen habe, hatte einen Bart.«

»Und wenn du dir den Mann auf dem Foto hier mit Bart vorstellst?«

Brady schüttelte den Kopf. »Auch dann nicht. Der hier hat doch braune Augen, wenn ich das recht sehe, oder? Also, der Typ, der Ihre Schlüssel gekauft hat, hatte dunklere Haare und andere Augen. Irgendwie … seltsame Augen.«

»Seltsam? Was meinen Sie?«

»Keine Ahnung. Seltsam halt.«

Genau dasselbe hatte Allen, der Dealer, gesagt.

»Kannst du mir sonst irgendwas über den Kerl sagen?«

»Ich glaube nicht.«

»Danke, Brady. Entschuldige die Störung.«

Er schloss die Tür, und Nessa fröstelte, obwohl es über dreißig Grad waren. Sie fuhr nach Hause, nahm einen Notizblock und listete auf, was erledigt werden musste. Sie beschloss, erst einmal abzuwarten, bis ihre Schwiegereltern Daltrey zurückbrachten, ehe sie ihnen von Johns Tod erzählte. Besser, es persönlich mitzuteilen. Dann kümmerte sie sich um die Hopfenstöcke und verbrachte den Tag damit, sie zu beschneiden und zu düngen; sie folgte den Ratschlägen einer Website über Hopfenanbau, auf die sie vor nicht allzu langer Zeit gestoßen war, und die Pflanzen schienen erstklassig zu gedeihen. Die Arbeit unter freiem Himmel tat ihr gut, und am späten Nachmittag merkte sie, dass ihr Marlon ein ums andere Mal unwillkürlich in den Sinn kam, Gedanken, die sie den ganzen Tag über ständig zu verdrängen versucht hatte. Nun ja, womöglich war es ganz normal, sich Gedanken über den erstbesten halbwegs akzeptablen Kerl zu machen, wenn man gerade seinen Mann verloren hatte.

Aber das war nicht fair. Marlon war nicht irgendein dahergelaufener Typ. Sie kannte ihn, sie respektierte ihn. Vertraute ihm.

Ihr Telefon klingelte, aber sie kannte die Nummer nicht und wartete, bis sich die Mailbox einschaltete.

»Mrs. Donati, hier ist Shanae Klerkse vom Jugendamt. Ich würde gern mit Ihnen und Daltrey sprechen. Rufen Sie mich doch bitte zurück, damit wir einen Termin vereinbaren können. Danke, und Ihnen noch einen schönen Tag.«

Darum konnte sie sich zu einem späteren Zeitpunkt kümmern.

Um fünf Uhr erhielt sie eine SMS von Isabeau.

Hiermit kündige ich. Trotzdem bin ich gern bereit, mich um den armen kleinen Jungen zu kümmern, bis du einen Ersatz gefunden hast.

Was sollte das denn jetzt? Nessa schrieb zurück:

Was ist denn in dich gefahren? Stimmt irgendwas nicht?

Keine Antwort.

Nessa schickte ihre Nachricht erneut ab. Als Isabeau nach einer Viertelstunde immer noch nicht geantwortet hatte, wählte sie ihre Nummer, doch sprang sofort die Mailbox an.

»Isabeau, Nessa hier. Können wir reden? Ist irgendwas passiert, von dem ich nichts weiß? Ruf mich bitte zurück. Ach ja, übrigens, Detective Treloar war gestern hier. Sie haben anscheinend Johns Leiche gefunden. Drüben im See.«

Nessa war fest überzeugt, dass diese letzte Information Isabeaus Neugier wecken würde.

Aber sie hatte sich geirrt. Isabeau rief nicht zurück.

Es war ein äußerst merkwürdiger Zufall, dass sich zwei Menschen, die zu ihrem engeren Umfeld gehörten, innerhalb der letzten vierundzwanzig Stunden gegen sie gewendet hatten – und es gab nur eine Person, der Nessa versehentlich von Marlons Selbstmordversuch erzählt hatte.

Aber Isabeau himmelte Marlon an. Oder? Wie gut kannte sie Isabeau wirklich?

Unwillkürlich bekam sie eine Gänsehaut.

Aber womit hatte sie Isabeau derart gegen sich aufgebracht? Gab es irgendeine Verbindung zwischen den beiden, von der sie nichts wusste?

Hatte Isabeau bei der Studentenzeitung angerufen?

Schäumend vor Wut, wählte Nessa abermals Isabeaus Nummer, doch wie erwartet schaltete sich wieder die Mailbox ein.

»Hey, Isabeau, du miese Lügnerin«, zischte Nessa. »Nur damit du's weißt, ich habe geschnallt, warum du gekündigt hast. Weil deine Arbeit bei mir getan ist. Weil du der verdammte Troll bist. Du hast bei der Studentenzeitung angerufen und ihnen von Marlons Selbstmordversuch erzählt. Ich weiß, dass du es warst – ich habe es nämlich niemandem außer dir anvertraut! Ich habe keine Ahnung, was wir dir angetan haben oder warum du unsere Beziehung zerstören willst, aber das zahle ich dir heim, und zur Polizei gehe ich auch, verlass dich drauf!« Sie legte auf und wartete.

Sekunden später klingelte ihr Telefon.

»Ich würde Marlon niemals so etwas antun«, kreischte Isabeau in den Hörer.

»Hast du aber«, sagte Nessa.

»Verdammt noch mal, ich habe nicht bei der Zeitung angerufen. Nicht ich bin der Troll, sondern du! *Du* selbst hast das Ganze aufgezogen, damit wir alle nach deiner Pfeife tanzen. Du hast deinen Mann umgebracht, weil er dir auf die Nerven ging, und du hast auch diese E-Mail geschrieben – an die Frau des besten Freunds meines Vaters, du Miststück!«

Nessa war sprachlos. Einen Moment lang wusste sie nicht, wovon Isabeau redete, doch dann schweiften ihre Gedanken zurück zu dem Gespräch, das sie am Samstagabend geführt hatten; dem Abend, an dem sie auch, ohne es zu wollen, Marlons Selbstmordversuch erwähnt hatte.

Demselben Abend.

»Moment mal«, sagte Nessa, und plötzlich begannen sämtliche Alarmglocken in ihrem Kopf zu läuten.

»Ich lege jetzt auf«, sagte Isabeau.

Nessa sah gen Himmel und lauschte dem Summen der Insekten in den Ohren, das sich zu einer Kakophonie steigerte, bis sie nur noch statisches Rauschen hörte.

»Isabeau, hör mir zu. Der Troll hat mein Haus verwanzt.«

»Aber natürlich.« Isabeaus Stimme troff vor Sarkasmus. »Weil du ja so wahnsinnig wichtig bist, dass …«

»Hör mir einfach zu! Über beide Dinge – deine Jugendaffäre und Marlons Selbstmordversuch – haben wir am Samstagabend gesprochen. Hier in meinem Wohnzimmer, erinnerst du dich?«

Schweigen.

»Isabeau?«

»Ja, ich bin noch dran.« Das Gift war aus ihrer Stimme gewichen. »Aber … warte mal. Fällt dir sonst noch etwas ein, über das du nur in deinen eigenen vier Wänden gesprochen hast und was er erwähnt hat?«

»Lass mich nachdenken«, sagte Nessa und ließ den Blick über die Hopfenstöcke schweifen. Einen Sekundenbruchteil später fiel es ihr ein. »Weißt du noch, wie du auf diese Facebook- und Twitter-Accounts gestoßen bist – und wie der Troll in einem seiner Posts geschrieben hat, Daltrey könne nicht sprechen, weil er geimpft worden sei?«

»Ja.«

»Ich habe nie in meinem Blog erwähnt, dass Daltrey bis jetzt nicht spricht, und im Radio habe ich davon ebenfalls nichts dergleichen verlauten lassen, weil …« Weil sie nicht ihre Mutter war, die ihre Kinder benutzt hatte, um auf sich aufmerksam zu machen, berühmt zu werden, Mitleid zu erwecken. »Nirgendwo habe ich auch nur ein Sterbenswörtchen darüber verloren.«

»Wann war das?«, fragte Isabeau. »An welchem Tag hat der Troll diesen Kommentar gepostet?«

»Ich werde nachschauen.« Aber das war momentan wirklich nicht wichtig. Zwischen Isabeau und ihr hatte sich im Lauf der Zeit ein fragiles Vertrauensverhältnis entwickelt, das es nun zu retten galt. »Aber … Hast du tatsächlich geglaubt, ich würde dieser Reporterin eine E-Mail schreiben und es dir in die Schuhe schieben? Hast du das allen Ernstes geglaubt?«

»Na ja …«, sagte Isabeau gedehnt. »Ich war völlig fertig, als ich von dieser E-Mail erfuhr – und du warst die Einzige außer mir, die von der Sache wusste.«

»Glaub mir, ich würde dir so etwas niemals antun. Du bist …« Nessa schluckte, aber zwang sich, die Worte über die Lippen zu bringen. »Du bist die beste Freundin, die ich je hatte, seit ich ein Teenager war.«

Einen Moment lang herrschte Schweigen, während Nessa ihr Herz bloßlegte, offen und ungeschützt. Was würde Isabeau damit anstellen?

»Wow, Nessa«, sagte Isabeau schließlich. »Das bedeutet mir wirklich viel. Du bist inzwischen auch eine meiner besten Freundinnen, und das meine ich ernst. Ich weiß, wie schwer es dir fällt, andere Menschen an dich heranzulassen.«

»Danke, Isabeau.« Nessa spürte, wie ihr Tränen in die Augen traten.

»Ich bin morgen wieder zu Hause.«

»Bis dann.«

Nachdem Nessa die Verbindung beendet hatte, ging sie ins Haus zurück. Ein seltsam beklemmendes Gefühl ergriff

Besitz von ihr; sie fühlte sich, als würde ihr eigenes Haus sie belauschen und dem Troll zum Fraß ausliefern. Auf Zehenspitzen ging sie ins Wohnzimmer, und erst dann ging ihr auf, wie lächerlich das war. Niemanden interessierte das Geräusch ihrer Schritte.

Sie ließ den Blick durch den Raum schweifen, versuchte, sich vorzustellen, wo jemand eine Wanze verstecken würde – und überhaupt, wie sah so ein Ding eigentlich aus? Sie kannte solche Abhörgeräte aus Filmen, wusste aber nicht, ob sie tatsächlich eins erkennen würde.

Sie fing mit dem Regal an, nahm ein Buch nach dem anderen zur Hand, besah es sich von vorn und hinten, blätterte darin. Sie ließ die Hand über die Regalbretter gleiten, spähte darunter, untersuchte jede einzelne Vase, warf einen Blick unter die Stehlampe. Sie lugte unter den Sessel, entfernte die Polster. So fuhr sie mit allen anderen Gegenständen fort, inspizierte methodisch den ganzen Raum.

Dann stand sie vor dem Wohnzimmertisch, räumte alles ab, was darauf stand, und sah darunter. An der Unterseite entdeckte sie ein quadratisches Plättchen, etwa drei mal drei Zentimeter groß. Ihre Augen weiteten sich vor Panik. Würde der Troll es mitbekommen, wenn sie das Ding anfasste?

Nessa erhob sich wieder und überlegte. Dann griff sie nach ihrem Handy, machte ein Foto und schrieb eine SMS dazu:

Das habe ich an der Unterseite meines Wohnzimmertischs entdeckt. Ist das eine Wanze?

Sie wartete, schaute aufs Display, und dann erschienen die tanzenden Pünktchen, die Macs Rück-SMS ankündigten.

Ja. Schließ ein paar tragbare Lautsprecher an dein Telefon an und dreh Musik auf, richtig schön laut. Dann nimm ein Messer und entferne das Ding. Anschließend bringst du es hier vorbei, den Sound lässt du weiterlaufen. Sobald du dich ein paar Meter vom Haus entfernst, wird das Sendersignal unterbrochen. Um den Sender kümmern wir uns später.

Am liebsten hätte Nessa ein paar obszöne Flüche in die Wanze gebrüllt, dem Arschloch, das mithörte, so richtig die Meinung gegeigt. Sie holte die Lautsprecher, stöpselte sie in ihr Telefon und drehte »Fuck You« von CeeLo Green auf – hoffentlich fingen dem Wichser die Ohren zu bluten an! Sie ließ die Lautsprecher in der Nähe der Wanze stehen, ging in die Küche, kehrte mit einem Messer ins Wohnzimmer zurück, schob die Klinge vorsichtig unter das Abhörgerät und fing es mit der linken Hand auf. Sie legte das Messer beiseite, griff mit der rechten nach Telefon und Lautsprechern und verließ das Haus durch die Hintertür.

Die Garage war etwa zwanzig Meter vom Haus entfernt, schätzte Nessa, aber sie ließ die Musik laufen, deponierte die Wanze auf dem Beifahrersitz und fuhr los.

Dann geschah etwas ziemlich Irres. Cee Los ansteckend fröhliche Stimme und der Funk-Groove des Songs erfüllten sie plötzlich mit einer seltsamen Mischung aus Trotz und guter Laune, die sie vorübergehend den Shitstorm vergessen ließ, der aus ihrem Leben geworden war; so beschwingt hatte sie sich seit Monaten nicht mehr gefühlt. Und mit dieser Jetzt-erst-recht-Power fuhr sie hinüber zu ihren Nachbarn; es war schwülwarm, und durch die heruntergelassenen Fenster wehte der Geruch der Wälder zu ihr herein.

In diesem einen Augenblick hatte sie alles unter Kontrolle. Sie agierte, statt zu reagieren. Auch wenn es nur ein paar Minuten waren.

Sie hielt vor Macs und Laurens Haus, machte die Musik aus und atmete erst einmal tief durch, damit sie nicht total durch den Wind aussah. Ziggys und Toshs Rastalocken wippten, während sie auf dem Trampolin sprangen, die Shorts halb in den Kniekehlen.

»Hi, Nessa«, riefen beide, als sie ausstieg.

Nessa winkte nur, auch wenn sie davon ausging, dass die Wanze nichts mehr übertrug. Aber lieber ganz sichergehen.

Mac kam durch die Hintertür aus dem Haus, führte sie zu den Gartenstühlen auf der Veranda und streckte die Hand aus. Sie reichte ihm das kleine quadratische Stück Plastik.

»Wow«, sagte Mac. »So eine habe ich noch nie gesehen.« Er warf einen Blick auf die Rückseite des Teils. »Ich schau mal, ob es eine SIM-Karte hat. Gut möglich, dass du über ein Handynetz abgehört wirst – dann könnten wir ziemlich problemlos die Handynummer deines Trolls herausfinden und an die Polizei weitergeben.« Er sah Nessa an. »Alles okay mit dir?«

»Geht schon«, sagte Nessa. »Aber wenn du was rauskriegst, geht's mir noch besser.«

Donnerstag, 30. Juni

Nessa hockte den ganzen endlosen Tag vor ihrem Computer und arbeitete, wartete auf Daltrey und Isabeau. Um drei hörte sie das Knirschen von Reifen auf dem Kies und warf einen Blick aus dem Fenster. Es waren Linda und Tony, pünktlich wie die Maurer.

Sie lief nach draußen und sah, dass Daltrey fest auf dem Rücksitz schlief. Dann erinnerte sie sich, was sie ihren Schwiegereltern mitteilen musste.

Nessa steckte den Kopf durchs Fahrerfenster und bat Tony, den Motor laufen zu lassen, damit Daltrey nicht aufwachte – sie habe ihnen etwas Wichtiges zu sagen.

Tony erbleichte und stieg aus. Sie umarmte beide und erzählte ihnen von der Leiche aus dem See. Tony traten Tränen in die Augen, und Linda begann herzzerreißend zu schluchzen.

»Sie wissen noch nicht, ob es tatsächlich John ist«, sagte Nessa, »und es kann noch Wochen dauern, bis es letzten Aufschluss gibt. Mir ist bewusst, wie schwer euch das treffen muss, aber … wenn es sich wirklich um ihn handelt, sollte die Beerdigung in Russell stattfinden, oder?«

Nessa brach fast das Herz, als sie in ihre dankbaren Gesichter sah. Erneut umarmten sie sie.

»Es tut mir leid, so furchtbar leid«, brachte Nessa hervor und weinte nun selbst. »Ich habe alles versucht, aber …«

»Es ist nicht deine Schuld.« Sacht strich Linda ihr übers Haar.

»Wollt ihr reinkommen?«, fragte Nessa.

»Nein«, erwiderte Tony. »Wir wollen vor Einbruch der

Dunkelheit wieder zu Hause sein. Würdest du uns anrufen, wenn du mehr … erfährst?«

»Ja, natürlich«, sagte Nessa, dann hob sie Daltrey von der Rückbank. Er öffnete die Augen und lächelte sie schläfrig an.

»Hallo, Süßer«, sagte sie. »Wie geht's dir?«

Gut, bedeutete er ihr, und Linda seufzte.

»Ich habe mir große Mühe gegeben«, sagte sie.

»Alles okay, Grandma«, sagte Nessa. »Vielen Dank für alles.«

Tony bugsierte den Kindersitz und Daltreys Köfferchen aus dem Auto. Dann stiegen er und Linda wieder ein und fuhren ab.

»Ich habe dich so vermisst«, sagte Nessa. »Du mich auch?«

Er nickte nachdrücklich.

»Hast du Hunger?«, fragte sie.

Er schüttelte den Kopf und wand sich aus ihren Armen. Sie ließ ihn herunter, und er rannte zu den Nebengebäuden, berührte jedes einzelne mit der Hand; dann blieb er kurz vor den Reihen der Rebenstöcke stehen und deutete mit ausgestrecktem Zeigefinger auf sie, ehe er wieder zu Nessa zurücklief.

Sie gingen ins Haus, und eine halbe Stunde später fuhr Isabeau vor. Nessa ging das Herz auf, als sie sah, wie Daltrey und das Kindermädchen sich in die Arme fielen. Dann drückte Isabeau Nessa an sich, ehe sie von ihrem Campingausflug nach Waconda Springs erzählte – sie müssten unbedingt mal mit Daltrey hinfahren, bevor der Sommer vorbei sei, es würde ihm bestimmt super gefallen.

Zu dritt sahen sie sich einen Disney-Film an, bis Schlafenszeit war und Daltrey ins Bett musste. Nessa strich ihm sanft über den Kopf. »Gute Nacht, Schatz.«

»Gute Nacht«, gab er in Gebärdensprache zurück.

Nessa ging wieder nach unten ins Wohnzimmer und bedeutete Isabeau, mit ihr nach draußen zu kommen.

»Vielleicht ist da drin noch eine zweite Wanze versteckt. Ich will lieber kein Risiko eingehen«, sagte Nessa, während sie auf der Veranda Platz nahmen.

»Was hast du herausgefunden?«, fragte Isabeau.

»Sag mir erst, was aus dem besten Freund deines Vaters geworden ist.«

»Beste Freunde waren sie mal«, sagte Isabeau. »Dad hat ihm eins auf die Nase gegeben.«

Nessa lachte.

»Ja. Meine Eltern sind schwer sauer. Sie versuchen, mich zu überreden, Anzeige gegen ihn zu erstatten, aber ich weiß nicht.«

»Du solltest es in Betracht ziehen«, sagte Nessa.

»Okay, und jetzt bist du dran.«

Nessa berichtete ihr von der Leiche aus dem See, und sie überlegten, was es damit auf sich haben könnte. Dann erzählte sie Isabeau von ihrem Besuch bei Brady, der behauptete, dass die Schlüssel nicht von John gekauft worden waren, und von der Wanze, die Mac genauer unter die Lupe nehmen wollte; vielleicht konnte er ja herausfinden, wer ihr das Ding untergeschoben hatte.

»O Gott«, sagte Isabeau. »Das wird ja immer vertrackter.«

»Ich weiß.«

Nessa warf einen Blick auf die Zeitanzeige ihres Handys, ließ es in ihre Handtasche fallen und stand auf. »Ich muss los«, sagte sie. »Aber ich freue mich über alle Maßen, dass du hier bist. Und mich nicht im Regen stehen lässt.«

Isabeau lächelte.

Nessa fuhr auf den Senderparkplatz und schaltete den Motor aus. Auch Ottos Vespa parkte dort.

Es war eine sternklare Nacht, und Nessa legte den Kopf in den Nacken, richtete den Blick gen Himmel und betrachtete einen Moment lang die Sternbilder, CeeLo Greens kehlige Stimme in den Ohren. Sie lächelte. Eine schwüle Brise wehte über das Feld zu ihr herüber.

Sie schloss auf und trat ein. Drinnen war es dunkel, so wie Otto es am liebsten mochte. Als sie von innen abschloss, klingelte ihr Handy; sie kramte es aus der Handtasche und warf einen Blick aufs Display.

Habe die Handynummer, die zu der SIM-Karte gehört, lautete die SMS, und zwei Sekunden lang verstand sie nur Bahnhof, bis sie sah, dass die Nachricht von Mac kam. Dann folgte eine weitere SMS mit der betreffenden Handynummer. Sie sagte ihr gar nichts, aber sie konnte auch nur wenige Nummern auswendig. Spontan beschloss sie, die Nummer einfach anzurufen. Vielleicht gehörte sie ja zu dem Handy, das John zuletzt benutzt hatte, und sie würde seine Stimme auf der Mailbox hören.

Über den Satellitenfeed lief der Indie/Alternative-Sender. Nessa öffnete die Studiotür; Otto saß vor dem Mischpult und den Computermonitoren.

Sie tippte die Nummer ein und hielt das Telefon ans Ohr.

Über Robbie Robertsons »Somewhere Down the Crazy River« hinweg hörte sie plötzlich ein … War das ein Akkordeon? Ja, ein Akkordeon, das »Smells Like Teen Spirit« spielte. Sie lachte, während Otto sich ihr zuwandte und sein eigenes Smartphone aus der Jacke nahm.

»Hallo?«

Das Echo seiner Stimme hallte an ihrem Ohr wider.

Sie sahen einander an.

»Wieso rufst …« Otto brach ab und starrte auf das Display. Sein Lächeln verschwand. »Ach du heilige Scheiße.«

Mit geballten Fäusten ging sie auf ihn zu.

»Du mieser Dreckskerl!«, stieß sie hervor. »Du. *Du* bist der Troll.«

Warum war sie darauf nicht gekommen? Wieso hatte sie ihn nicht auf dem Zettel gehabt? Obwohl er die halbe Zeit direkt vor ihrer Nase herumlief? Weil sie ihm nicht im Traum zugetraut hätte, überhaupt auf eine so abartige Idee zu kommen. Das verdammte Schwein hatte ihr Kind bedroht und …

Ein kalter Schauer überlief sie.

… ihren Mann umgebracht.

»Hör mir einen Moment zu.« Otto hob beschwichtigend die Hände. »Ich konnte meine Stromrechnung nicht mehr bezahlen, und meine Miete war auch fällig. Ich brauchte dringend Geld, und die haben mir gesagt, du hättest gelogen, um deinen Job zu bekommen. Sie meinten, sie bräuchten Beweise …«

Nessa packte ihn am Revers.

»Wer hat das gesagt?«

»… und ich müsse nur die Wanze in deinem Wohnzimmer verstecken und aufschreiben, was ich übers Telefon bei dir mitkriege.«

»Wer, verdammt noch mal?«

»Die FCC.«

»Die FCC?«, platzte Nessa heraus. »Wie hirntot bist du denn? Glaubst du allen Ernstes, die Rundfunkbehörde würde ganz normale amerikanische Bürger dazu auffordern, die Wohnungen unbescholtener Leute zu verwanzen?«

Allmählich schien es ihm zu dämmern. Sie sah an seinem Blick, wie der Groschen fiel.

Nessa packte ihn an den Schultern und drückte ihn in seinem Bürostuhl nach hinten. »Mein Mann ist tot. Die Polizei verdächtigt mich, ihn umgebracht zu haben. Jemand hat versucht, mich in meinem eigenen Haus zu vergewaltigen, und du …«

»Jetzt mach aber mal halblang«, sagte Otto panisch und schob sie zurück, bis er wieder aufrecht saß. »Ich habe keine Ahnung, wovon du redest. Ich habe bloß diese Wanze unter deinem Wohnzimmertisch angebracht. Nicht mehr und nicht weniger! Von allem anderen weiß ich nichts! Die haben mir gesagt …«

»Wer?«, schrie sie ihn an. »Ich will wissen, wer sie sind!« Sie packte ihn an der Kehle und drückte zu, bereit, bis zum Äußersten zu gehen.

»Hallo, Candy.«

Von einer Sekunde auf die andere schlug Nessa das Herz bis zum Hals, als urplötzlich eine Stimme aus den Studiolautsprechern drang. Sie ließ Otto abrupt los und stolperte einen Schritt zurück.

Candy?

»Das sind sie.« Ottos Stimme klang rau, tonlos, während er auf die Lautsprecher deutete.

Nessas Blick folgte seinem ausgestreckten Zeigefinger, als säßen sie oben auf den Boxen.

»Danke, Otto. Sie haben Ihre Schuldigkeit getan.« Die Stimme übertönte die Musik – eine leise, elektronisch verzerrte Stimme, die an Stephen Hawking erinnerte, nur ohne den britischen Akzent. Es gab keinen Zweifel: Es war dieselbe Person, die vor ein paar Wochen während ihrer Sendung angerufen hatte. Die Stimme erfüllte nicht nur das Studio; sie drang bis in den letzten Winkel ihres Bewusstseins vor.

»Okay«, sagte Otto Richtung Studiodecke, »aber ich trage keinerlei Verantwortung für …«

»Deine Sendung fällt heute aus, Candy. Otto übernimmt für dich, du musst nämlich dringend nach Hause.«

Die Stimme musste nicht deutlicher werden. Nessa war sofort klar, was das bedeutete. Sie waren in ihrem Haus, bei ihrem schlafenden Sohn.

In dieser Sekunde.

Im selben Augenblick kam eine SMS. Ein Foto von Daltrey; sie hatten ihm die Augen verbunden und die kleinen Hände auf den Rücken gefesselt.

Eine Pistole war auf seinen Kopf gerichtet.

Nessa entfuhr ein so heftiges Keuchen, dass sie spürte, wie etwas in ihrer Kehle riss. Ein gequälter Aufschrei drang über ihre Lippen, und gleichzeitig wurde ihr schwindlig, während sich ihr Magen jäh zusammenkrampfte. Ihr Sohn. Sie würden ihr ihren Sohn nehmen, auf die eine oder andere

Weise. Und wenn sie ihn töteten, würde sie ebenfalls sterben.

Das Handy entglitt ihren Fingern und fiel zu Boden, Display nach oben. Das Foto verschwand. Wieder diese verdammte App, bei der sich das Foto von selbst löschte.

»Du hast ja keine Ahnung, was du angerichtet hast«, zischte sie Otto an.

Otto keuchte, starrte sie mit weit aufgerissenen Augen an.

»Candy!«, sagte die Stimme scharf. »Kein weiteres Wort zu Otto. Du verlässt jetzt das Studio und fährst nach Hause. Ich werde dich auf deinem Handy anrufen, und du bleibst dran, verstanden?«

Im nächsten Moment ertönte »Jeep's Blues«. Nessa hob das Telefon auf und nahm das Gespräche an.

»Du gehst jetzt zu deinem Wagen und fährst los«, sagte der Troll über das Handy. »Du hast genau eine Viertelstunde, ansonsten stirbt der Junge. Und fahr vorsichtig. Wenn dich die Bullen anhalten, siehst du ihn ebenfalls nie wieder.«

Na super – und sie sollte am Telefon bleiben, damit sie nicht die Polizei einschalten konnte.

Wo war Isabeau? Steckte sie mit diesen Schweinen unter einer Decke? War es möglich, dass sie sie die ganze Zeit getäuscht hatte?

Als könne der Troll ihre Gedanken lesen, trudelte die nächste SMS ein. Noch ein Foto.

Isabeau. Auf dem Boden. Ihr Kopf in einer Blutlache.

O Gott. O bitte hilf mir, lieber Gott.

Nessas Beine fühlten sich plötzlich an, als würde sie schlafwandeln: Schwer waren sie, und gleichzeitig fühlten sie sich an wie aus Gummi, drohten ihr jeden Augenblick den Dienst zu versagen. Alles um sie herum nahm sie mit einem Mal so hyperscharf wahr, dass sie Kopfschmerzen bekam. Das Licht der Parkplatzlampe stach ihr grell in die Augen, die Insekten waren so groß, als würde sie sie durch ein Mikroskop betrachten, die Planeten und Sterne über ihr schienen zum Greifen nah. Es war, als würde sie die Dinge zum ersten Mal so sehen, wie sie wirklich waren.

Dann hatte sie ihre Beinmuskeln wieder unter Kontrolle, und sie rannte zu ihrem Pacifica und stieg ein. Ihre Hände zitterten so sehr, dass ihr der Schlüssel auf die Fußmatte fiel, und dann stieß sie sich auch noch den Kopf am Lenkrad, als sie ihn aufhob.

»Scheiße!«, rief sie.

»Was treibst du da?«, fragte der Troll misstrauisch.

»Ich habe mir den Kopf gestoßen«, sagte Nessa mit zusammengebissenen Zähnen.

»Hast du ernstlich geglaubt, dir würde niemand auf die Spur kommen?« Die Stimme klang blechern, aber irgendwie vertraut.

»Nein«, sagte Nessa. Jetzt war sowieso alles vorbei.

Sie legte den Gang ein und fuhr los.

»Ich schalte Sie jetzt auf Lautsprecher, damit ich mich auf den Verkehr konzentrieren kann.«

»Gute Idee«, sagte der Troll. »An deinem Wagen befindet sich ein GPS-Tracker, und wir sehen genau, wo du langfährst. Solltest du vom Weg abweichen, stirbt der Junge.«

Nessa versuchte, eine SMS an den Notruf zu schicken, erhielt aber die Nachricht: *Fehler. Ungültige Nummer.*

Verdammtes Manhattan. Wahrscheinlich würde es noch

fünfzehn Jahre dauern, bis sie einen funktionierenden Notruf eingerichtet hatten. Zu spät für sie. Zu spät für Daltrey.

Vielleicht hatte sie einen Drogen-Flashback. Halluzinationen. Womöglich hatte derjenige, der seit Wochen versuchte, sie in den Wahnsinn zu treiben, sein Ziel erreicht, und sie bildete sich all das nur ein.

»Was wollen Sie?«, fragte Nessa. »Warum tun Sie das?«

»Weil du meine Tochter umgebracht hast.«

»Ich … was?«, fragte Nessa. Sie hatte das Gefühl, ihr Kopf würde jede Sekunde platzen. Die Person, mit der sie sprach, war also … Candys leibliche Mutter? Die sie im Stich gelassen, der Obhut ihrer Großmutter übergeben hatte? Und jetzt war ihr ihre Tochter plötzlich wieder wichtig? Was, zum Teufel, ging hier ab?

»Du wirst heute Nacht sterben – genau wie sie. Wenn du mitspielst, lasse ich deinen Sohn am Leben. Falls nicht, stirbt er ebenfalls.«

»Sind Sie – sind Sie Candys Mutter?«, brachte Nessa hervor.

»Von wegen«, sagte die Stimme. »Ich bin *Rosies* Mutter.«

23. KAPITEL

Nessa kam von der Straße ab, driftete auf den geschotterten Seitenstreifen, unfähig, das Lenkrad gerade zu halten, während sich ihre Gedanken überschlugen. Der Pacifica schoss auf die Leitplanke zu, doch Nessa war wie gelähmt vor Angst, es wollte ihr einfach nicht gelingen, den Fuß vom Gaspedal zu nehmen. In letzter Sekunde fand ihr linker Fuß die Bremse; sie trat sie voll durch und knallte abermals mit dem Kopf gegen das Lenkrad, als der Wagen abrupt zum Stehen kam.

Ihre Mutter? Ihre eigene Mutter?

Vor ihrem inneren Auge tanzten Bilder von Joyces Fernseh- und Filmrollen, stürmten mit brutaler Macht auf sie ein, drohten sie gleichsam zu ersticken, bis sie die Wagentür aufstieß und ein gellendes »Nein!« in die gleichgültige Nacht hinausschrie.

Sie schrie, bis sie keine Luft mehr bekam.

All das hatte sie Candy antun wollen?

Als Nessa schließlich wieder zu Atem kam, drang Joyces Stimme – nun nicht mehr von einem Decoder verzerrt – durch den Telefonlautsprecher an ihre Ohren. »Candy!«

»Mom«, stieß Nessa keuchend hervor. »Mom.« Ihre Stimme klang, als sei sie urplötzlich wieder fünf Jahre alt, klein, verängstigt, allein.

»Was hast du gesagt?«, fragte Joyce.

»Mom«, stammelte Nessa. »Ich bin's. Rosie.«

Einen Moment lang herrschte Schweigen am anderen Ende.

»Rosie ist tot«, sagte ihre Mutter dann. »Aber ich weiß,

wer du bist. Du bist das White-Trash-Girl, das meine Tochter an die Nadel gebracht und …«

»Mom, ich bin's – Rosie, ich schwöre es!«

»Oh, hör auf mit dem Theater«, gab Joyce zurück. »Ich musste Rosies Leiche identifizieren. Glaubst du etwa, eine Mutter würde ihr eigenes Kind nicht erkennen? Du bist Vanessa Frye, das Mädchen, das meine Familie zerstört und mir meine Tochter genommen hat.«

»Mom …«

»Nenn mich nie wieder so!«, schrie Joyce so laut, dass der Lautsprecher ein schrilles Rückkopplungspfeifen von sich gab.

Dann weinte Joyce; perfekt einstudierte Schluchzer entrangen sich ihrer Kehle, wie sie makelloser und melodiöser kaum sein konnten. Es war die Rolle ihres Lebens, und sie ging total darin auf.

»Du hast Rosie allein verrecken lassen. Einfach, weil sie dir scheißegal war. Ich habe die Polizei informiert, darauf gehofft, dass sie dich verhaften und vor Gericht bringen würden, aber auf irgendein Junkie-Mädchen geben die sowieso keinen Fliegenschiss. In L. A. kümmert man sich bloß um Junkies, wenn es die Kinder berühmter Schauspieler sind.«

Es waren bittere Worte, die sie nur stockend über die Lippen brachte. Dann begann sie von Neuem zu schluchzen.

Nessa weinte mit ihr, während sie sich daran erinnerte, wie sie damals verzweifelt versucht hatte, Candy wiederzubeleben, an den Schaum vor ihrem Mund, all das Blut, das aus ihrer Nase gelaufen war, die halb geschlossenen Augen, hinter denen ihr Bewusstsein verdämmerte, ihre Seele, die sich bereits so weit von ihrem Körper entfernt hatte, dass sie nie wieder zurückkehren würde. Ihr Gesicht hatte Nessa seither immer wieder bis in ihre Träume verfolgt; bis zum letzten Tag ihres Lebens würde sie es nicht vergessen können. Und das hatte sie auch verdient. Denn eigentlich hätte sie an jenem Tag sterben müssen. Weil der erste Schuss für sie bestimmt gewesen war.

Ihre Mutter sprach aus, was sie gerade empfand: »Du bist eine so gnadenlose Egoistin, dass du nie auch nur einen einzigen Gedanken an die Menschen um dich herum verschwenden würdest! Du hast immer nur gnadenlos deinen Stiefel durchgezogen – immer ging es dir nur um dein eigenes, ach so wunderbares Leben!«

Nessa weinte jetzt so heftig, dass sie kaum noch etwas sah.

»Ich sehe, du hast angehalten. Du hast genau drei Minuten, um hierher zu kommen!«

Nessa fuhr wieder los, lenkte den Pacifica auf den Highway. Sie wischte sich die Augen, versuchte, nicht zu sehr aufs Gas zu treten. Gott sei Dank war sie die Strecke schon Hunderte von Malen gefahren. Sie bog vom Highway auf die Landstraße ab, die zu ihr nach Hause führte.

»Es wäre sinnlos, dich der Polizei zu übergeben. Weil deine Taten größtenteils verjährt sind. Für den Mord an Rosie würde man dich höchstens wegen Totschlags belangen.«

Aber es war ein Unfall gewesen. Ein schrecklicher, tragischer Unfall.

»Wenn du gleich hier bist«, fuhr Joyce fort, »gebe ich dir die Chance, dir all das in deinem Blog von der Seele zu schreiben. Du wirst einen letzten Post – sozusagen deinen Abschiedsbrief – verfassen und darin den Mord an Rosie gestehen, und dann wirst du das tun, was du schon vor Jahren hättest tun sollen. Du wirst Selbstmord begehen – auf genau die Art und Weise, wie du Rosie umgebracht hast.«

Nessa war jetzt nur noch eine knappe Meile von ihrem Haus entfernt. Verzweifelt klammerte sie sich an ihre letzte Hoffnung: dass ihre Mutter sie nach all den Jahren wiedererkennen würde. In gewisser Weise war es sogar ein tröstlicher Gedanke, dass ihre Mutter bereit war, über Leichen zu gehen, um Rache für den Tod ihrer Tochter zu nehmen.

Vielleicht würde sie in letzter Sekunde ja doch noch erkennen, dass sie im Begriff war, einen folgenschweren Fehler zu begehen.

»Ich habe dir zu helfen versucht, zur Einsicht zu kommen und das Richtige zu tun«, sagte Joyce. »Ein paar Dinge arrangiert in der Hoffnung, dass du endlich wieder zur Spritze greifst und …«

»Du hast John ermordet«, flüsterte Nessa.

Doch Joyce ging nicht darauf ein. »Aber egal, was wir unternommen haben, es ist uns nicht gelungen, dich wieder an die Nadel zu bringen. Wir haben beim Jugendamt angerufen. Dir die Spritze geschickt. Das Heroin in deinem Wohnzimmer deponiert.«

Wir?

Aber noch bevor sie das Wort überhaupt vollständig gedacht hatte, wusste Nessa, wer zu diesem *Wir* gehörte.

BIG. Die drei Buchstaben auf dem Plektrum.

Seltsame Augen. Sie fasste es nicht, dass sie nicht eher darauf gekommen war.

Heterochromie. Das eine Auge blau, das andere braun.

BIG. Brandon Isaac Gereben.

Ihr Bruder.

Tränen liefen ihr über die Wangen, und erneut musste sie anhalten, weil sie nichts mehr sehen konnte. Heftige Schluchzer schüttelten ihren Körper. Ihr Bruder. Ihre Familie. Ihr eigen Fleisch und Blut.

»Halt nicht an«, zischte Joyce. »Du hast nicht mal mehr neunzig Sekunden, um es bis hierher zu schaffen, und du hältst an? Dein Sohn ist dir offenbar genauso gleichgültig wie …«

Ein zorniger Schrei entrang sich Nessas Kehle, hallte in ihren eigenen Ohren wider, und dann trat sie so hart aufs Gaspedal, dass die Reifen durchdrehten. Es war das Brüllen einer Löwin – einer Löwin, deren Junges in Gefahr war. Hinter ihr wirbelte eine Staubwolke auf, und das Heck des Pacifica schlingerte hin und her, während sie sich die Tränen aus den Augen wischte.

Es hätte nicht viel gefehlt, und sie wäre in ihr eigenes Haus gerast. Nessa stieß die Wagentür auf und rannte los, ohne den Motor abzustellen. Sie stolperte über den Kies, hörte gleichsam, wie die Sekunden tickten, umklammerte panisch das Telefon, an dem das Leben ihres Sohnes hing.

»Da bist du ja«, erklang Joyces Stimme an ihrem Ohr, als Nessa die Hintertür öffnete. »Willkommen zu Hause, Candy.«

24. KAPITEL

Irgendwie würde es ihr gelingen, ihre Mutter davon zu überzeugen, wer sie war. Sie hatte keine andere Wahl. Der Gedanke hielt sie aufrecht, gab ihr neue Kraft, als sie das Haus betrat – bis sie Isabeaus Leiche sah.

Sie bedeckte ihren Mund mit den Händen, um sich am Schreien zu hindern. Daltrey war sicher schon verstört genug, und sie wollte ihn nicht noch mehr verängstigen.

Tränen strömten ihr über die Wangen. Ihre einzige Freundin seit Candy – und jetzt ebenfalls tot.

»Candy?«, rief Joyce aus dem Wohnzimmer. »Komm rein, Schatz.«

Es war ein einziger grauenhafter Albtraum, und trotzdem hörte sich Joyce an, als würde sie eine Rolle in einem drittklassigen Film spielen.

Nessa achtete darauf, nicht in die Blutlache zu treten.

Aber warum eigentlich? Jetzt, da ohnehin alles scheißegal war? Isabeau war tot, und … Vor ihrem inneren Auge sah sie das Foto: Daltrey mit der Pistolenmündung an der Schläfe.

Sie rannte ins Wohnzimmer, und da saß ihre Mutter auf der Couch, ganz die Soap-Opera-Queen – perfekt frisiert und manikürt, immer noch eine atemberaubend attraktive Frau nach all den vielen Jahren.

Plötzlich war es, als wäre sie wieder ein kleines Mädchen, als sie ihrer Mutter gegenüberstand. Mit aller Macht musste sie den Drang unterdrücken, zu ihr zu laufen und den Kopf in Joyces Schoß zu vergraben.

Weil diese Frau ihr Kind in ihrer Gewalt, ihren Mann ermordet, ihr Leben zu zerstören versucht hatte.

»Wo ist Daltrey?«, platzte Nessa heraus.

»Ihm geht's gut«, gab Joyce zurück. »Er ist in seinem Zimmer. Mit Brandon.«

Anfangs hatte sie noch Mitleid mit ihrem armen, dummen Bruder gehabt, doch jetzt empfand sie nichts als blanken Hass auf den Mann, der ihrem geliebten Sohn eine Waffe an den Kopf hielt. Sobald sie erfuhren, wen sie die ganze Zeit terrorisiert hatten, würde sie ihren Bruder nach allen Regeln der Kunst zur Sau machen. Offensichtlich genoss er es noch immer, sich bei Joyce einzuschleimen.

»Okay, Schluss mit den langen Vorreden.« Ihre Mutter erhob sich von der Couch, als würde sie einen Talkshow-Gast begrüßen. »Her mit dem Handy.«

Nessa übergab ihr das Smartphone. Joyce schaltete es aus und steckte es ein.

»Mom«, sagte Nessa. »Ich bin's, Rosie. Sieh mich an.«

»Meine Tochter ist tot«, gab Joyce zurück. »*Mein* Kind hätte mich nie so schmählich im Stich gelassen.« Sie strich ihre Bluse glatt, stemmte die Hände in die Hüften und ließ den Blick durch das Zimmer schweifen. »Setz dich da drüben hin.« Sie deutete auf den Ohrensessel. »Dort ist die Beleuchtung am besten, glaube ich.«

Joyce führte Regie. Das hier war ihre ultimative Realityshow.

Ein Lächeln spielte um ihre Lippen. »Von da aus kannst du auch den Fernseher sehen. Ich lasse ihn an, damit du mitverfolgen kannst, was oben im Kinderzimmer vor sich geht. Das wird dich sicher motivieren, meinen Anweisungen zu folgen.«

Auf dem Bildschirm war Daltrey zu sehen, der reglos in

seinem Bett lag. Die Mündung der Pistole war nach wie vor auf seinen Kopf gerichtet.

»Er bewegt sich nicht! Was habt ihr mit ihm gemacht?«, schrie Nessa. »Ihr habt ihn umgebracht!«

»Oh, keine Sorge. Ich brauche ihn lebend. Ich habe ihm ein bisschen Nyquil gegeben, damit er schläft.«

Nessa hoffte inständig, dass sie die Wahrheit sagte.

»Alles klar da oben?«, rief Joyce die Treppe hinauf.

Die Waffe verschwand auf dem Bild, und dann erschien ein hochgereckter Daumen. Nessa betrachtete Daltrey ganz genau, und dann sah sie, wie sich seine Brust kaum merklich hob und senkte. Er lebte! Und Nessa würde alles dafür tun, dass er nicht sterben musste. Was immer Joyce auch von ihr verlangen würde.

Alles.

»Bitte setz dich, Candy«, sagte Joyce.

Nessa ließ sich in den Sessel sinken. Als Joyce vor ihr in die Hocke ging, stieg ihr der Geruch von Chanel No. 5 in die Nase, beschwor alte Erinnerungen in ihr herauf.

»Mommy«, flüsterte Nessa, während sie zusah, wie Joyce ihre Knöchel mit Spanngurten an die Sesselbeine fesselte. Tatsächlich aber sah sie vor sich, wie ihre Mutter der vierjährigen Rosie die Tennisschühchen zuband.

Joyce zögerte einen Sekundenbruchteil, als wolle sie den Kopf heben und Nessa ins Gesicht sehen, doch dann griff sie nach einem längeren Gurt und schlang ihn auf Hüfthöhe um den Sessel, ehe sie Nessa eine Decke überlegte, sodass die Spanngurte nicht mehr zu sehen waren.

»Wir werden das auf Video aufnehmen«, sagte Joyce. »Das wird Fernsehen vom Allerfeinsten. Die verzweifelte

Drogensüchtige, die vor laufender Kamera gesteht, dass sie vor Jahren versehentlich ihre beste Freundin getötet und jetzt auch noch ihr Kindermädchen im Drogenwahn mit der Bratpfanne erschlagen hat.«

Schlagartig begriff Nessa, was sich hier abspielte. Joyce probte ihre größte Rolle. In etwas, das gleichzeitig Talkshow, Film der Woche und Realityshow war. Es sollte ihr *Magnum Opus* werden.

Joyce erhob sich wieder, um ihr Bühnenbild in Augenschein zu nehmen, und nickte zufrieden.

»Mom.« Sie versuchte, Joyce in die Augen zu sehen, sie durch pure Willensanstrengung dazu zu bringen, ihre Tochter zu erkennen. »Erinnerst du dich an damals, als Brandon im Krankenhaus war? Als wir nach Dana Point gefahren sind und so getan haben, als wären wir Filmstars? Du warst Sigourney Weaver, und ich war Dakota Fanning – weißt du noch?«

»Dann kommt das große Finale, Candy«, sagte Joyce, als hätte sie Nessa nicht gehört. Sie hielt einen dünnen Gummischlauch und eine in ein Kleenex eingewickelte Spritze in die Höhe; das Kleenex diente offenbar dem Zweck, keine Fingerabdrücke zu hinterlassen. »Zum krönenden Abschluss wirst du dir den goldenen Schuss setzen.«

Allein der Anblick der Spritze reichte schon, um ihre Zellen nach der Droge gieren zu lassen. Verdammt, schon wieder wurde sie von ihrem Körper im Stich gelassen.

Nessa hielt die Luft an, bis ihr Gesicht knallrot wurde, und deutete dann auf ihre Stirn, auf der immer ein rosafarbenes, v-förmiges Mal erschien, wenn sie das tat. »Erinnerst du dich daran, Mom?«, stieß sie panisch hervor. »Du hast mir erzählt, so etwas würde man ›Storchenbiss‹ nennen, und manchmal hast du auch gesagt, damit würde ich wie ein Klingone aussehen. Weißt du noch, wie sehr es angeschwollen ist, wenn ich wütend war? Du hast mich dann zum Spiegel geführt und gesagt …«

»Ich habe schon mal deinen Abschiedsbrief geschrieben.« Unbeirrt legte Joyce den Schlauch und die Spritze auf den Couchtisch. »Du musst ihn lediglich noch in dein Blog kopieren. Darum werden wir uns jetzt zuerst kümmern.«

Ein Tropfen Flüssigkeit sammelte sich an der Spitze der Kanüle und fiel auf den Couchtisch. Nessa spürte, wie ihre Venen stärker zu pulsieren begannen.

Sie schluckte. »Mom«, flehte sie. »Sieh mich an.«

»Ich bin nicht deine Mom«, gab Joyce kalt zurück. Sie wandte sich zur Treppe. »Kannst runterkommen, Brandon«, rief sie. »Bring die Videokamera mit.«

Ein paar Sekunden später erschien Brandon in der Tür, und Nessa schlug das Herz bis zum Hals. Ihr Bruder. Ihr Mentor. Er würde sie erkennen. Begreifen, dass sie einen schweren Fehler machten. Er liebte sie.

Brandon sah schwerer und älter aus als auf seinem Facebook-Foto. Er war der Mann mit dem Bart, den Brady und Allen ihr beschrieben hatten. Er trug ein Muskelshirt und Shorts, hielt in der einen Hand eine Pistole, in der anderen ein Stativ mit einer Videokamera.

Er reichte Joyce die Waffe und zog eine Grimasse. »Hi, Candy«, begrüßte er Nessa, ohne sie eines Blickes zu würdigen.

Es gab keine andere Erklärung: Joyce musste seinen Hass im Lauf der Jahre bis zum Äußersten geschürt haben. Jetzt wollte er nur noch eins – die Mörderin seiner Schwester tot sehen, wie er es sich wohl seit langer, langer Zeit gewünscht hatte.

»Brandon«, sagte Nessa. »Ich bin es. Rosie. Sieh mich an, sieh mich einfach nur einen Moment an.«

Zwei, drei Sekunden lang schien er unsicher zu sein, doch dann verhärteten sich seine Gesichtszüge.

»Gib ihr das Laptop, damit sie sich einloggen kann. Und dann soll sie den Text kopieren.«

»Brandon«, sagte Nessa.

»Hör auf, ihn anzulabern«, zischte Joyce, »sonst stirbt dein Sohn, aber sofort.«

Hör auf zu schreien, sonst gehen wir nach Hause, aber sofort.

Hör auf zu schmollen, sonst gehst du ins Bett, aber sofort.

Hör auf zu heulen, oder die Kameraleute gehen, aber sofort.

Nessa tat, wie ihr geheißen, und loggte sich in ihr Blog ein. Für sie bestand kein Zweifel, dass ihre Mutter es ernst meinte, und sie hatte panische Angst um Daltrey. Wenn er tot war, wollte sie auch nicht mehr leben. Ohne ihn war alles sinnlos.

Die Spritze auf dem Couchtisch befand sich nur einen guten halben Meter entfernt. *Vielleicht würde die Spritze ja in tausend Stücke zersplittern, wenn sie mit dem Laptop …* Doch bevor sie den Gedanken überhaupt zu Ende gebracht hatte, nahm Brandon ihr das Laptop ab und steckte einen Stick in den USB-Port. Er hockte sich auf den Boden und sah ein paar Sekunden später wieder auf.

»Hab's gepostet, Mom«, sagte er.

Nein. Das träumte sie doch bloß. Nessas Herz raste, schien zwischendurch immer wieder auszusetzen, und ihr Gesicht war so heiß, dass es wehtat.

»Dann kannst du jetzt die Kamera aufstellen, Brandon. Tja, Candy, falls du um Hilfe flehen willst – das wird dir leider nichts nützen, wir sind nämlich nicht live auf Sendung. Es ist bloß ein Video, und du kennst dich ja aus beim Fernsehen …«

»Du meinst, wegen all der Sendungen, in denen wir zusammen auftraten, Mom?«

»Du brauchst also nur deine Tat zu gestehen, und dann kannst du dich losbinden und dir den goldenen Schuss verpassen.«

»Wie wär's, wenn du eine Nahaufnahme von der Spritze machst, Brandon?«, sagte Nessa. »Von da können sie dann ja erst mal zur Werbung überblenden.«

Brandon runzelte die Stirn, und nun wanderte sein Blick doch zu ihr herüber – und plötzlich schien er ihn nicht mehr abwenden zu können.

»Es sei denn natürlich, du willst nicht mitspielen«, sagte Joyce. »Dann stirbt eben dein Sohn.«

Beim bloßen Gedanken an diese Möglichkeit zuckte Nessas gesamter Körper.

»Brandon«, sagte sie.

Er schwieg, starrte sie nur weiter an.

Als Joyce das sah, trat sie zu ihm und zwang ihn, sie anzuschauen. »Siehst du? Genau wie ich's dir gesagt habe. Jeder Trick ist ihr recht, um ihre elende Haut zu retten.«

»Ich bin es, Brandon«, sagte Nessa erneut. »Ich bin es. Rosie.«

»Rosie ist tot«, erwiderte Brandon. Seine Worte waren einstudiert, aber er war eben einfach kein Schauspieler.

»Nein«, gab Nessa zurück. »Candy ist tot. Der kleine Junge, dem du die Waffe an den Kopf gedrückt hast, ist dein Neffe. Dein Neffe, Brandon. Er heißt Daltrey.«

Sie sah genau, wie es in ihm arbeitete.

»Das reicht jetzt«, schnauzte Joyce.

»Hör mir zu, Brandon. Ich bin Rosie, und ich kann es beweisen.«

»Du weißt genau, dass sie nicht Rosie ist«, zischte Joyce.

»Doch, die bin ich«, sagte Nessa. »Nach Candys Tod habe ich ihre Identität angenommen, weil sie im Gegenteil zu mir kein Vorstrafenregister hatte.«

»Halt die Klappe«, zischte Joyce.

»Wo warst du an dem Abend, als Dimebag Darrell auf der Bühne erschossen wurde?«, fragte Nessa ihren Bruder. »Am 8. Dezember 2004. Erinnerst du dich, wo *wir* waren?«

Brandon regte sich nicht, sah sie nicht an.

»Wir waren auf dem Konzert von Muse im Wiltern LG Theatre in L.A., und Matt Bellamy verkündete während des Gigs, was passiert war. Erinnerst du dich? Wir waren dabei.«

»Ich höre dir nicht zu«, sagte Brandon unsicher. »Das kann dir genauso gut Rosie erzählt haben.«

»Brandon. Mom versucht dich doch nur zu …«

»Halt's Maul!«, donnerte Joyce. »Brandon. Sei so nett und lass Candy und mich ein paar Minuten allein. Geh wieder nach oben, ich rufe dich dann, wenn wir so weit sind.«

Brandon tat das, was er immer tat. Er gehorchte. Nessa hörte, wie die Kinderzimmertür hinter ihm ins Schloss fiel.

»Mom«, sagte Nessa mit flehentlicher Stimme. »Wieso tust du so, als würdest du mich nicht erkennen?«

Im selben Moment wandte sich Joyce zu ihr. Sie lächelte.

»Wie kommst du darauf, dass eine Mutter ihre eigene Tochter nicht erkennen würde«, sagte sie. »Hallo, Rosie.«

25. KAPITEL

Nessa wurde schwindelig, und plötzlich war ihr speiübel.

Ihre eigene Mutter hatte sie vorsätzlich gequält, ihren Namen in den Schmutz gezogen. Wegen ihr wäre sie beinahe vergewaltigt worden – und sie hatte John umgebracht.

Nessa war immer klar gewesen, dass ihre Mutter Brandon mehr liebte als sie. Nun aber wusste sie, dass Joyce sie überhaupt nie geliebt hatte. Keine einzige Sekunde. Sie war immer bereit gewesen, sie zu opfern – für Brandons Gesundheit und ihren eigenen Ruhm.

Nessa war allein im Universum, schwebte durchs All, abgeschnitten vom Rest der Menschheit, und das hatte sie selbst bewerkstelligt.

Mithilfe ihrer Mutter.

Es gab nur noch einen einzigen Menschen auf der Welt, der sie liebte. Und dieser Mensch war in Lebensgefahr.

»Wir hatten einen Deal«, sagte Joyce leise. »Und dann bist du nicht mehr nach Hause gekommen, mitten in der Produktion unserer Show. Und ohne dich war die Sendung gestorben. Du wusstest genau, dass ich ohne dich aufgeschmissen war.«

Angst und Déjà-vu schnürten ihr die Kehle zu, und gleichzeitig verzehrten sich ihre Venen nach der Substanz in der Spritze, die sie alles vergessen lassen würde – die Furcht, den Horror, ihr unbändiges Verlangen nach der Droge. Ihr Leben hing ohnehin nur noch an einem seidenen Faden, und sie sehnte sich danach, einfach nur noch … loslassen zu können.

Nein. Das durfte sie nicht. Allein Daltreys wegen. Sie

musste dem Dunkel trotzen, das sie von allen Seiten bedrängte. Sie konzentrierte sich auf ihre Mutter, zerbrach sich den Kopf, wie sie aus dieser Sache mit heiler Haut herauskommen sollte.

Joyce fuhr wie eine Tigerin zu ihr herum. »Dein Ruhm gehörte mir und nicht dir, nach allem, was du mir angetan hast.«

»Ich habe dir gar nichts angetan, Mom.« Nessa schluchzte so heftig, dass sie kaum sprechen konnte. »Der einzige Mensch, dem ich etwas getan habe, war Candy, und das war ein Unfall.«

»Nein«, zischte Joyce. »Das war kein Unfall.«

»Doch, Mom! Ich habe ihr nichts …«

Joyces Gesichtsausdruck rief eine lange verschüttete Erinnerung in ihr wach. Die leicht geöffneten Lippen, das gereckte Kinn, die hochgezogenen Augenbrauen. So, wie sie immer dreingesehen hatte, wenn sie darauf wartete, dass Nessa ein Wort buchstabierte oder ihr eine Redewendung erklärte.

Im selben Augenblick fiel es Nessa wie Schuppen von den Augen, sie hörte das Blut in ihren Adern rauschen und fühlte sich wie gelähmt.

»Es war gar nicht Hoover, der Brandon das Päckchen mit dem Heroin für uns gegeben hat«, sagte Nessa.

Joyce strich sich eine unsichtbare Fluse von der Bluse.

»Sondern du«, flüsterte Nessa, während sie das Gefühl hatte, plötzlich keine Luft mehr zu bekommen.

Ihre Mutter seufzte und sah zur Zimmerdecke empor.

»Du warst sowieso schon so gut wie tot«, erwiderte sie. »Ich wusste, dass es nur eine Frage der Zeit war, bis du dir eine Überdosis drücken oder sonst wie unter die Räder kommen würdest.« Sie sah Nessa direkt in die Augen. »Außerdem hatte ich so alles unter Kontrolle – und würde vorbereitet sein, wenn die Polizei mich informierte.« Ihr hochmütiger Blick umwölkte sich. »Aber dann zeigten sie mir Fotos von ... Candy. Tot. Ich schrie, wäre um ein Haar ohnmächtig geworden. Ich musste ihnen nichts vorspielen, ich war wirklich total schockiert. *Du* solltest den ersten Schuss nehmen, schließlich war es dein Geburtstag. Aber du kennst mich ja, du weißt, wie schnell ich mich auf neue Situationen einstellen kann. Ich habe Candys Leiche als die meiner Tochter identifiziert, der Polizei gesagt, dass du die Tote bist – es war doch ohnehin klar, dass es nicht lange dauern würde, bis du selbst ebenfalls den Löffel abgibst.«

Ihre Miene verdüsterte sich. »Dann finden wir auf einmal heraus, dass du eine eigene Radiosendung hast! Du bist reich und berühmt, hast ein wunderschönes Haus, ein Riesengrundstück, ein tolles Auto. Führst ein fabelhaftes Leben – und das, obwohl du sterben solltest!«

Na logisch. In den Augen ihrer Mutter war es schließlich ein Ding der Unmöglichkeit, dass Nessa ohne sie erfolgreich sein, ja überhaupt ohne sie leben konnte. Joyce glaubte, dass die ganze Welt von ihr abhängig war.

»Brandon hat dann schließlich herausbekommen, dass hinter ›Nessa Donati‹ in Wirklichkeit Candy steckte«, fuhr Joyce fort. »Du hast dich mit irgendwas verraten, das du in deiner Sendung gesagt hast – ich weiß nicht mehr, was es war. Tja, es hat uns ein wenig Zeit gekostet, dich aufzuspüren, aber Brandon hat ganze Arbeit geleistet. Er hat es echt drauf mit Computern. Wie auch immer, wir haben unser ganzes Geld zusammengekratzt und sind hierhergekommen … nach Kansas.« Sie spuckte das Wort aus wie ein verschimmeltes Stück Brot.

»Erst mal haben wir dein Haus beobachtet. Gesehen, wie die Schlösser ausgetauscht wurden. Kein Problem, wir haben ihm dann die Schlüssel abgekauft und gewartet, bis du und der Kleine übers Wochenende weggefahren sind. Dann fuhr plötzlich dein Mann – klar, auch ein Junkie! – in seinem Pick-up vor, verschwand in einem der Schuppen, und dort hat er sich dann aufgehängt.«

Nessa keuchte. Sie hatte also intuitiv richtiggelegen – John hatte sich wirklich umgebracht, wenn auch nicht auf die dramatisch-romantische Art und Weise, die sie sich in ihrer Fantasie vorgegaukelt hatte. Nein. Er hatte sich im Bootshaus umgebracht, damit sie ihn dort fand wie eine perfide Osterüberraschung. *Siehst du, was du angerichtet hast? Siehst du, wozu du mich getrieben hast? Es ist deine Schuld. Allein deine Schuld.*

Er hatte keinen Gedanken daran verschwendet, dass womöglich sein eigener Sohn seine hin und her baumelnde Leiche finden würde. Stets hatte er ausschließlich um sich selbst gekreist. Der Gedanke bohrte sich wie eine scharfe Messerklinge mitten in Nessas Herz.

»Wir haben ihn abgeschnitten«, sprach ihre Mutter weiter, als würde sie davon erzählen, wie sie zuletzt die Dachrinne gesäubert hatte. »Im Haus haben wir dann deine Waffe gefunden, ihm ein paar Kugeln verpasst und … tja, gar nicht so leicht, eine Leiche zum Bluten zu bringen.« Sie verzog das Gesicht. »Anschließend sind wir zum Fluss gefahren und haben ihn ins Wasser geworfen. Wir waren uns sicher, dass die Polizei ihn finden und dich als Hauptverdächtige ins Visier nehmen würde. Klar, am Ende werden sie herausfinden, dass es nicht die Schüsse waren, die zu seinem Tod geführt haben … aber das spielt ja jetzt ohnehin keine Rolle mehr.«

Sie warf einen Blick auf ihre Uhr. »Ich weiß, du willst wissen, wie die Geschichte ausgeht – du konntest es ja nie abwarten. Bei Büchern liest du ja immer den Schluss zuerst, und wenn wir ins Kino gegangen sind, hast du mir jedes Mal Löcher in den Bauch gefragt, was am Ende des Films passiert. Und deshalb will ich dir die Pointe auch nicht vorenthalten. Deine leidgeprüfte Mutter findet nach all den Jahren heraus, dass sie einen Enkel hat. Um den sie sich fortan aufopferungsvoll kümmern wird, nicht zuletzt, weil der arme Kleine ja stumm ist.«

Den Zuschauern würde so richtig das Herz aufgehen. Nessa hörte schon die *Aaaaaahhhhs* und *Oooooohhhhs* aus dem Publikum.

»Sein Onkel wird hin und weg sein, wenn er erfährt, dass er einen Neffen hat.«

»Aber sobald Brandon begreift …«

»Er wird drüber wegkommen«, schnauzte Joyce. »Ich wusste, dass es ihm leichter fallen würde, wenn er glaubt, du wärst Candy. Außerdem ist ihm klar, dass wir das Geld brauchen. Der Krebs ist zurückgekommen.«

»Was?«, entfuhr es Nessa.

»Du hast richtig verstanden. Ohne Chemo ist er zum Tode verurteilt.«

»Also muss ich an seiner Stelle sterben.«

Joyce wich ihrem Blick aus. »Du bist bereits tot.«

»Mom«, sagte Nessa. »Du begehst einen großen Fehler. Damit wirst du dein Leben ruinieren, und Brandons mit dazu. Du glaubst doch selbst nicht, dass du damit durchkommst.«

»Oh, und ob ich das glaube, verlass dich drauf.«

»Ich werde für Brandons Behandlung aufkommen.«

Joyces Lippen kräuselten sich zu einem abfälligen Lächeln. »Vergiss es. Du wirst ganz bestimmt nicht die Heldin spielen, die um fünf vor zwölf auftaucht und den armen Krebskranken in letzter Sekunde vor dem sicheren Tod rettet. Das kannst du dir gleich abschminken.«

»Schon klar«, gab Nessa zurück. »Die Heldin – das ist ja deine Rolle. Mein Part ist die undankbare Tochter, das schwarze Schaf. Wäre ja noch schöner, wenn du das Drehbuch ändern würdest.«

»Was getan ist, ist getan.«

Natürlich. Joyce war ein Kontrollfreak.

»Mom«, versuchte Nessa es abermals. »Dein Plan funktioniert nicht. Wie willst du irgendjemandem erklären, dass ich all die Jahre keinen Kontakt zu dir hatte, nie zurückgekommen bin?«

Joyce musterte sie mit steinerner Miene.

»Du hast nicht die geringste Vorstellung, was ich in den letzten Jahren durchmachen musste«, gab sie zurück. »Was ich alles tun musste, damit dein Bruder sein Insulin bekommt, als sie mich beim Fernsehen nicht mehr haben wollten. Wärst du nach Hause zurückgekommen, hätte ich dir niemals Vorwürfe gemacht wegen deiner Sucht. Im Gegenteil, ich hätte dir zu helfen versucht.«

Ein Teil von Nessa hätte das nur allzu gern geglaubt. »Aber ich wollte einfach nicht, dass du mich in diesem Zustand siehst.«

»Ich weiß, Schatz, ich weiß.« Joyce streckte die Hand nach Nessas Gesicht aus, zog sie dann aber wieder zurück.

»Ich habe es einfach nicht mehr ausgehalten«, sagte Nessa, während sie sich fragte, wie sie Joyce nur begreiflich machen sollte, was sie damals empfunden hatte. Es war eine schier endlose Qual für sie gewesen, von TV-Produzenten, Kameraleuten und Autoren hin und her geschubst und zum Produkt abgerichtet zu werden.

»Wir hatten keine andere Wahl.« Joyces Züge verhärteten sich. »Und dann hast du alles hingeworfen und mich und deinen Bruder kaltherzig sitzen lassen.«

Joyces melodramatisches Gehabe war wahrlich bühnenreif. Der manipulative Ton, die emotionale Erpressung waren Nessa schmerzlich vertraut. Doch irgendetwas an der Art, *wie* Joyce die Worte hervorbrachte, mit gebrochener, bebender Stimme, löste in Nessa ein schockierendes Verlangen aus; am liebsten hätte sie ihre Mutter an Ort und Stelle in die Arme geschlossen.

»Oh, Mom.« Nessa schluckte, hoffte, dass Joyce merkte, wie sehr sie mit ihr litt. »Mir ist bewusst, wie schwer das alles für dich war. Dad hat dich kalten Herzens abserviert, gar keine Frage. Dich mit einem chronisch kranken Kind sitzen lassen. Du musstest Brandon die Injektionen verabreichen, seinen Ernährungsplan überwachen, ihn zu all den Arztterminen schleppen.«

Nessa sah, wie ihre Mutter sich an ihren Worten labte, sich gleichsam in ihnen aalte wie eine Katze in der Sonne.

Und mit einem Mal ging ihr auf, dass das, was sie gerade gesagt hatte, die traurige Wahrheit war. Joyce war wirklich ganz allein gewesen. Niemand außer ihr hatte sich um Brandon gekümmert. Außerdem war sie selbst krank, hatte eine Borderline-Persönlichkeit oder litt an einer narzisstischen Störung. Sie brauchte Hilfe. Sie war psychisch instabil, hatte nie verkraftet, dass sie verlassen worden war. Und deshalb hatte sie ihre Kinder nicht schützen können.

Mittlerweile selbst Mutter eines kleinen Kindes, verstand Nessa, dass Joyce auf ihre kaputte, geistesgestörte Art für alle das Bestmögliche getan hatte. Doch irgendwann waren ihr die Sicherungen durchgebrannt, und es hatte niemanden gegeben, der ihr geholfen hätte.

Vielleicht hatte Nessa es sich nur eingebildet, doch einen Moment lang kam es ihr vor, als hätte sie endlich Zugang zu ihrer Mutter gefunden.

»Trotzdem waren Brandon und du nicht die Einzigen, die gelitten haben«, fuhr sie fort. »Ich wurde vergewaltigt. Ich war noch ein Kind, und du hast mich im Fernsehen vorgeführt wie in einer Freakshow. Verstehst du nicht? Deshalb habe ich überhaupt mit dem Heroin angefangen.«

»Ich weiß!«, schrie Joyce ihr mitten ins Gesicht, so unvermittelt, dass Nessa zurückzuckte. »Was glaubst du, warum ich dir diesen unfähigen Vergewaltiger auf den Hals gehetzt und dir dann auch noch das Heroin auf dem Silbertablett serviert habe? Ich hatte mir ein Konzept für eine neue Sendung ausgedacht – ›Mutter einer Mörderin‹, na, nicht schlecht, was? Aber das hat nicht funktioniert, weil Brandons Plan so unfassbar kompliziert war, dass kein Mensch die Storyline kapiert hätte, und so musste ich mal wieder die

Kuh vom Eis holen. Also, hier die Kurzfassung: ›Bekannte Radiomoderatorin hat, wie sich herausstellt, die Identität einer Toten angenommen und begeht Selbstmord, ehe ihre Mutter sie daran hindern kann.‹ Aus der anderen Perspektive erzählt: Die leidgeprüfte Mutter eines kranken Sohns und einer spurlos verschwundenen Tochter findet heraus, dass ihre Tochter noch am Leben ist. Doch das Schicksal macht ihr einen grausamen Strich durch die Rechnung: Ihre Tochter nimmt sich das Leben, bevor sie ihren liebsten Schatz retten kann.«

Irgendetwas war Joyce abhandengekommen. Ein Enzym, ein Hormon, ein Protein, eine Synapsenverbindung. Sie konnte Liebe oder Glück nur spielen. War sie vielleicht bereits so geboren worden? Oder hatten ihre Erziehung und ihre Lebensumstände sie zu dem gemacht, was aus ihr geworden war?

Wärme bekamen die Menschen zu spüren, die Joyce für gut hielt (die Liste war kurz und manchmal leer), Kälte diejenigen, deren Schlechtigkeit für sie feststand, und dazu gehörten so gut wie alle. Manchmal hatte sie Nessa ein wenig Nestwärme gegeben, wenn auch nur selten. Brandon riss sich seit jeher beide Beine aus, um von ihrer Kälte verschont zu bleiben.

Nessa hatte einmal einen Roman gelesen, in dem einer der Protagonisten davon träumte, wie sich die gesamte Menschheit an den Händen fasste und im Kreis um den Planeten tanzte. Nur dass er ums Verrecken nicht herausfand, wie er sich den anderen anschließen konnte.

Nessa war einst Teil dieses Reigens gewesen, hatte aber die Hände der anderen losgelassen.

Joyce hingegen nahm die anderen Menschen gar nicht wahr, und Brandon hatte sie einfach aus dem Kreis gerissen, damit sie nicht allein war.

»Mom«, sagte Nessa. »Geh einfach. Die Polizei wird kein Wort von mir erfahren. Ich werde ihnen erzählen, ein Einbrecher hätte Isabeau getötet, dass ich sie tot aufgefunden habe, als ich nach Hause kam. Setz dich mit Brandon ins Auto und fahr nach L.A. – ich werde nichts unternehmen.«

Joyce schien dies tatsächlich in Erwägung zu ziehen. Nessa streckte die Hand nach der ihren aus.

»Ich liebe dich, Mom«, sagte Nessa, und Tränen strömten über ihr Gesicht. »Aber du bist krank. Ich kann dir helfen, professionelle Hilfe zu finden.«

Joyce richtete jetzt den Blick wieder auf Nessa, und einen Moment lang glaubte sie tatsächlich, zu ihrer Mutter durchgedrungen zu sein.

Doch dann erschien wieder jener hochmütige Ausdruck auf Joyces Gesicht, den Nessa nur allzu gut kannte. »Ach nein, eine Heroinsüchtige will mir helfen. Da habe ich aber noch mal Glück gehabt, was? Tja, ich muss dich leider enttäuschen. Du wirst mich ganz bestimmt nicht noch mal zum Narren halten.«

Joyce erhob sich vom Sofa, und Nessa war sicher, dass sie ihr mitten ins Gesicht schlagen würde. Doch stattdessen beugte ihre Mutter sich zu ihr und küsste sie auf die Wange. Dann sah sie Nessa in die Augen und lächelte.

Nessa stockte der Atem.

»Dein Sohn ist wie geschaffen für die Kamera.« Joyce strich ihr über die Wange. »Mach dir keine Sorgen. Kalifornien wird ihm gefallen. Ich werde mich liebevoll um ihn kümmern.«

Den Teufel würde sie tun.

Es war, als hätte jemand ein Feuer unter ihrem Sessel entfacht. Nessa stemmte sich hoch, riss das Möbel mit und stürzte sich auf ihre Mutter. Joyce verlor das Gleichgewicht, und im selben Moment war Nessa auch schon über ihr und verkrallte ihre Finger im Haar ihrer Mutter, während der Sessel seitlich auf dem Boden aufschlug.

Joyce schlug Nessa mehrfach ins Gesicht, doch Nessa ließ ihre Haare nicht los. Beim nächsten Schlag bekam sie einen von Joyces Fingern mit den Zähnen zu fassen und verbiss sich darin wie ein Hund in einen Kauknochen.

Joyce schrie und schlug mit der anderen Hand klauengleich nach Nessas Augen. »Du wirst mir nicht noch mal die Tour vermasseln!« Sie streckte die Hand nach der Spritze auf dem Wohnzimmertisch aus.

Nessa krallte die Hand weiter in die Haare ihrer Mutter, doch Joyce war so entschlossen, dass sie Nessa mitsamt Stuhl hinter sich her zog – und dann ertönte ein feuchtes Schmatzen, als ihre Kopfhaut riss.

Joyce grunzte und schlug mit dem Gesicht auf dem Boden auf.

Nessa grub die Fingernägel in Joyces Bein, und Joyce trat ihr gegen die Schläfe. Ihre Fingerspitzen ertasteten die Spritze.

Nessa versuchte, sich von dem Spanngurt um ihre Brust zu befreien, aber es wollte ihr einfach nicht gelingen.

Joyce wandte sich zu Nessa um. Blut troff von ihren Haaren, ein triumphierendes Lächeln spielte um ihre Lippen. In der Hand hielt sie die Spritze. Nessa schlug wild mit den Armen um sich, versuchte Joyces Arm zu fassen zu kriegen, doch Joyce ließ sich nicht übertölpeln.

Sie kippte den Sessel mitsamt Nessa auf den Rücken und kniete sich über sie, die Spritze in der hoch erhobenen Hand.

Ein Teil von Nessa sehnte sich nach dem erlösenden Schuss. Sie schloss die Augen, gab einfach auf.

Im selben Moment hörte sie schwere, schnelle Schritte auf der Treppe.

»Mom!«, sagte Brandon.

Nessa öffnete die Augen, sah, dass Joyce den Kopf wandte, und packte ihren Arm, doch Joyce stemmte sich mit ihrem ganzen Körpergewicht dagegen. Die Kanüle kam immer näher, und nun gewann Nessas Selbsterhaltungstrieb die Oberhand über ihr Verlangen nach der Droge. Mit der freien Hand krallte sie nach Joyces Gesicht.

»Brandon!«, rief Joyce. »Erschieß den Jungen! Erschieß ihn!«

Die Schritte entfernten sich wieder. Nessa konnte es nicht sehen, aber sie wusste, dass Brandon zum Kinderzimmer unterwegs war.

»Nein, Brandon!«, schrie Nessa. »Tu es nicht!«

Im selben Augenblick drang ein Geräusch wie von einem Briefumschlag, den jemand aufriss, an ihre Ohren.

Joyce stieß einen Schrei aus, rappelte sich auf und lief zur Treppe. Nessa hörte ein dumpfes Geräusch, dann noch eins, und dann schrie Joyce mit gellender Stimme: »Mein Sohn! Du hast meinen Sohn umgebracht!«

Ein paar Sekunden später kniete Isabeau vor Nessa,

schnitt die Spanngurte mit einem ihrer violetten Wurfmesser durch. Blut verklebte ihre Haare, ihre Augen waren glasig. Aber sie lebte.

Wie eine Furie ging Joyce auf Isabeau los und versuchte gleichzeitig, ihre Messerhand zu packen und sie mit der Kanüle zu erwischen.

Nessa rannte zur Treppe. Dort lag Brandon; aus seinem Rücken ragte eins von Isabeaus Wurfmessern. Nessa klaubte Brandons Waffe vom Boden auf und lief zurück ins Wohnzimmer.

»Lass sie los, Mom!« Sie spannte den Hahn der Pistole und richtete den Lauf auf Joyces Kopf.

Joyce versuchte weiter, die geschwächte Isabeau mit der Spritze zu treffen.

»Nur zu, Mom! Tu mir den Gefallen, damit ich endlich abdrücken kann!«

Joyce ließ los, und Isabeau riss ihr die Spritze aus der Hand.

Im selben Moment hörte Nessa die Polizeisirenen.

Isabeau sackte auf die Couch und hielt sich den Kopf, während Joyce zu Brandon stürzte. »Mein Sohn, mein Sohn«, stieß sie hervor. Sie fühlte nach seinem Puls und wandte sich zu Isabeau um. »Sie können sich glücklich schätzen, dass Brandon noch lebt. Trotzdem werden Sie dafür ins Gefängnis wandern.«

»Aber Sie zuerst«, sagte Isabeau.

»Und du«, wandte sich Joyce zu Nessa, »du bist ein Nichts. Ich habe alles für dich getan, und das ist der Dank.«

»Halt den Mund.« Nessas Stimme war kalt und bebte vor

Wut. »Noch ein Wort, und ich bringe dich um. Setz dich auf die Couch, aber sofort.«

Zögernd gehorchte Joyce, und Nessa gab Isabeau die Pistole. Dann stürmte sie die Treppe hinauf, voller Sorge um ihren kleinen Sohn.

Er lag auf seinem Bett, sein Atem ging flach, und im ersten Moment befürchtete Nessa, sie könnten ihm eine Überdosis Nyquil verabreicht haben. Sie trug ihn nach unten, atmete seinen Geruch tief ein. Tränen liefen ihr über die Wangen; am liebsten hätte sie ihn nie wieder losgelassen.

Ein lautes Klopfen ertönte an der Tür. »Mrs. Donati? Polizei. Bitte öffnen Sie.«

Nessa rannte zur Tür und machte auf.

»Diese Frau da drüben!«, kreischte Joyce und deutete mit dem Zeigefinger auf Isabeau. »Nehmen Sie sie fest! Sie hat meinen Sohn niedergestochen!«

Die beiden uniformierten Polizisten wechselten einen kurzen Blick. »Mrs. Donati?«, sagte der eine.

»Das bin ich«, sagte Nessa. »In meinem Haus befinden sich zwei Personen, die meinen Sohn betäubt und mein Leben bedroht haben. Außerdem haben sie versucht, meine Nanny umzubringen.« Sie zeigte auf Isabeau, die den beiden Uniformierten zuwinkte.

»Dieses Mädchen«, schrie Joyce, »hat meinem Sohn ein Messer in den Rücken geworfen!«

Zwei Notärzte trafen ein, und Nessa winkte sie zu sich. »Wir haben drei Notfälle, die ins Krankenhaus müssen.« Dann wandte sie sich wieder den Polizisten zu. »Können Sie Detective Treloar und Detective Dirksen bitten, hierher zu kommen? Es wird sie sicher interessieren, was hier passiert ist.«

Der eine Uniformierte nahm sein Funkgerät und kontaktierte das Revier.

Die zwei Notärzte schnallten Brandon und Isabeau auf zwei Tragen fest. Nessa trat zu Brandon und strich ihm über die Wange. »Ich bin es wirklich«, sagte sie. »Rosie.«

»Ich weiß«, gab er zurück. Sie hatten ihm eine Sauerstoffmaske angelegt. Ein Sanitäter rollte Brandon hinaus zum wartenden Rettungswagen, ein anderer folgte mit Isabeau.

»Ich habe versucht, sie aufzuhalten, Chefin«, erklärte sie Nessa. »Ich war in der Küche, und dann lag ich plötzlich auf dem Boden. Ich war nur ein paar Sekunden bewusstlos, habe dann aber beschlossen, mich so lange tot zu stellen, bis ich unbemerkt an meine Messer komme.« Vorsichtig berührte sie ihren Kopf. »Ich glaube, das sieht schlimmer aus, als es ist.«

»Lass das mal die Ärzte entscheiden«, sagte Nessa. Sie ergriff Isabeaus Hand und hielt sie fest, bis sie die Tür erreicht hatten.

»Ich wünschte, ich könnte dich ins Krankenhaus begleiten«, sagte Nessa.

»Du musst bei deinem Kleinen bleiben«, erwiderte Isabeau.

»Kann ich jemanden für dich anrufen?«

»Mein Handy ist in meiner Handtasche. Ruf die Nummer an, die ich unter ›Notfall‹ abgespeichert habe.« Der Sanitäter rollte sie hinaus.

Einer der Notärzte untersuchte Daltrey, der plötzlich aufwachte und zu weinen begann.

Und in all dem Tohuwabohu erblickte Nessa einen bleichen, sichtlich besorgten Mann in der Haustür – Marlon, der offenbar heilfroh war, endlich ihren Blick zu erhaschen. Er lief zu ihr und drückte sie an seine Brust.

»Ich habe den Abschiedsbrief in deinem Blog gelesen und verzweifelt versucht, dich zu erreichen«, sagte er. »Aber bei dir sprang jedes Mal sofort die Mailbox an. Deshalb habe ich sofort die Polizei informiert und mich selbst auf den Weg gemacht.«

»Danke«, sagte sie und schlang die Arme um ihn. Er schwieg, hielt sie einfach nur fest. Er ließ sie erst los, als der Notarzt ihr Daltrey übergab, der sich die Augen rieb und verwirrt all die Leute betrachtete, die um ihn herumwuselten.

Die Polizisten hatten Joyce Handschellen angelegt, aber sie redete ununterbrochen weiter auf sie ein.

»Ihr begeht einen Riesenfehler«, fauchte sie. »Candy ist diejenige, die ihr verhaften solltet. Sie hat vor sieben Jahren meine Tochter ermordet. Ihr solltet mir dankbar sein. Ich habe euren Job erledigt! Sie nach all den Jahren aufgespürt! Ja, nichts zu danken, Jungs.«

Alles aus ihrem Mund klang wie aus einer Fernsehserie. Sie konnte einfach nicht anders.

Eine knappe Dreiviertelstunde später trafen Treloar und Dirksen ein, denen deutlich anzusehen war, dass man sie mitten in der Nacht aus dem Bett geholt hatte.

»Das ist der Troll«, sagte Nessa zu Detective Treloar. »Zufällig ist sie auch meine Mutter. Sagst du mal Hallo zu den Herren, Mom?«

»Ich bin nicht ihre Mutter«, knurrte Joyce.

Treloar und Dirksen wechselten einen kurzen Blick.

»Mein Bruder war ihr Komplize«, erklärte Nessa. »Er ist verletzt und auf dem Weg ins Krankenhaus.«

»Moment«, sagte Treloar. »Jetzt noch mal ganz von vorn, okay?«

»Und glauben Sie bloß nicht, ich würde mich entschuldigen«, sagte Dirksen. »Das können Sie vergessen.«

26. KAPITEL

Dienstag, 5. Juli

Nessa beendete gerade eine E-Mail an ihre Sponsoren, in der sie erklärte, dass aufgrund eines familiären Notfalls während der nächsten Wochen Gastautoren auf ihrem Blog schreiben würden, als ihr Telefon klingelte.

»Mrs. Donati, Detective Rob Treloar am Apparat. Ich wollte Sie kurz auf den neuesten Stand bringen. Haben Sie ein paar Minuten für mich?«

»Ja, natürlich.« Sie setzte sich auf die Couch.

»Wir haben die Aussagen von Mrs. Gereben und Brandon aufgenommen.«

»Okay«, sagte Nessa und wappnete sich für das, was kommen mochte.

»Um ehrlich zu sein, war es ziemlich schwierig, Mrs. Gerebens Ausführungen zu folgen, aber beide haben voneinander unabhängig ausgesagt, dass sie im Bootshaus auf die Leiche Ihres Mannes gestoßen sind. Darüber hinaus hat die Autopsie ergeben, dass er erstickt ist und nicht durch die Schussverletzungen ums Leben gekommen ist. Unsere Kriminaltechniker haben den Trägerbalken im Bootshaus untersucht und Fasern eines Seils oder eines Stricks sichergestellt. Weshalb ich dazu neige, den Aussagen Ihrer Mutter und Ihres Bruders Glauben zu schenken.«

Ein tiefes Gefühl der Traurigkeit ergriff Besitz von Nessa. Die Drogen hatten John so kaputt gemacht, dass er nicht mehr weiterleben wollte. Sie wusste nur allzu genau, wie er sich gefühlt hatte. Aus eigener Erfahrung.

»Tatsache ist jedenfalls«, fuhr Treloar fort, »dass es hier nicht um einen Mord geht, sondern um einen Suizid und einen speziellen Fall von Leichenschändung. Davon abgesehen werden sich Ihre Mutter und Ihr Bruder wegen Einbruchs, Entführung, versuchten Mordes und noch ein paar anderer Dinge zu verantworten haben. Sie können sich jederzeit mit der Staatsanwaltschaft in Verbindung setzen.«

»Danke für alles, Detective«, sagte Nessa. »Würden Sie Detective Dirksen etwas von mir ausrichten? Einfach nur: ›Ich hab's Ihnen doch gesagt.‹«

»Lieber nicht«, erwiderte er.

»Auch nicht schlimm«, sagte sie.

Mittwoch, 20. Juli

Immer wieder hatte sich Nessa in den vergangenen Wochen gefragt, wie es weitergehen sollte in ihrem Leben, und stets war sie zum selben Schluss gelangt: dass es darum ging, das Richtige zu tun.

Es war ein brütend schwüler Abend, und sie rief Marlon an. »Ich habe mich entschieden«, sagte sie.

»Und?«

»Ich werde mich selbst anzeigen. Wir fliegen nach L. A., ich habe bereits einen Termin bei der Staatsanwaltschaft ausgemacht. Der Weg, mit sich selbst ins Reine zu kommen, führt nur über absolute Ehrlichkeit. Glaubst du nicht auch?«

Marlon schwieg einen Moment. Dann gab er einen Seufzer von sich. »So ungern ich es tue, ich bewundere deinen Mut, dich deinem früheren Leben zu stellen.«

Sie lächelte.

»Wann geht euer Flieger?«, fragte er.

»Übermorgen. Wenn ich eine Entscheidung getroffen habe, will ich sie auch so schnell wie möglich durchziehen. Verstehst du das?«

»Ja«, erwiderte er. »Aber trotzdem bin ich hin und her gerissen, denn auch wenn es das Richtige ist, sind Theorie und Praxis zwei verschiedene Paar Stiefel.«

»Darauf muss ich es wohl ankommen lassen«, sagte sie.

»Bist du bereit, im schlimmsten Fall ins Gefängnis zu gehen?«

»Wer ist das schon?«

»Wohl niemand. Wer kümmert sich um Daltrey, falls es zum Äußersten kommt?«

»Johns Eltern würden das übernehmen.« Trotzdem musste sie jedes Mal weinen, wenn sie sich vorstellte, von Daltrey getrennt zu sein, und auch diesmal konnte sie die Tränen nicht zurückhalten.

»Tja, wenn dein Entschluss feststeht …«

»Ich werde ihn nicht ändern.«

»Ich werde für dich beten.«

»Danke, Marlon.«

»Ruf mich an, wenn es vorbei ist, und vergiss nie, an Wunder zu glauben.«

»Nie. Versprochen.«

Freitag, 22. Juli

Nessa, Isabeau und Daltrey checkten im Super 8 am Sunset Boulevard ein, nur anderthalb Meilen vom Büro der Staatsanwaltschaft und dreieinhalb Meilen von der Seventh Street Bridge entfernt.

Sie verbrachten den Tag in Disneyland, und ein bittersüßes Gefühl ergriff Besitz von Nessa, während sie Daltrey beim Karussellfahren zusah oder beobachtete, wie sein Gesicht einen verzauberten Ausdruck annahm, wenn er seinen liebsten Disney-Helden begegnete.

Sie blieben, bis der Park schloss, aßen Hotdogs und Zuckerwatte, bis sie fast platzten. Am nächsten Morgen rief sie Isabeau an, die bereits wach war und kurz darauf in ihr Zimmer kam.

»Daltrey«, sagte Nessa. »Mommy hat einen Termin, und du unternimmst heute etwas mit Isabeau, bis ich wieder zurück bin, okay? Aber jetzt muss ich kurz noch mit Isabeau über ein paar Erwachsenendinge reden. Magst du solange etwas malen?«

Er nickte und nahm sein Malbuch und die Buntstifte aus seinem Bing-Bong-Rucksack.

Nessa und Isabeau gingen hinaus auf den Flur.

Tränen standen in Isabeaus Augen. »Bist du sicher? Willst du das wirklich auf dich nehmen?«

»Hör mir zu«, sagte Nessa. »Jede Wette, dass Joyce ihrem Anwalt gerade verklickert, was er dem *National Enquirer* erzählen soll. Auf die eine oder andere Weise wird es sowieso ans Licht kommen – am besten also, wenn ich selbst damit herausrücke.«

Jetzt flossen die Tränen, und Isabeau drückte Nessa schluchzend an sich. »Ich habe dich total lieb, Ness.«

»Ich dich auch. Aber jetzt müssen wir uns zusammenreißen. Du kannst mich vor dem Gericht absetzen.«

Nessa trug Daltrey zu ihrem Mietwagen, herzte ihn, küsste ihn, atmete seinen Geruch ein, bis er sich mit Händen und Füßen zu wehren begann. Sie schnallte ihn in seinem Kindersitz an und stieg auf der Beifahrerseite ein. Sie gab die Adresse bei Google Maps ein, und Isabeau fuhr los, Nessas Schicksal entgegen. Auf dem Parkplatz vor dem Gerichtsgebäude angekommen, stieg Nessa aus, öffnete die hintere Tür des Wagens und schloss Daltrey ein letztes Mal in die Arme.

»Ich rufe dich an, sobald ich mehr weiß«, sagte sie zu Isabeau, die starr geradeaus sah. Ihr Kinn bebte, Tränen schimmerten in ihren Augen. Dann gab sie Gas, und Nessa sah dem Auto hinterher, bis es um die Ecke verschwunden war.

Sie bekam ihr Herzklopfen einfach nicht den Griff. Das Adrenalin brandete geradezu durch ihre Adern – rein rational war sie gefasst und entschlossen, aber ihr Körper spielte nicht mit. Sie überlegte, ob sie ihren Lippenstift auffrischen sollte, doch ihre Hände zitterten so sehr, dass sie danach wie das Opfer eines Serienkillers ausgesehen hätte.

Sie näherte sich dem Eingang des Gerichtsgebäudes, als plötzlich die Melodie von »I'm Stuck in a Condo (with Marlon Brando)« in ihrem Telefon ertönte.

»Was für einen Wagen hast du gemietet?«, fragte Marlon.

»Ist das die Papa-Variante von ›Was hast du gerade an?‹«

Er ging nicht darauf ein. »Lass mich raten. Einen weißen Camry?«

»Deine Intuition überrascht mich immer wieder aufs Neue«, sagte sie, darum bemüht, das Beben aus ihrer Stimme zu verbannen, und dankbar für die letzte kleine Ablenkung vor diesem schweren Gang, der ihr Leben für immer verändern würde.

»Okay, und was hast du an? Den schwarzen Hosenanzug?«

Sie verharrte einen Moment am Ende des Parkplatzes. »Spielt das eine Rolle?«

»Schau mal nach links«, sagte er.

Sie wandte den Kopf. Da stand Marlon, sein Handy ans Ohr gepresst. Er trug Mantel und Krawatte und lehnte an einem weißen Toyota, der ihrem Mietwagen bis ins kleinste Detail glich.

Ihr blieb der Mund offen stehen, und um ein Haar hätte sie ihr Handy fallen gelassen.

Er kam auf sie zu, das Handy immer noch ans Ohr gepresst.

»Was machst du denn hier?«, stieß sie hervor.

»Ich musste ständig an dich denken und konnte nicht schlafen«, sagte er. »Bist du wirklich sicher, dass du das tun willst?«

»Marlon«, sagte sie und steckte ihr Handy ein. »Komm schon. Warum bist du hier?«

Er senkte den Blick. »Ich fühle mich verantwortlich für das, was du gerade vorhast.«

»Verantwortlich ist man für seine Anstrengungen, nicht für das Ergebnis«, zitierte sie einen seiner Lieblingssprüche.

Er grinste.

»Hast du nicht genug gelitten?«, fragte er. »Ich habe das Gefühl, dass du mehr als genug Asche über dein Haupt gestreut hast.«

»Seit wann fühlst du etwas, Mr. Freeze?«

Er lächelte nur und streckte ihr die Hand hin. »Diese Reporterin von der Campus-Zeitung hat mich noch mal angerufen.«

Nessa hielt den Atem an. »Was hat sie gesagt?«

»Dass sie die Story nicht bringen wird. Professionelles Entgegenkommen, so hat sie es ausgedrückt. Sie meinte, mein Freund bei Altair hätte sich für mich eingesetzt.«

»Die Karten für das Adele-Konzert haben sicher auch nicht geschadet«, sagte Nessa.

»Garantiert nicht. Du bist schon eine ganz spezielle Nummer.«

Als sie seine Hand ergriff, spürte sie, wie sie ein zarter Schauder überlief, doch sie versuchte ihn zu unterdrücken. »Ach«, sagte sie. »Du stehst auf mich. Du stehst wirklich auf mich, was?«

Aber sie hörte das Beben in ihrer Stimme.

»Mach das nicht«, sagte er rau. »Spiel es nicht herunter, als wäre das alles ein Witz. Es ist nämlich keiner. Wir sind Seelenverwandte. Wir sprechen dieselbe Sprache, du und ich. Wir sind aus demselben Holz geschnitzt. Wir passen zueinander. Wenn du das nicht so sehen solltest, werde ich es akzeptieren. Aber ich bin hierher nach L. A. gekommen, um dir das zu sagen. Weil es mir wichtig ist.«

Sie schluckte und sah zu ihm auf. »Marlon, du bist einfach …«

»Nein, Nessa. Meine Gedanken kreisen die ganze Zeit nur um dich, und allmählich macht mich das fertig. Ich muss das mit dir klären, damit ich endlich wieder nur an mich selbst denken kann.«

Sie lachte.

»Ich weiß, ich bin zehn Jahre älter als du, aber …«

»Elf.«

Er ignorierte den Einwurf und fuhr fort: »Mir ist auch bewusst, dass es noch eine Weile dauern wird, bis du den Tod des Mannes verarbeitet hast.«

»Ja, und womöglich muss ich ins Gefängnis«, ergänzte sie. »Du musst nicht auf mich warten.«

»Ich warte jetzt seit vier Jahren«, sagte er. »Auf ein paar mehr kommt es jetzt auch nicht mehr an. Ich bin immer für dich da, und ich möchte, dass du das weißt.«

»Schön, dass du das sagst«, hauchte sie. Sie stellte sich auf die Zehenspitzen und küsste ihn. Eine kleine Ewigkeit hatte sie sich danach gesehnt – seit jenem Abend, an dem sie ihm alles erzählt hatte.

Er drückte sie ein letztes Mal fest an sich, ehe sie Hand in Hand auf das Gebäude zuschritten, in dem sich ihr Schicksal entscheiden sollte.

»Bist du bereit?«, fragte er.

»Ich glaube schon«, sagte sie.

Sie gingen hinein.

UNKNOWN LEGENDS

Montag, 1. August

Hier der Rest der Geschichte für diejenigen von euch, die mein Leben über den Sommer mitverfolgt haben.

Gestern hat D zum ersten Mal gesprochen – »Mehr Milch, bitte« waren seine ersten Worte, falls es euch interessiert. Ihr könnt euch sicher vorstellen, wie erleichtert ich war. Im ersten Moment waren Isabeau und ich so platt, dass wir dachten, unsere Fantasie hätte uns einen Streich gespielt.

Um euch nicht über Gebühr auf die Folter zu spannen: Das Gericht in L. A. hat mich zu drei Jahren auf Bewährung verurteilt, weit weniger, als ich verdient hätte. Trotzdem bin ich meiner Höheren Macht dankbar, ebenso wie dem Richter und letztlich auch meiner Mutter, so bizarr das klingen mag. Sie war diejenige, die mich gezwungen hat, aus dem Schatten ins Licht zu treten.

Da wir gerade bei meiner komplett durchgeknallten Mutter sind: Sie und mein armer Bruder erwartet ein langer Strafprozess wegen ihrer Taten, aber jede Wette, dass ihr Pflichtverteidiger auf Unzurechnungsfähigkeit plädieren wird. Mein Bruder kann das leider nicht für sich geltend machen. Vielleicht denkt ihr jetzt, dass ich ebenfalls nicht alle Latten am Zaun habe, aber ich überlege tatsächlich, ihm einen echten Profianwalt zu besorgen. Klar, er war ihr Komplize, aber in erster Linie ihr Opfer. Wir waren beide ihre Opfer, im Grunde von

Geburt an. Nur, dass ich Joyces Klauen mithilfe meiner Freundin Candy entkommen konnte.

Leider hat Altair Satellite Radio meinen Vertrag nicht verlängert. Weshalb ich beschlossen habe, meine Sendung künftig als Podcast fortzuführen. Demnächst nenne ich euch die ersten Termine. Ich habe schon einige aufregende Interviews in petto, mit einer ganzen Reihe von Indie-Musikern, die nicht gerade begeistert (um nicht zu sagen, ziemlich stinkig) sind, dass die Pappnasen bei Altair mich so sang- und klanglos in die Wüste geschickt haben. Außerdem habe ich ein paar brandneue Sponsoren, die sich über eure Unterstützung freuen würden.

Nach all dem Medienzirkus habe ich beschlossen, meine zweifelhafte Berühmtheit in den Dienst des Guten zu stellen. Will heißen: Wendet euch an mich, wenn ihr euch aus welchem Grund auch immer so allein, verloren oder überfordert fühlen solltet, dass ihr glaubt, nur noch Drogen könnten euch weiterhelfen. Ich bin nicht länger anonym, respektiere aber eure Anonymität. Ich will euch nur helfen, clean zu werden oder clean zu bleiben.

Denkt daran, Leute: Wir sind nur so krank wie unsere Geheimnisse. Lasst die Schatten hinter euch und kommt mit mir ins Licht. Denn da ist es allemal wärmer als im Dunkel.

Für mich beginnt ein ganz neues Leben. Ich bin nicht mehr Rosie, aber ich bin auch nicht mehr Vanessa. Und deshalb möchte ich mich euch kurz vorstellen.

Hi. Ich heiße Nessa. Ich bin heroinsüchtig. Seit sechs

Jahren, sechs Monaten und zwölf Tagen bin ich clean. Meine Vergangenheit habe ich unter einer Brücke zurückgelassen, und genau dort gehört sie auch hin.

DANKSAGUNG

Wie immer bin ich folgenden Personen zu großem Dank verpflichtet:

Der tollsten Agentin der Welt, Michelle Johnson von der Inklings Literary Agency, die all dies möglich machte.

Chelsey Emmelhainz, mit der ich hoffentlich eines Tages wieder zusammenarbeiten darf. Bis dahin alles Gute, Freundin.

Kacey Pickard für die wertvolle Rechtsberatung.

Bob Byerly für die Ratschläge in Sachen Polizeiarbeit.

Lori Maloni, einer Expertin in Dingen, in denen niemand Experte sein sollte. Sie hat es heil überstanden und mir geholfen, meine Geschichte authentisch klingen zu lassen.

Mike Casey, Mary Farucci, Matt Heager und Sam Hill von der 99.5 Mountain Denver Radio Station: Die Einblicke in eure Arbeit transportierten mein Radiowissen ins 21. Jahrhundert.

Der großartigsten Kritikergruppe der Welt, Because Magic, dafür, dass sie mich nicht rausgeworfen hat, während ich diesen Roman schrieb. Lynn Bisesi, Deidre Byerly, Claire Fishback, Marc Graham, Nicole Greene, Michael Haspil (ein Extraapplaus für die Titelidee – danke, Mike), Laura Main, Vicky Pierce und Chris Scena. Danke, Leute.

Marianne Goulding, die meine eigene persönliche Candy ist, sich aber glücklicherweise bester Gesundheit erfreut.

Amanda Deich, die in der Literaturagentur meine Seelenverwandte ist und mir immer die Wahrheit sagt.

Liz Rodgers, deren listiges Lächeln, generöser Geist und strahlende Seele diesen Roman durchdringen.

Meiner Mom, Tanya Storms, deren Worte mich gerade rechtzeitig dazu bewegten, doch nicht von der Klippe zu springen.

Meinem Bruder Rob Stormes und seiner Frau Deveney für ihr angeborenes PR-Talent und dafür, dass sie mir meine Nichten Sandy und Ailish und meinen Neffen Ross geschenkt haben.

Meinen großartigen Töchtern: Layla, deren Fortschritte im vergangenen Jahr wirklich wundersam waren, und Chloe, die, falls es mit dem Jurastudium in Harvard nicht klappt, eine fantastische Lektorin werden wird.

Und natürlich meinem tollen Ehemann, meinem perfekten Freund, meiner Muse. Abermals hat er den Tag gerettet – und diesen Roman gleich mit.

Deutsche Erstveröffentlichung

LS Hawker
Grausames Erbe
€ 16,00, Klappenbroschur
ISBN 978-3-95967-058-6

Seit 18 Jahren lebt Petty wie eine Gefangene in ihrem Zuhause. Ihre Tage werden durch eintönige Arbeit auf dem einsamen Schrottplatz und knallhartes Überlebenstraining bestimmt – alles nur zu ihrem Wohl, wie ihr Vater betont. Als er plötzlich stirbt, scheint sie nun endlich frei. Doch sein eiserner Griff besteht auch über den Tod hinaus. Getrieben von einem unglaublichen Verdacht, macht sich Petty auf die Suche nach ihrer Vergangenheit und befindet sich plötzlich auf der Flucht vor der Polizei. Wie gut, dass ihr Vater sie auch für solche Situationen ausgebildet hat …